教育実践とヴィゴツキー理論　Ⅳ

ヴィゴツキーの「発達の最近接領域」論と対話のある授業

―教材をめぐる活発な対話の只中で、
　子どもの発話を支える思考の発達の可能性を追求するために―

麻実ゆう子　著

子どもの未来社

はじめに

　既に一年以上も続いている新型コロナ禍の終息の展望すら見いだせない状況のなかで、入院すら不可能なまま死に至らしめられるあってはならない事態の続出という、コロナ対策の許しがたい状況が続いています。

　教師と子どもとの対面での授業は、たとえ子どもが登校して来ても、その機能は無言とマスク着用が条件とされているために、実質的には破壊されています。「コロナと共に」では、子どもたちの熱中した話し合いも、それを受けとめる教師のきめ細やかな子どもへの語りかけも実質的には実現されないからです。

　ところが、それを機に、学校教育のデジタル化が勢いを増し、AI 器機の使用と授業のオンライン化の部分的導入が促進されています。これは、知識を情報と言い換え、知った情報をどう使うかを思考力・判断力・表現力とし、「それをもって人生や社会に生かそうとする力・人間性を育てる」ことを教育の根幹目的として、各教科の目標と内容を再編する新学習指導要領の全面実施（2019 年度より）期に入ったことにも棹さされています。

　これに照らせば、インターネットや教師からのメールで情報を知り、そこから必要な部分を取り出して自分のタブレット等に入力して、発表会の活動を通せば表現力アップとなる。自分の感想を付け加えれば考える力が育成できたということになるということです。AI 機器がこの結果を評価する。AI に目的を与え、AI の仕事を評価するのが教師だとまで言われています。しかし、この構想こそ、文明による人間の思考力のもはや破壊的極みではないでしょうか。

　このような時期にこそ、ヴィゴツキーの「発達の最近接領域」論を検討し、国語の授業を通して、どのように子どもの思考の発達を促していけるのかをじっくりと考えるのは重要なことではないでしょうか。

目　次

＊本文中の版画は6年生児童による作品です。

第一章
授業実践例の分析を通して「発達の最近接領域」の形成について考察する

　ヴィゴツキーの「発達の最近接領域」論は、教師が、授業での子どもたちとの対話の場で、子どもの思考の最近接の発達の可能性を創造するための理論です。そのために、授業での活発な子どもの発話（読みの内容）・発話のつながり・それを支える様々な思考の作用を捉えておくことから始めます。

第1節　授業実践例の考察

Ⅰ　『わたしはおねえさん』（光村図書小2 いしいむつみ作）
（2021年8月児童言語研究会全国アカデミーでの提案教材）

1−1　教材『わたしはおねえさん』について

　授業を分析するためには、子どもの読む対象である文学的教材について、分析しようとする主体（ここでは著者）自身が文章によって展開されている作品内容をどのように読むのかが前提となります。それは、授業では、子どもが教材文の読みを通してどのように話の内容を捉え考えるのかをめぐって展開されるからです。分析する主体が作品の内容について文章との関係で思いをめぐらすことを抜きには、子どもが思いめぐらしていることを文章との関係で想定することや、子ども間でそれがど

のように異なり、論議がどのように展開されているのか等を捉えることはできないからです。

　このことは、授業がいわゆる教師主導の一問一答の形式で行われたものを分析する場合でも、あるいは2020年小学校実施新指導要領で示されている「主体的対話的で深い学習」（アクティヴラーニング）方式を具体的にしたものだとして、各都道府県教育委員会毎に標準型として提示されたモデルに沿って行われた授業の場合でも、同様に言えることだと思います。どのようなモデルで授業が展開されたとしても、子どもは文章を通して作品内容を捉え考えていくということには変わりはないのです。しかし、子どもにとってその学習の基本が歪められる授業モデルに学習活動がはめ込まれると、作品内容を捉え考えることが歪められて子どもは生き生きと充実した学習活動をすることが出来ません。どこでどのように子どもは生き生きと活動できないのかは、子どもの文章の読み方と作品内容を構想することとの関係で明らかにしなければなりません。そのような意味で、授業について研究するためには、研究者は授業を指導する教師の実践的立場に身を置くことが前提となります。

　本書では、これまでの拙著のなかで割愛してきた著者自身の教材の分析を記載することにします。

1-1-1　「この話はどういう話か」を簡潔にまとめます

　この話は、小さな小学2年生のお姉さん、すみれが、自分のノートに、2歳の妹、かりんの描いた落書きのような『ぐちゃぐちゃなもの』を見て、しかし、ぐちゃぐちゃのそれを、妹が『お花。』だと言うことを受けとめることができた話です。

　大切に思っている自分のノートにぐちゃぐちゃなものが書かれてしまっているのを見て、やさしいおねえさんであることにこらえきれなくなりそうになったけれども、妹の指さすコスモスの花を通して、「ぐちゃ

ぐちゃなもの」を『お花。』だと了解すると同時に妹の幼さを実感したの
でしょうか。姉としての気持ちが湧きあがったのでしょうか。妹が可愛
くなったというお話です。

　小さな姉が、自分にとっては決して快くはない妹の行為を、それが妹
の成長なのだという何かを体感し直観したのでしょうか。姉妹二人共々
の成長なのだという、そういうお話だと思います。

1-1-2　文章の展開に沿って読む
　立ちどまり　１（第１校時に学習する教材文）

　　歌を作るのがすきな　すみれちゃんが、また一つ、歌を作りまし
た。こんな歌です。

　　　　わたしはおねえさん
　　　　やさしいおねえさん
　　　　元気なおねえさん
　　　　ちっちゃなかりんのおねえさん
　　　　一年生の子のおねえさん
　　　　すごいでしょ

「お姉さんって、ちょっぴりえらくてやさしくて、がんばるもの
で、ああ、二年生になってしあわせ。」
　この歌を　歌うたびに、すみれちゃんは　そう思いました。

　ほぼ冒頭に書かれている歌の最後の『すごいでしょ』には、ドキっと
します。この一句で、すみれはおかあさんに、また学校の先生に、「すみ
れちゃんは、やさしいおねえさんなのね。すごいね」「元気ねえ。すごい

ね。」とか、「おねえさんは（というのは、）（だから）、やさしくしなければいけないよ。」「一年生のお姉さんなのよ」「すみれは、かりんのお姉さんよ。」等、日々言われていることを素直に受けとめて、それが自分の言葉になっているのだということが分かるように思えます。この「すごいね」というのはおそらく、素直で活発なすみれへの称賛と励ましがまわりの大人からあるのだろうと伺えます。「すごいでしょ。」とは、なかなか２年生では「自分のことば」として内から発する言葉ではないと思えるからです。

　『　おねえさんって、ちょっぴりえらくて　やさしくて、がんばるもので、ああ、二年生になってしあわせ。』の『がんばるもので、』の『もので』にちょっとわたしはひっかかり、立ちどまりました。ふつうなら、「……えらくて　やさしくて　がんばるのよ。」というように言うと思ったからです。つまり、自己確認であるなら「わたしは、……がんばるのよ。」と表現するはずですから。すみれは、おねえさんというものはがんばるものというように、したがって、自己確認ではなく、「おねえさん」というもののあるべき姿の確認のように言い、それに続けて「ああ、二年生になってしあわせ。」と、自分の気持ちを表現しているのです。つまり、おねえさんならこうあるべきという周囲の大人からの要請を、しかし自分のこととして素直に受け入れて、二年生になってしあわせ、わたしはしあわせという心境にあるのだと言えます。しかし、いつもやさしく、えらく、がんばることはさて、どうかな、できるのかなと、読み手であるわたしは、少々、すみれに同情し心配します。

　　最後の一行の語り手の『この歌を歌うたびに、すみれちゃんはそう思いました。』は、すみれの口から出てくる歌には、その歌を歌うすみれの心の内があるのですと告げてくれています。歌のように、すみれは、周りからの称賛と自分とをないまぜにしているんですよと念を押しているようなものだと言えます。

けさも、この歌を　歌っています。

十月の日曜日の、気もちよく晴れた朝でした。

そんな朝に　この歌を歌うと、お天気も、すみれちゃんの気もちも、もっとぴかぴかとかがやくように、すみれちゃんには思えるのでした。

そして、えらいおねえさんになって、りっぱなことを　したくなりました。

「そうだ。」

と、すみれちゃんは言いました。

それから心の中で、「えらいおねえさんは、朝のうちに　しゅくだいをするんだわ。」と言いました。

それから心の中で、「えらいおねえさんは、朝のうちに　しゅくだいをするんだわ。」と言いました。

同じことを　おかあさんに言われると、あまり　いい気もちはしません。けれど、自分から思ったときは、すごくいい気もちです。すみれちゃんには、それがふしぎでした。

『　十月の日曜日の、気持ちよく晴れた朝でした。』で、２年生になって、半年経っていることがわかります。その前の行の『けさも、この歌をうたっています。』とあわせると、すみれのことを心配する読み手のわたしは、ああ、まだすみれちゃんは元気なんだなと、思います。

案の定、『そして、えらいおねえさんになって、りっぱなことを　したくなりました。』ときました。そのりっぱなこととは、宿題でした。それも朝のうちに。

『そうだ。』とすみれは言ったのですが、その心の内は、語り手が紹介してくれます。『えらいおねえさんは、朝のうちに、しゅくだいをするんだわ。』と。語り手はまたしても教えてくれます。「わたしは、朝のうちに宿題をしよう。」ではないと。「わたしは」ではなく『えらいおねえさんは』ですよ。『するんだわ。』だから、自分の内から出てくる意志ではないとうことですよと。すみれ自身の言葉は『そうだ』だけなのですが、心の内の言葉はその真意を語っています。

しかしそれは、『えらいおねえさんは、……こうするんだわ』というように、えらいおねえさんの形はこういうものとなっているのです。ここにもはっきりと、すみれの感情や意志が、あるべき姿として求められているものとないまぜになっていることが示されているのです。

『　同じことを　おかあさんに言われると、あまり　いい気もちはしません。けれど、自分から思ったときは、すごくいい気もちです。すみれちゃんには、それがふしぎでした。』

この語り手の説明にはどういう意味があるのでしょうか。

ここには、すみれの感情の持ち方や意志はいまだ外からの要請と自分自身のものとがないまぜになっているけれども、その中に、きちんと他者と自分との分離が芽生えてきていることが見事に描写されていると思えます。しかもすみれはそれを『ふしぎ』に思うということは、自分自身の意志を基礎にして、心内語（内言）において考えることも形成されてきていることを示しています。もっとも、そのようなものとしてすみれ自身は自覚はしていないということですが。この微妙で複雑な低学年から中学年への過度期の心理が見事に描かれていると思います。このことが話の中ではこれから来る『ちょっとしたことがおきて』いたことへのすみれの対処として、具体的に展開されていくことになります。

すみれちゃんは、つくえの上に、教科書を広げました。ノートも広げました。

でも、しゅくだいをはじめようとしたら、外が　気になってきました。すみれちゃんのつくえの　すぐよこには、まどがあって、花だんが見えます。花だんには、春にたねをまいたコスモスが、いちめんにさいていました。

ときどき風がふいて、コスモスの花が、いっせいにゆれます。そのようすは、コスモスが　みんなで歌を歌っているようです。

コスモスさん
コスモスさんも歌ってる
ゆらゆらゆらゆら歌ってる
お日さまがうれしいって歌ってる
お水がほしいって歌ってる

すみれちゃんの口から、しぜんと　そんな歌が出てきました。
「そうだ、コスモスにお水をやらなくちゃ。」
と、すみれちゃんは言いました。そして、にわに出て、じょうろで水やりをしました。

宿題をはじめようとするやいなや、すみれの注意・関心は外に移っていきます。案外移り気で必ずしもそんなに勉強は好きではなさそうです。絵に描いたような「えらいおねえさん」ではないようです。とはいえ、すみれの注意をひいたのは、春に種をまいたであろうコスモスの花です。歌を歌わずにはいられません。コスモスを歌った歌について言うと、コ

スモスを見てからの反応が速いなと思います。速すぎるくらいです。これは、あまり内言に溜めないですぐ口から言葉がでてくるわけで、対象を把握するときに機能する内言的（言語的）思考の途中ですぐに表現するという特徴があるという感じを受けました。直感的な把握を表現するときは、発する言葉は早いので通常は短いです。すみれの場合それが次つぎと歌になるのですから、その時の対象全体への反射が本当に速いという感じを受けます。これが、実に軽やかであけっぴろげで天真爛漫な感じを発しています。クラスの中には一人か二人、こういう子どもがいますね。

　歌の内容ですが、（コスモスさんもすみれと同じように歌っているわ。ゆらゆらゆらゆら体を揺すって歌ってるわ。わたしもゆらゆら気持ちいい。わたしと同じように、お日さまがうれしいって言ってるわ）と、すみれは思っているようです。ここまでは、まるで、朝のすみれ、そして勉強をやめて外に出て行ったときのすみれと同じように、コスモスもウキウキと気持ちよさそうな様子で描かれています。あ、そうだ、コスモスさんは、お水が欲しいって歌ってるんだわと、コスモスには水をといういつものことが思い出されたようです。
　自分も歌っている、コスモスさんも歌っていると、両者をおきながら、コスモスを自分に一体化したり、自分がコスモスに一体化したりしているようです。小さな子どもの楽しいひと時が伝わってきます。自分とコスモス（周囲の対象物）との分離も過度期にあるといえるでしょう。

　すみれの注意・関心は部屋の外へ、コスモスへ、そしてコスモスへの水やりへとどんどん移りました。一般的に言えば、「よく気の散る」2年生らしい、どちらかといえば「落ち着かない」「行動的な」子だと言えるでしょう。それが、歌を歌いながらだというのが、読み手であるわたしを、楽しくさせてくれます。まあ、あどけなくてかわいいねと。

立ちどまり　4　（記録し公開されている授業）

> さて、その間に、すみれちゃんのへやでは、ちょっとしたことが
> おきていました。
> 　出しっぱなしのすみれちゃんのノートに、二さいになった　妹の
> かりんちゃんがえんぴつで、何かをかきはじめたのです。
>
> 　すみれちゃんが　水やりからもどってくると、かりんちゃんは、
> まだ　かいているさいちゅうでした。すみれちゃんはおどろいて、
> 「かりん、何してるの。」
> と、ききました。
> 「おべんきょ。」
> と、かりんちゃんが言いました。
> 「もう、かりんたら、もう。」
> と、すみれちゃんは言いました。
> 　半分ぐらい、なきそうでした。もう半分は、おこりそうでした。

　一転して、外に出ていたすみれが部屋に戻ってきます。
　『　かりん、何してるの。』と、驚いて言ったすみれは、机に向かって何
かを書いている様子のかりんの姿を認めて、少し不安も感じながら言っ
たに違いありません。『何してるの』という言い方には、どこか否定的な
詰め寄った響きを感じます。しかし、作者は「ききました。」と書いてい
ます。すみれの語気は微妙な感じで描かれています。かりんを不安・不
快にさせる語気ではなかったようです。かりんは即座におそらく真面目
な顔をして『おべんきょ。』と言ったでしょう。
　『おべんきょ。』というかりんの言葉は、二つのことを示しています。
　「おべんきょう」という言葉は毎日の家族の会話に頻繁にでてきて、2

-18-

歳のかりんは、お姉ちゃんが机について鉛筆で何か書いていることを「お
べんきょ。」というのだというように「お勉強」という言葉を覚えたに違
いないということ。二つ目は、その言葉を覚えたということ自身が、か
りんはお姉さんのやっていることを真似たいのだということです。

　でもこれは、当然、２年生のすみれには通じません。

　『もう、かりんたら、もう。』すみれは、かりんの書いた『ぐちゃぐちゃ
のもの』を見てこう言います。ぎりぎりのところで、抑制的です。すみ
れのやさしさと同時に戸惑いが受け取れます。いやだ、どうしようとい
う想いは声になって出ていません。それが、『半分ぐらい、なきそうでし
た。もう半分は、おこりそうでした。』ということではないでしょうか。

　庭に出ていたときのコスモスへの反応は速かったのですが、かりんが
『おべんきょ。』と言う落書きのようなぐちゃぐちゃのものに対しては反
応はとっさには言葉としては出ていません。ぐちゃぐちゃのものは不快
で、かりんの『おべんきょ。』という説明も〈何よ、そんなことない〉と
思っていても、それは声には出ていないのです。全体としては不可解な
感じに受けとめられているのでしょうか。

立ちどまり　5

　すみれちゃんには、自分が、なきたいのか　おこりたいのか分か
りませんでした。それで、じっと、ノートを見ていました。かりん
ちゃんがかいた　ぐちゃぐちゃのものを見ていました。
「何よ、これ。」
と、すみれちゃんは言いました。
　すみれちゃんは、それが何か、知りたかったわけではありません
でした。けれど、かりんちゃんは、

「お花。」
と、答えました。
「お花。これがお花なの。」
そう言うと、すみれちゃんは、かりんちゃんを見ました。
かりんちゃんは、「そう。」と言うように　うなずきました。
それから、まどの外をゆびさして、もういちど、
「お花。」
と言いました。
　そこには、すみれちゃんが　水をやったばかりの
コスモスがさいています。
　すみれちゃんは、もういちど、ノートを見ました。
じっと。ずっと。

　自分の大事なノートが台無しになっているので泣き出したいのか、泣き出して、お母さんのところへ言いつけに行きたいのか、そんなふうにして「やさしい、えらいお姉さん」を返上したいのか、それとも、今、台無しにしたかりんちゃんに怒りをぶつけたいのか、そんなふうに「えらいおねえさん」を返上してしまうのか、わからなかったということでしょうか。どちらもあって、でも、半分半分なので、どうしていいのかわからなかったのでしょう。わからないところがすみれにあるやさしさを表現しているのでしょうか。
　『　それで、じっと、ノートを見ていました。』というのは、「それで、」が挿入されていますが、どのように前の文章の意味とつながっているのでしょう。どうしていいかわからなくて、ただ、じっと、ぐちゃぐちゃのものを見ていたということでしょうか。大事なノートを、台無しにされて悔しくて、何よ！と思いながら見ていたのでしょうか。ここで、このぐちゃぐちゃが何かと考えようとしたというのではないようです。そ

れは違うように思えます。それは次の文章で分かります。

　『**何よ、これ。**』　これは、何かを知りたかったのではなかったと語り手は教えてくれています。したがって、「これ、何なのよお」とやや詰め寄るように言ったのだと思います。どうしていいのかわからず、でも、すみれは、その語気はともかく、実際にはかりんとの対話を続けたのです。これを、かりんは、「これ、なあに？」と受け取ったようです。言葉の意味は違うけれども、会話が成立しました。

　『**お花。**』、そして、もう一度かりんは「お花なの」と問われて、『**うなづき**』『**まどの外をゆびさして**』。

　ここで、かりんの書いたものは、その指差しの先にある、目の前に見える「お花」だと現実的具体的なものになりました。すみれは、ここで、「ぐちゃぐちゃのもの」から目をかりんに移してかりんを見ています。そして、窓の外のコスモスを見ました。そして、『**もういちど、**』『**じっと、ずっと。**』目をノートに移しています。そうして、かりんがコスモスをかいていて、それが（その結果が）この「ぐちゃぐちゃのもの」なのだとわかりました。『**おべんきょ。**』ではその「ぐちゃぐちゃ」とは結び付かなかったけれども、『**お花**』なら、実物のコスモスとむすびついて、かりんはそれを描いていたのかもしれないと思えたのです。

　すみれは、お母さんに泣きつくことも、かりんを叱ることもしないで、自力で、『**ぐちゃぐちゃなもの**』を理解し、かわいいと思ったのです。かりんをすみれなりに理解できたのです。こうして、自力でちょっと「えらい、やさしいおねえさん」になりました。

　大人からの要求と自分の意志とがないまぜになって、ちょっと無理しているようなすみれだったのですが、その「ないまぜ」（優しいお姉さんでなければならないという思い）に背中をおされて、すぐには、泣いたり怒ったりしなかったこと、そればかりか、どうしてよいかわからないことから逃げなかったこと（ここにはすみれの意志が働いていると言え

ます）が、『何よ、これ』という問いかけ（詰問であったようにも見えます）が、かりんの「お花」という言葉を引き出して、自力で、かりんを理解できたのだという展開になっています。小っちゃいけれども妹には妹なりの能動的な意味のある行為（平たく言えば、かりんの「つもり」）であることを認めることができたのです。

立ちどまり　6

すみれが『あはは』と笑い、かりんも『あはは』と笑い、それから二人でわらって、わらって、というのは、すみれがかりんをすみれなりに理解したことを象徴するようです。また、すみれがかりんの「絵」を消さなかったことは、はっきりとすみれによる「了解」を表しています。かりんにとっての『おべんきょ。』『お花。』であった「ぐちゃぐちゃなもの」を発達の足跡として意味のあるものと了解したと言えますが、すみれ自身がそれを意識しているわけではありません。その自覚はないと言えます。わたしたち大人からの意味付けです。もうすこしすみれが年を取って高学年になったとき、あの時あなたは……と、すみれの成長の結節点として告げることが、大人の役割であるでしょう。

1-1-3 この作品をどう見るか

一般的に、現実的には２年生の年齢でこのように、２歳の子どもの行為を自力で理解することはほぼ少ないようです。泣いて大人に訴えるか、小さい子を怒って泣かせるか、そのどちらかが多いのが普通でしょう。

作者石井さんは、２年生のお姉さんにとってはむずかしい、２歳の妹の妹なりの能動性のあることの発見という過程を実に細やかに言葉を選んで描写しています。やや、現実味はなさそうにも思えますが、多くの予告や暗示をちりばめて、あり得る話になっていると思います。しかし、おそらく、すみれには母親による、かりんの書いたもの（殴り書き）に

ついての説明を以前に何度か聞いている経験があるはずです。そうでなければ、自力ではありえないことだと言えます。なぜなら、自分が２歳の頃の行動については、記憶がほとんどないからです。したがって、自分の体験として２歳の頃のことを、２年生の今、再生（想起）することはできません。妹の殴り書きの意味を自力では説明づけることはできません。大人の媒介なしには理解できないと言えます。

　この作品で、すみれはどのようにかりんと通じ合えたのかをもう少し厳密に考えてみると、私には次のように思えます。

　ぐちゃぐちゃなもの（殴り書き）は絵を描いていたというよりも、すみれが鉛筆を動かす身振りを模倣していたのに近いでしょう。『おべんきょ。』をしている真似そのものの結果がぐちゃぐちゃの殴り書きであったわけです。そこで、『何よ、これ。』の問いに、（この問いをかりんが理解したかどうかも説明しかねるのですが、）「お花。」と答えたとしても、後から、目に見えるものから命名したというようなものに近いかもしれません。学齢期以前の２〜３歳の小さな幼児は、初めから何かを描こうとして描くのでではない、しかも、年齢が低いほど命名はあとからだと言われています 。（幼児期の子どもは、なにかを思う前に行動することが先だと言われています。）２歳では早いことですが、すみれに『何よ、これ。』と言われて、その言葉に反応してかりんが「お花。」と「命名」したのが、すみれには本当らしく思えたのでしょう。『もういちど、ノートを見て』、思いめぐらし（『じっと。ずっと』）、すみれは、「かりんはかりんなりに、お絵かきをしていたのだ」と了解したのだと言えます。現実的にはこのようにして起こりうる偶然の了解ともいえる姉妹の響きあいではないでしょうか。窓から見える庭のコスモスのような、２歳の子どもの言葉の範疇にある物が、その時、そこになければ、すみれの「了解」は成立しなかったかもしれない、二人の会話だと言えます。

すみれには、ぐちゃぐちゃなものが、コスモスの花に見えてきたのではありません。『コスモスになんかちっとも見えない　ぐちゃぐちゃの絵が、かわいく見えてきたのです。』の一行は、そのことを示しています。ぐちゃぐちゃなものが、絵に、かりんなりの絵に、見えてきたのです。いたずらがきではなく。だから、そのぐちゃぐちゃが、とうてい絵には見えないけれども、かわいく見えてきたのです。ぐちゃぐちゃがすみれにとって視覚的に変化したわけではないけれども、かりんが何をしていたかが分かったということだといえます。

　立ちどまり５の、『そこには、すみれちゃんが　水をやったばかりのコスモスがさいています。』の「そこには、」は、「ノートには」ではなく、かりんが窓の外を指さした「そこには、」です。すみれは、だから、窓の外のコスモスを見て、今度は、ノートへと目を移したのです。そこで、思いめぐらしたのだといえます。
　もはや、この時は、ノートに見えるものはぐちゃぐちゃなままですから、視覚的に納得のしようはありません。思いめぐらして、これが、かりんの絵なんだという想いに辿り着いたのだと言えるでしょう。なあーんだ、そうだったのという気分が、「あはは」で表されました。すみれの言葉としては、コスモスを見て歌を歌ったときのようには、すらすら出てきていません。すみれの２年生なりの内言の広がり・深まりが『じっと。ずっと。』のその間にあったことを、想像することができます。かりんとの関わりは、こうして、すみれの成長として結実しています。このことが押さえられないと「すみれは我慢したからえらい。いいおねえさんだ」という「道徳」の授業となってしまいます。

1-1-4　教材としてどのように取り扱うか
　授業で、教材としてどのように扱うのかは、ひとえに、子どもが、まずどう読むかにかかっていると思います。

　題名に端的に表わされているように、主人公はすみれであり、作者の、そして、お話の場面では語り手の視点人物はすみれですから、その文章表現に導かれて子どもたちは、すみれについて多くを語ることと思います。子どものすみれを語る視点がどのように多岐にわたっているのかを、教師は注意深く理解していくことで、授業は作品の焦点へと向かうことと思います。すみれが、どのように変化していくのかを子どもなりにどのように読むのか。そこが焦点になると思います。

　はじめは、すみれは、かりんによってノートに書かれた落書き、いたずら書き、ぐちゃぐちゃなものに対して、『もう、かりんたら、もう』と言い、『半分ぐらい、なきそうでした。もう半分は、おこりそうでした。』という対応をしたのです。最後には、『あはは』と笑い出し、その「ぐちゃぐちゃなもの」が、語りでは『ぐちゃぐちゃな絵』といわれ、すみれには『コスモスになんか　ちっとも見えない』それが、『かわいく見えてきた』ようになった変化を、子どもはどのように読むのかに注目したいところです。

　そのためには、すみれからみる妹かりんについての子どもの読みが活発になるように教師は配慮しなければならないでしょう。自分と等身大の主人公ですから、すみれの様子や心のうちを察すること、読み手である自分が思うことは、子どもの発話に多くみられると思います。しかし、はじめと、終末の段階でどのようにすみれが変わったのかについては、子どもにとって大変難しい問題です。なぜなら、２年生の子どもには、２歳のかりんを自分がどう思うのかを考える（想像する）ことが困難だから、すみれがそこのところはどうかとは考えあぐねるわけです。そのために、子どものそれぞれの読みは幅広く多岐に渡ることでしょう。それを充分に考え、思い切り語らせたいところです。そうすることによって、そこにおける子どもの発達の最近接領域を（下限から上限まで、教師自身の関わりの可能性を教師自身が見極めて）形成していくことができる論議がつくられればいいのではないかと思います。

1-1-5　文学的教材と教育心理学

　すみれの歌、かりんのぐちゃぐちゃな鉛筆の線書きなど、特に心理学的な意味を知っておくことは、この作品では話の核心（すみれがかりんの行為の意味を感じ取るまでの葛藤）をつかむために是非必要です。

　この作品について、児童言語研究会の基礎理論研究会での論議では、

　　①教材分析とその前提的な基礎としての心理学的考察を区別と連関において位置付ける。

　　②子どもの文学作品の読みと、子どもの思考の発達についての心理学的な分析との関係を考える。

ということを明らかにしてきました。

　一般的にそれぞれの登場人物や人物の関係は、文中の言葉や文章から想像していくわけですが、その場合、その人物の家族・社会的（歴史的）な背景、取り巻く自然・情景との関係において、その人物の作中での行動や感情の動きがあるものとして、いわゆる広い意味での「文脈において」読むことによって、作中の人物に読み手としては向き合えると思います。その中の一つとして、人物については、動きにせよ、言葉にせよ、その人物の心理の動きを推測しつつ読むことは不可欠です。そういう意味において、特に、発達の途上にいる子どもが作中の人物である場合には、その心理の動きについては、わたしたちは児童心理学の基礎を知っておくことは、読み手である子どもとの関係においても大切なことの一つではないだろうかと思われます。特に、今回の教材『わたしはおねえさん』の分析においては、不可欠かと思われます。

　また、常々思うことですが、人物の分析は、その「行動」を「気持ち」と「思い」だけで捉えるのではなく、「気持ちの動き（感情の動き）」「思いの動き」として捉えると、そこにはそれを突き動かす「心理的な動き」があります。

　心理的作用（興味関心の向き方、注意の視点、視点の転換、記憶の想起・再生、意識の動き等）は、思考（概念の発達）の一定の枠組みにお

いて、その範囲での作用となるとヴィゴツキーは言っています。と同時に、心理的作用を充分に展開することは、その枠組みの転換・飛躍の基礎となるという螺旋的な発達を遂げると考えられています。

　文学作品での人物の情動と考えを、読み手が読みながら実際に湧き起こる自分自身の情動を基礎として、同化と異化の意識の作用によってつかもうとするときに、人物の情動と考えを突き動かす心理の作用をも推定しながら読むことは、読み手自身の心理的作用を使う、使い果たすことだと言えます。そのことが、読み手の思考そのものの質的な飛躍の基礎となるということだと思います。つまり、これまでの心理（ヴィゴツキーを含めて）学が明らかにした心理学的なことを一つの基礎として教材分析をするというだけではなく、分析そのものの遂行において、自分の心理的作用を展開することが、読み手の思考力を高めていくということだと。これは、わたしたちが子どもの読みの分析をする場合においても同様に、わたしたち自身の心理・思考作用を働かせるということだと思われます。そしてさらに、子ども自身に読ませることを、わたしたちは子どもを助けながら行うわけですが、そうすることによって、ほかならぬ子どもにも、今持っている子どもなりの心理的作用（興味関心の向き方、注意の視点、視点の転換、記憶の想起・再生、意識の動き等）を充分に展開させて、読むように関わるわけです。そこに発達の最近接領域が、螺旋的連続的に創造されることを望みながら。

1－2　授業記録に沿って、子どもの発話を分析する
（話の内容にどのように迫っているのかを中心に）

1-2-1　授業の導入部分、前時の学習をどのように想起しているか

前時までの想起
『わたしはおねえさん』の歌、音読

Ⓣ	えらいお姉さんになろうと思って、すみれちゃんがやろうと思ったことが、
Ⓒ	宿題。
Ⓣ	宿題をやろうと思ったけれど、コスモスに……
Ⓒ	水やりに行ってしまった。

「コスモス」の歌、音読

Ⓣ	そして、コスモスに水をやりに行ってしまって、宿題は……
Ⓒ	やってない。

　人物の行動だけを想起していることが特徴的です。これが、次の感想にも影響していると思われます。

前時の感想

　Hr：　すみれちゃん宿題忘れちゃったんだね。コスモスにやさしくするのはいいけど。

　Hr さんは、二つのことを言おうとしています。一つは、すみれは、外のことが気になったとき、今やっていたことを忘れてしまったと。

　これはよくある行動のパターンでのそこに働く注意の移動による他方の忘却です。日常的によくある心理的作用による意識の忘却です。「忘れちゃったんだね」はすみれの行動についてよく言い当てていると言えます。ところが、二つ目に、「コスモスにやさしくするのはいいけどね。」によって、すみれの行動に対してネガティブな反応を表わしていいます。この反応は、読み手が日常的に良しとする判断規範を直接的に当てはめる反応だと言えます。せっかくのすみれの心理作用に関わる指摘が、読み手の常識的判断によって後景に退いてしまいました。すみれの心理的な状況へと進む方向が、読み手による良し悪しの判断によって遮られたのです。つまり、すみれへの同化へと意識が進まずに、読み手である自分の価値判断へと移ってしまったのです。

　すみれが机について教科書を広げ、ノートも広げる。いよいよ、さあ

という気持ちを維持しながら宿題を始めようとするとき、それに今入って行こうとするときに、他のことが、外が、気になった。『えらいおねえさんは、朝のうちにしゅくだいするんだわ。』という直前に思ったことが薄らいで、外が気になった。『自分から思ったときはすごくいい気持ち』だったはずなのに、それも薄らいでしまったようだ。こういう経験はないのでしょうか。ここで、すみれに同化するための手だてとして、読み手の同じような経験を想起することは不可欠でしょう。他のことが急に気になって、今やっていることをすっかり忘れることを想起することによって、すみれの行動において去来する意識の動きが想定される可能性が出てきます。それによって、すみれの立場に立つことが出来ます。すみれへの同化が可能になると言えます。そうすると、おそらく、すみれの行動への単純なネガティブな反応は薄くなっていくと思われます。

　Ｔ　　　コスモスにやさしいのはいいけどね〜。宿題わすれちゃったの？
Hrn：　教科書とノート出したままだけど、大丈夫。
　Ｔ　　　あっ本当だ、教科書とノート出しっぱなし、大丈夫かな。
　Ｔ　　　さぁ、すみれちゃんは、えらいお姉さんになれるのでしょうか。
　Ｃ　　　なれません。（Ｃなれるなれる）

Hrn さんは、教科書とノートの出しっぱなしに対して、不安感を示しています。前時で学んだことを想起しているときなので、この時間の教材はまだ見ていません。物の出しっぱなしは、落とされたり、汚されかねないということから、必ず片付けてから席を離れるという学校生活での感覚からの不安な予感でしょうか？

　Hr さんも Hrn さんも、登場人物の行動に対して、やや、読み手の日常生活での感覚からすみれの行動を判断しています。行動─判断という

読み方になっています。人物像が前時の想起からは浮かんできません。このことがこれからの読みでどうなっていくのでしょうか。

1-2-2　立ちどまりの最初の二文：すみれのいない部屋でのかりんの描写 をどう読んでいるか

教材文

> さて、その間に、すみれちゃんのへやでは、ちょっとしたことがおきていました。
> 出しっぱなしのすみれちゃんのノートに、二さいになった　妹のかりんちゃんが、えんぴつで、何かをかきはじめたのです。

Ｔ　　　⑱⑲でありますか。
K.U：　出しっぱなしの〜のところで、気持ちで、ダメじゃないの。すみれちゃんの宿題なのに。

「気持ちで」（自分の）と、これから述べることは何についてなのかを表明。このいわゆる前置きは、自分の読みの内容が何についてなのかというように、一般化して捉えようとする思考作用を働かせるもので、子どもの思考力を養うものです。２年生でこれ程言えるのはなかなか出来ることではありません。

「だめじゃないの。すみれちゃんの宿題なのに。」 これは、読み手本人が自分の気持ちで言いますと前置きしています。『二さいになった妹のかりんちゃんが』と文中にあるのですが、かりんが２歳であることを思い浮かべて言っているようには感じられません。２年生としては、宿題のノートには他の人が書いてはいけない、宿題のノートは大事だという意識が強いのでしょう。日常的な自分の、２年生としての感覚・常識がここでは直接的に働いています。話の中の出来事に対して、登場人物についてはさておいて、自分の日常的感覚と常識で対応している傾向です。

これは子どもの文章に対する反応の一つのタイプだといえます。特に、この教材は主人公の登場人物が読み手と同じ年齢であるために、文中の設定を念頭に置かなくても、自分の現実的な日常的感覚・常識で判断し易いので、それによって対応するのだろうと思います。つまり、登場人物が同年齢であることは、お話を想像し構想することが必要ではなくなりやすいのです。そのために、かりんのことがさらに念頭に置きにくくなっていると思います。兄弟姉妹が少ないなどの実際の環境の違いはもちろんのこととして考慮するならば、そのためにも、登場人物の特徴を丁寧に捉えて、印象を自分のうちに形成することは重要です。前時の想起において、行動だけが取り上げられ、感想が述べられていることにも、この傾向が表れているようです。

　RKi：　すみれちゃんのへやでは、ちょっとしたことがおきていましたのところで、どうしたの？

「ちょっとしたしたことって、どうしたの？」と、一読したときに読みながら思ったのでしょう。文章に誘われて読み手として直接的に湧き上がってくることを捉えて書き込むことは、ひとり読みのよさです。ところで、次に進んで次の文を読むと、『出しっぱなしのすみれちゃんのノートに、二さいになった　妹のかりんちゃんが、えんぴつで、何かを書きはじめたのです。』となっているのですが、それを読んだとき「ああそうか」と、思わなかったのでしょうか。かりんがすみれのノートに『何かをかきはじめた』ことは、『ちょっとしたことが起きていた』ことにはあてはまらなかったのでしょうか。『何かをかきはじめた』という文言では、RKi君にとっては、何かが起こっていることとは結び付かなかったのでしょうか。ここは、K.U君とは違うところです。あるいはすぐ前の文で、「どうしたの？」と思ったことを、次の文を読むときには、想起・留意していないのでしょうか。そうすると、一文、一文を切ってバラバラに書き込みをしていることになります。長文になれていない２年生で

はありがちな読み方です。このことを念頭に置くならば、次の文とつないで読むとどうですかと促すことは重要です。

Ⓣ　　　どうしたんだろうね〜
Rn：　⑲のところで、かりんちゃんは机に届くの？
　Rn さんは、『かりんちゃんは机に届くの？』と、ぐっとかりんの実像に迫る疑問を出しました。K.U 君と RKi 君にも逆の意味で関係することです。ここは、2 歳だと、どのくらいの身長か、どんな風に椅子にすわったのだろうと話し合い、実際にやってみて確認すると、かりんについて子どもたちの印象が少しは意識に定着すると思えます。

S-O：　⑲のところで、かりんちゃんがえんぴつをもって、らくがき
　　　　するのかな。なぜなら、かりんちゃんはまだ小さいからです。
　S-O 君は『何かを』を「らくがきするのかな」と予測し、その根拠をかりんは「まだ小さいから」と言います。これは、S-O 君の前の 3 人の発話すべてに関係しています。K.U 君はかりんが何かをするということには触れていません。RKi 君は、『何かを』がはっきりしません。S-O 君は、それらをはっきりさせました。Rn さんが、かりんが小さいことに具体的に迫ろうとしたので、それにつなげて、その小さなかりんが、えんぴつで『何かを』書き始めるなら、落書きになると S-O 君は予想したのでしょう。もちろん、S-O 君が友だちの発話のそれぞれを意識して言っているのではないと言えるのですが、その間、かりんが何をしたのかを考え、少なくとも、Rn さんの「机に届くのか」という発話には彼は触発され意識が動いていると思えます。

Ⓣ　　　そうだよね。かりんちゃんのことで、だれか言ってくれない？
Kyh：　思ったことで、出しっぱなしのすみれちゃんの〜で、思った
　　　　ことで、1 年生じゃなかったの？

　かりんに集中して４人の発話があったのですが、Kyh さんは、はたと、かりんは１年生だったのではないかという問題提起です。K.U 君、RKi 君がかりんについて触れていない理由はここにあったのかもしれません。かりんは１年生ではないのかと思える根拠は、これ以前の立ちどまりの学習のなかでのすみれの歌の中にあるのです。

　　Ｔ　　　そうだね。
　　Chi：　Kyh さんにつけたしで、１年生じゃなかったのことで、一番初めに「ちっちゃなかりんのおねえさん。一年生のおねえさん。」ってあるから。

　Chi さんは、見事にその根拠を明らかにしました。ここは、私自身も、おや？　と思ったところです。この歌だけを読めば、かりんは１年生と読めなくもありません。この第４時の立ちどまりではじめて２歳とでてくるので、歌の『ちっちゃなかりんのおねえさん　１年生の子のおねえさん』を、家ではちっちゃなかりんのおねえさんで、学校では１年生のおねえさんなのだと再確認したいところです。と同時に、かりんは２歳だとここではじめてわかったねと、読み手の子どもたちの注意を向けさせたいところです。

　ところで、子どもたちはそれぞれ、２歳のかりんをどのようにイメージできるのでしょうか。身近にその位の小さな子どもを見ていないとなかなかイメージできないのではないでしょうか。教師としてはそのことを注目しつづけていく必要があるでしょう。なぜなら、語り手は『ちょっとしたことがおきていました。』と、読み手に「出来事」を予感させているのですが、それが何かは、『何かを書きはじめたのです。』とだけ示して、この立ちどまりでは何かは明らかにしていないからです。

　S-O 君が、「らくがきするのかな」と予感したのは、『ちっちゃなかりん』からだけです。おそらく、彼は、そのちっちゃなかりんが何を書い

ているのかを、『ちょっとしたことが起きていました』との文脈で、何か
すみれに困ったことが起きていると、漠然とではあれ感覚的にざわつく
感触を受けて考えただろうと推測できます。身近に小さな子どもがいる
ことがその予想を支えているのか、そうでなければ、2年生としてはか
なり高度な想像力だといえます。

T　　　　そうだね。あれは別々のことだったんだね。2歳なんだ、か
　　　　　りんちゃんは。
Una：　⑱でちょっとしたことがおきていましたのところで、？で、
　　　　　なにがおきるの。
T　　　　何がおきるの？

Una さんにはまだわかりません。K.U 君、RKi 君、Rn さん、S-O 君の
4人の発話が続くことで、S-O 君がちっちゃなかりんが「らくがきする
のかな」と何が起きているのかを予想したのですが、Una さんの意識に
はそれは触れなかたようです。Una さんと S-O 君とが交差することがで
きるでしょうか。これからの話し合いの一つの注目点となっていると
えるでしょう。

Mm：　　Una さんに答えて、すみれちゃんのノートに、2歳になった妹
　　　　　のかりんちゃんが、えんぴつで何かをかきはじめたことです。

Mm さんは、『ちょっとしたことがおきていました。』と『すみれちゃ
んのノートに、二さいになった　妹のかりんちゃんが、えんぴつで、何
かをかきはじめたのです。』の二つの文章を結び付けました。つまり、
ちょっとしたこととは何かは、それが気になる読み手としては、かりん
ちゃんが何を書きはじめたのかを考えればわかってくるのではないかと
いうことを指し示したことになります。Mm さんがそのように意識して
いたのかどうかは別にして、二つの文章を結び付けるということはそう
いうことになります。そうすると、かりんをどのようにイメージしてい

るのかがキーポイントになります。イメージするための素材は、「**ちっ
ちゃな**」だけではなく、「**2歳**」と、具体的になってきました。さあ、子
どもたちは、どのように進むのでしょうか。2歳の頃の自分を当時記憶
する能力は一般的にはないので、子どもたちにとってはそのころの経験
を想起することができません。だから、2歳の幼児を、自分の経験を基
礎としてはイメージできないのですが、どうするのでしょう。

　　Ⓣ　　　上手な言い方ね。ちょっとしたことというのは、これですね。
　　　　　（板書しながら）すみれちゃんのノートに、かりんちゃんがえ
　　　　　んぴつで何かをかきはじめたことですね。何かのあたりない
　　　　　ですか。
　　D-I：　何かをかきはじめたのですのところで、思ったことで、何かっ
　　　　　て何をかいたんだろう。
　S-O君が、『**何か**』は、かりんが落書きするのだろうと予想したのです
が、かりんは2歳とわかっても、D-I君は、もう一度、何かとは何かと
疑問をだしました。すると、今度は、次のような意見が出てきました。

　　Ⓣ　　　だれか答えられる？
　　AK：　べんきょうです。
　AKさんは、文章の中から「べんきょう」を見つけました。自分で想像
することが出来ないときに、文章から見つけようとすることは、ひとり
読みの姿勢が育っていることを表しています。ではそのかりんの『**お**
べんきょ。』をどう読むのかの難関がこの教材では次に待っています。AK
さんは、「べんきょう。」と言ってしまっています。2歳のかりんの言葉
を、直ちに自分の言葉に置き換えています。2歳のかりんの言葉の意味
において、かりんの『**おべんきょ。**』ならどういう勉強になるのかなとい
うように考えを巡らせるのはむずかしいのでしょう。むしろ自分の言葉
の意味において捉えているということを示しています。

一般論で言えば、文中の言葉それ自身を理解しようとするなら、その言葉を発する人によって言葉の意味内容が違うということがわかっていなければなりませんが、２年生にはそれはなかなか出来ないようで仕方のないことです。大人でさえ出来にくいことですから。しかし、『おべんきょ。』をちっちゃな幼児の言葉として押さえ、すみれの妹という文脈で捉えようとするならば、直感的に、状況的な把握で、おねえさんの「まね」をしているのかもしれないとか、きっと、それは落書きのようなものだろうと思う子どもは一般的に言ってもいないわけではありません。『おべんきょ。』であって、「おべんきょう」ではないことに気づかせること、そして、かりんの言葉（幼児のことば）なのだということをここでは考えさせたいところです。

　　①　　　どう？
　Ren：　AK さんに付けたしで、S-O さんが言ったように、たぶんらくがきだと思います。

　S-O 君に共鳴している発話です。ちっちゃなかりんがえんぴつで何かを書いているのなら、それは、落書きだというのが S-O 君のはじめの想定です。Ren 君、S-O 君は、では、『おべんきょ。』とかりんがいったことは、どう受けとめ説明するのでしょう。Ren 君が、「**AK さんに付けたしで**」と言っていることがそれを示しています。AK さんは『何か』を「べんきょう。」といいました。〈それに付け加えると、『**おべんきょ。**』はたぶんらくがきです。〉と言いたいのではないでしょうか。それが、「**AK さんに付けたしで**」の意味だと思います。かりんはお勉強のつもりだけれど実際は落書きをしているという付け足しをどのように言えばよいのかはっきりとはせず舌足らずで言っているのではないでしょうか。ここは、確かめたいところです。

　　①　　　今の付けたしいますか？

Kyh：　べんきょうの AK さんに付け足しで、勉強の国語や算数……
　　　　たしざんとか……
RKi：　出しっぱなしのところで、すみれちゃんいけない。
Ⓣ　　　すみれちゃんいけない！
Rn：　　言葉を使ったに似ていて、出しっぱなしのところで、出しっ
　　　　ぱなしもいけない。
Ⓣ　　　出しっぱなしもいけないね。
Hrn：　自分が思ったことで、２歳でもお勉強するんだ。

　先生は、「Ren 君に付け足しいますか」と、尋ねていますが、Kyh さんは一つ前の AK さんに付け足しています。おそらく、かりんが『おべんきょ。』と言っているのだからということで、Kyh さんにはらくがきとはつながらないのでしょう。Kyh さんが付け足したことは「国語や算数……たしざんとか……」でした。かりんの言葉『おべんきょ。』を、いわゆる「べんきょう」とそれ自身取り出して一般的に自分が理解している「国語や算数、たしざんとか」と表明しています。

　Hrn さんは、「２歳でもお勉強するんだ。」と、これまで思ったこともなかったという口調です。「おべんきょ。」に納得したような言い方ですが、それは「べんきょう」であり、「べんきょう」という概念は「国語や算数……」として理解し、２歳の子どもが勉強をするなんてと、びっくりしているようです。

　Rki 君は、一見、ここでは関係ないような「出しっぱなしところで、すみれちゃんいけない」とすみれの出しっぱなしに言及します。話題を移したような発話です。しかし、話し合いのこの脈絡での発話ですから、これは、明らかに、かりんを擁護しているのではないでしょうか。〈らくがきをしていたとしても〉が外には出さない内言としては残っているといえます。Rki 君は、ちょっとしたことって何があったの？　という由の発話を授業のはじめの段階でしています。その何があったのかに対して S-O 君が答えているので、それに共鳴しているだろうことが考えられ

るからです。Rn さんも、「出しっぱなしもいけない」と、いいます。Rki 君と同じ系列にいます。かりんばかりがいけないのではないということでしょうか。〈かりんはらくがきをしていたとしても〉が Rn さんの内にもあるのではないでしょうか。二人は、話題を変えてはいないのです。

　このように４人の子どもの発話を捉えると、必ずしも、かりんの『おべんきょ。』を通常の「お勉強」として捉えている子どもが優勢な流れだとは言えません。子どもたちは、微妙に揺れて、状況を捉えて、かりんが書いているのは何かを捉えようとしています。この時、この難しい幼児の言葉をどのように捉えるのかが問題となってきたと言えます。

　　Ⓣ　　　どう？（Ⓒさんせいです）でもさっきさ、Ren くんが、なんて言ってた？（Ⓒらくがき）お勉強？らくがき？
　　Ut：　Hrn さんの付け足しで、やはりらくがきだと思います。なぜなら、２歳だから２年生の勉強は無理だと思うからです。

　Ut 君は、おそらく、先生の「Ren くんがなんて言ってた？　お勉強？落書き？」とわざわざ取り上げた問いに誘導されたのか、あるいは、授業の流れがここで立ちどまったので、自分の意見を言える間を得たのか、２歳では勉強は無理だから、落書きだと主張しました。

　　Chi：　Ut さんと Hrn さんに付け足しで、２年生の問題って２歳ってたしざんとかさひきざんとか、読めなくない？
　　Na：　Ut さんとは違って、㉑のところで、「おべんきょ」って書いてあるから、お勉強だと思います。

　Ut 君はらくがきだと言い、Chi さんは、２歳を根拠として、勉強はできないでしょうと言い、Na さんは、『おべんきょ。』と書いてあることを根拠として勉強だという意見です。

　落書きか勉強か。意見は二つのまま平行線であるかのようです。しかし、この平行線は、Na さんの言うように、「Ut さんとは違って」と対立

するする二者択一にあるものかのようにいえるでしょうか。

　確かに子どもの発話では、落書き、お勉強という二つの意見であるかのようですが、それらは、二者択一でどちらが正答かというものではありません。一方はかりんが何かをかきはじめましたの何か、つまり、かりんが実際に書いているものを指し、他方は、かりんの言っている言葉を指しています。その意味ではいずれも間違っていません。しかし、お互いに「らくがき」と「おべんきょ。」の関係がわからないのです。かりんの鉛筆を持った指先には実際には何があるのか。それを Ut 君たちは「らくがき」かもしれないと言っている。Na さんたちは、書いているかりんがそれを声を出して『おべんきょ。』と言っていることから、「おべんきょ。（う）」という言葉を取り出しています。このように子どもの「落書き」と「お勉強」の関係を整理して示せば、子どもはどういうことか自分なりに説明できるのではないでしょうか。

　Na さんが、「かりんちゃんが、『おべんきょ。』って言っているから」とは言わないで、「『おべんきょ。』って書いてあるから」と言っていることが、ここでは混乱の根拠を示しています。書いてある言葉をそれだけ取り出して、落書きか？　お勉強か？　いずれかと聞かれて、それへの答えとしているのです。

　最初に「おべんきょう。」と言い始めた AK さんも、また、Na さんも、その発話によって、問題の所在を実は教師に教えてくれています。したがって、いかに解決すればよいのかを、教えてくれているとも言えます。

　Ⓣ　　　なるほど。ちょっとまとめていい？
　　　　　かりんちゃんは、２歳だね。１年生では……（Ⓒない）でも、すみれちゃんのノートに何かをかいた。それは……（Ⓒらくがき、多数）落書き？
　Ⓒ　　　自分の中ではお勉強。
　Ⓣ　　　あ。心の中ではお勉強。かりんちゃんにとってはお勉強。

◎　　図工みたいね。

　かりんちゃんが何かを書き始めている、その何かは、落書き、または
お勉強だと二つの意見が子どもたちから出されたのですが、藤原先生は
上のように子どもと一緒にまとめようとしています。藤原先生は、最初
は子どもの論議のレベルに降り立とうとして、「落書き？　お勉強？」と
問いかけているようです。この言い方は、どちらかというと二者択一的
な問いかけになってしまいました。その結果、子どもは、Na さんに見
られるように、「Ut 君とは違って」というように、あえて対立する意見
であるかのように自分の意見を規定するようになってきました。そこで、
すぐに、藤原先生は、方向を修正しています。「まとめよう。」と言って、
「かりんちゃんは２歳だね。」と子どもの注意をかりんそのものに向ける
ように促します。その上で、そのかりんの書いたものは……と半ば問い
かけるように言うと子どもは「落書き」と呼応しています。「いや、お勉
強」とあえて言う子どもはいなかったようです。

　子どもには、かりんは２歳。その子が書いているのだから、落書きだ
ろうということは理解できたようです。

　では、かりんが『おべんきょ。』と言ったことはどうなるのかという問
題は残ります。藤原先生は、そこで、「落書き？」と念を押します。絶妙
な問いかけだと思います。子どもの気になっていることがすっきりと解
決するように、落書きなんだけれど落書きなの？もうちょっと何か言っ
てと尋ねているのだといえます。

　すかさず、何人かの子どもが「自分の中ではお勉強。」と言います。藤
原先生の問いかけから、子どもの「自分の中では……」が口から出てく
るまでの一瞬の間、子どもの頭の中でどういうことが起きたのでしょう
か。

　挙手しないで口々に「自分の中ではお勉強。」と言った子どもは、おそ
らく、これまで「落書き」と言っていた子どもではないでしょうか。そ

れは、実際には落書きになるということを自分で、あるいは、S-O君に共鳴してわかっているので、「え？　落書きなのに、それだけじゃあないの？」と詰まりながら、それではかりんが『おべんきょ。』と言っていることは、何だということに突き当たったとき、「自分の中」と思い当たるといえます。逆に「おべんきょう」と主張していた子どもは、かりんは「落書き」しているとクラスの子どもたちにやや断定されることによって、しかし、もう一度「落書き？」と尋ねられて、その落書きが「おべんきょ。」だとわかったのだといえます。〈「何か」は落書きであり、お勉強なのだ〉と。その瞬間、「自分の中では」と、このあたかも対立するかのような構図を直感的に解決することが出来たのだと言えます。

　〈らくがきが、おべんきょうなんだ〉と子どもに分かったということは、「図工みたいね。」と誰かが言ったことが単純には説明しています。

　ここで、一応、「らくがきか、おべんきょうか」と二者択一的に答えを見つけようとするかのような様相を帯びた論議は、〈らくがきが、かりんにとってはおべんきょうなのだ〉というようにひとつの区切りをつけられたかなと思えます。

　この授業の終りの方で、Ut君は「自分の中ではお勉強みたいにみえるけど、本当はらくがきみたいなものだと思います。」と言っています（次の授業では、子どもは「すみれのまねをしていた。」と言っています）。

Ⓣ　　　本当だ。図工みたいだね。でもさ S-O 君が、えんぴつでかいてるよって言ってるんだけど、どういうこと？

Ut：　　えんぴつが近くにあったので、そのえんぴつを持ってらくがきとかをかいたんじゃないかなと思います。なぜなら絵の横に（教科書の挿絵）、えんぴつがあるからです。

Ⓣ　　　ほ〜。このえんぴつは、すみれちゃんの。出しっぱなしはこれもいけないんじゃない。（板書を見せながら）いけないなぁ。

こういう感じですね。かりんちゃんは、お勉強みたいな落書きをしているんだけど、出しっぱなしのすみれちゃんもいけないんじゃないの。っていう感じかな。ちょっとこっちの方、『ちょっとしたこと』ではないですか。

Hrn： すみれちゃんは教科書やノートをしまっておけばよかったのに。

Ⓣ しまっておけばよかったね。

Kyh： お水あげる前に、宿題やっちゃえばよかったのに。

Ⓣ そうだよね。宿題やっちゃえばよかったのにね。

Chi： ちょっとしたこと〜のところで、自分が思ったことで、ちょっとしたことではなくない。

Ⓣ どう？

Rn： Chi さんと似ていて、出しっぱなしにしてたのにちょっとしたことじゃないし。なんからくがきはちょっとだけ破って、ほかのページに書けばいいのに。

Ⓣ じゃあ、ちょっとしたことっていうのは、大変なことなんだね。だれにとって。

Ⓒ すみれちゃん。

Ⓣ でもかりんちゃんとしては、お勉強。でもなんからくがきっぽいけどね。

　ここでは、すみれのノートや教科書の出しっぱなしや、宿題をやらないで外へ出たことに対する意見が集中します。これは、授業のはじめの方にもすでに出ていた意見ですが、かりんが落書きをすることへの一種の擁護としてすみれの過失を確認する意見のように思えます。そのなかから、Chi さん、Rn さんは、すみれにとっては、出しっぱなしにしたことが、ちょっとしたことではない結果になったというように言います。

　論議としては、すみれの行為とかりんの行為の因果関係、その結果がすみれにとっては大きいことになったと言及され、見事だと思います。

-42-

1-2-3　語り手は、かりんの描写から転じて、すみれの登場へと視点をあてました―― 場面の転換を押さえて，すみれについてどう読むか

教材文

> すみれちゃんが　水やりからもどってくると、かりんちゃんは、
> まだ　かいているさいちゅうでした。

Ui：　すみれちゃんが水やりからもどってくると〜のところで、思ったことで、妹の世話って大変だね。

この一文について語っているのは、特には、Ui さん一人だといえます。「妹の世話って大変だね。」とは、2年生でよく言えるなとただ感心します。事態をすみれの側に立って、実感できるすばらしさ。ちょっと外に出て、コスモスに水をやったのに、その間にノートにらくがきされているのだから……と読み手としてはもうわかっているので、これから直面するすみれを思いやって投げかける言葉でしょう。すみれへと転じた文章に敏感に反応しています。内容的には、上記の Chi さんの、すみれにとってちょっとしたことではないという判断とつながるものです。

1-2-4　二人の会話と、最後の一文で、すみれについてどう読んでいるか

教材文

> すみれちゃんはおどろいて、
> 「かりん、何してるの。」
> とききました。
> 「おべんきょ。」
> と、かりんちゃんが言いました。
> 「もう、かりんたら、もう。」
> と、すみれちゃんは言いました。

> 半分ぐらい、なきそうでした。もう半分は、おこりそうでした。

（以下の授業記録そのものは、時間と紙面の都合で省略します。子どもの発話については、同様の意味合いの発話はまとめてそのグループ内での幾つかについて検討することにしました。）

(1)『かりん、何してるの。』『おべんきょ。』のすみれとかりんの
やりとりについて

① すみれの『かりん、何してるの。』について

Mi： 「本当だよ何してんのよ。」

rn： 「宿題できないよ。」

Hk： 「かりん何しているの。」のところで、すみれちゃんになって言います。「ノートにらくがきしないで。」なぜなら学校で使っているノートにらくがきされると、先生に怒られちゃうからです。

三人とも、机の前の椅子に乗って鉛筆を動かすかりんを認めたすみれの慌て様、ちょっと腹立たしい口調、困った感じを自分の気持ちで代弁したり、すみれに同化して述べたりしています。

しかし、Hk さんは、すみれは、まだ、かりんが書いたものを見ていないという場面の設定を理解していないようです。すでに読み手はすみれが戻ってくる前にそれを論議して知っていることと混同しているのですが、低学年では登場人物と読み手である自分との距離を置けない一体化に陥りやすいことに留意する必要があると思います。ここは、『かりん、何してるの』と発したときにすみれはどこにいたのか、そのようなことも確認する必要があります。そういうことを入り口にして、自分との距離を実感し、話の中の人物の話の中での具体性を構想することを可能にしていくと言えます。これは異化する意識の動きを創り出す重要なポイントだと言えます。

② かりんの『おべんきょ。』に対するすみれの反応について

Ren： 「すみれちゃんが思ったことで、勉強できないでしょー。どう
　　　　やってできるようになったの？」
Hr： 「『おべんきょ。』のところで、何の勉強してるの？」
Hn： 「すみれちゃんが思ったことで、お勉強じゃないよ。消してよ。」

　すみれによる、かりんの『おべんきょ。』の受けとめはどうだっただろ
うかについては、微妙に三人三様です。これについては話し合われていま
せん。これだけの文章では２年生にとっては難しいことですが、すみれが
「お勉強はできないはずなのに」と、驚き、不思議に思って問い返してい
るという想像は（Rem, Hr）、「おべんきょ。」へのすみれの反応としては現
実味があるように思います。すみれはすでにノートを見たということは書
かれていないからです。しかし、『もう、かりんたら、もう。』というすみ
れの返答からはすみれはすでにノートを見ていることはわかります。すく
なくとも、『おべんきょ。』と聞いた直後には、机のそばにまで行きついて
いたことになります。そうすると、Hn さんの「お勉強じゃないよ。消し
てよ。」というのがすみれの本音だとも言えます。３人は、すみれのどの時
点での「おべんきょ。」への反応かによる違いを示していると言えます。

(2)『もう、かりんたら、もう。』、『半分ぐらいなきそうでした。もう半分は、起こりそうでした。』について

Una： 「すみれちゃんおねえちゃんなんでしょ、ちゃんとやってよ。」

　「ちゃんとやってよ。」とはどういうことでしょうか。半分泣きそうで,
半分怒りそうというすみれの様子に対して、かりんのことを分かってあ
げてということでしょうか。泣きそうに、怒りそうになっていることへ
の忠告の様に思えます。元気で明るいすみれでいてほしいのでしょうか。
1-2-2 の項では、Una さんは、かりんが書いているのはらくがきのような
ものとは思っていなかったのですが、その後、発言はしていませんが、
かりんはおべんきょうのつもりでやっているのだからというように捉え
るようになっているのでしょうか。「ちゃんとやって」についてもう少し

続けて聞きたいところです。

> Rna： 「『もう、かりんたら、もう。』のところで、思ったことで、そんなにおこんなくてもいいじゃん。」
>
> Hna： 「学校の先生に怒られても、訳を言えばいいんじゃない？」

この二人も、読み手として、すみれをなだめる感じで語りかけています。

> Chi： 「すみれちゃんになって言います。もうこれ学校に出す宿題なのに。だったら、自分のノートに書けばいいのに。理由は、学校の宿題をだいなしにされたからです。」
>
> K.U： 「『もう、かりんたら、もう。』のところで、もうおこってるよ。」
>
> Yri： 「『もう、かりんたら、もう。』のところで、妹なんかいないほうがいい。」
>
> Na： 「『半分くらい泣きそうでした。もう半分はおこりそうでした。』のところで、別にいいじゃん、泣いたり怒ったりして。」

すみれの心の内を子どもたちは、想像しようとしています。Rna、Hnaさんが読み手としてすみれをなだめるように語り掛けるのとは対照的に、K.U、Yriさんは、すみれは、かりんに対してつよく怒っているように想像しています。こういう怒りそうなこともすみれの心にはよぎっただろうということが「半分」で表されていると思えるのですが、子どもたちの読みは直球ぎみです。ここは、主人公と読み手が同じ年齢であることからくる分かり易さからくるのでしょうか。「半分」の読みが弱くなっています。Na さんは、読み手として、すみれに寄り添っています。

　Rna さんから Na さんまでを見ると、読み手として（Rna、Hna、Na）、あるいはすみれの内面の想像（Chi、K.U、Yri）として、という二つの観点から、すみれについて語っています。読み手の視点では、すみれに対して「そんなに怒らなくても」と「怒っても泣いてもいいじゃん」と

いう二つの対応があり、すみれの内面の想像では、どれもすみれは怒っているというようになっています。

　　Ut：　「半分くらい泣きそうでした。もう半分はおこりそうでした。
　　　　　のところで、どんな気持ちなんだろうって。予想は、ぐちゃ
　　　　　ぐちゃだと思います。」
　　Chi：　Utさんに付け足しで、心がもやもやで怒りたい気持ち。
　これは言い得て妙。文章のニュアンスを捉えていて感心します。このすみれの気持ちの想像は、RnaさんからNaさんまでの読み、つまり、怒っている――怒らなくてもいいというようにすみれの心の内を読み手の自分に引き寄せて語る（すみれに語りかける）ことに対比して、すみれの言いようのない混乱・つらさを表現していると思えます。

　　AK：　『半分くらいなきそうで』、？で、泣きそうってことは、うれ
　　　　　しくてなきそうか、やだでなきそうか、どうなのかな。
　「うれしくて」か「やだ」でかと聞くのは、「泣きそう」だけを抜き出して自立的に読んでいるようです。これまでの読みを想起して「泣きそう」につなげていないことを根拠とした問いになっています。

　　Yri：　「Akさんに答えて、やな気持ち。」
　すぐに、友だちの問いに答えています。この二人の発話は、友だちと一緒に考えることの良さを端的に示しています。

　　Chi：　「自分がおねえちゃんだから、泣いてるところを妹に見せたく
　　　　　ない。」
　この話の最初の部分で、すみれがいいおねえさんになろうと張り切っていたことを想起してそれと結びつけています。2年生って、妹には見せたくないというような意識があるのでしょうか。これは、わたしにとっ

ては、ちょっとした驚きです。

> Hn：　『もう、かりんたら、もう。』のところで、かりんちゃんが思っ
> たことで、おねえちゃんなんで怒ってるの？

　かりんが、すみれをどう見ているか、このことが考えられるのは、すば
らしい。かりんには、すみれの様子は「どうして？」というように映っ
ていると想像できることは、この場面でのすみれとかりんの関係を読み
取っていると言えます。ここでかりんの視点からすみれを見ているのは、
Hn さん一人です。これは、クラス全体に紹介する必要があるでしょう。
そうすることで、次の立ちどまりでのすみれによるかりんへの理解が子
どもたちに分かってくる可能性の基礎が作れると思えます。

1-2-5　授業分析を終えて
（1）教材文と子ども
　教材文である作品の主人公が読み手である子どもと同年令だというこ
とは、主人公の本音を洞察しやすいということはあるのですが、主人公
が関わる対象が2歳の妹だという点では、読み手の経験としては2歳の
時のことはほとんど記憶にはないということから、子どもにとっては決
して読みやすい教材ではなかったと言えます。また、主人公と同年令で
あるという親しみやすさはあるとしても、逆に、2年生ではまだ主人公
との距離がとりにくく、子どもは、読み手である自分に引きつけて、主
人公を自分の方へと同化するという意識の作用が働きがちになります。
2年生では、まだ、同化する、異化するという意識の作用が未分化です
から、どうしても、自分の方へと一体化しがちになります。そのために、
お話を、主人公を中心に構想するということ、お話の世界を自分の頭の
中で想像的に構成するということになりますが、それが出来にくい難し
い教材だったと言えます。
　しかし、2歳の幼児の言っていることと実際にやっていることのギャッ

プの必然性を２年生なりに苦闘しながら理解する道を切り開いていくことによって、妹かりんのことが分かることによって、主人公のすみれが妹から受けた被害に対処するときの複雑な心情に迫ることも可能になっていったと思います。そのような何人かの子どもに引っ張られて、この教材の難しさを全体としては乗り越えていけたのではないかと思います。

(2) お話の核となる部分を子どもは、創造的に思考を働かせて捉えています

これは、言うまでもなく、「(らくがきだけど、かりんは)自分の中ではおべんきょう。」と捉えたことです。このように、かりんの『おべんきょ。』という言葉を捉えられれば、さて、すみれはどうかりんを理解するのかなと、その後のお話を捉えることが出来ると言えるからです。

先生がそこのところを、「おべんきょうかな？らくがきかな？　二つの意見がありましたね。」というようにあいまいなままにはしないで、子どもに考えさせたことは、貴重な指導だったと思います。

(3) 教材文の言葉だけを取り出す傾向について

問題となった『おべんきょ。』と、もう一つ『半分ぐらい、なきそうでした』の「なきそうで」が、言葉だけを取り出されて、解釈されていました。これは、誰が、いつ、どんな状況で言った言葉かという文脈で捉えられないことを示しています。

ということは、この授業で子どもは、かりんは何を書いたんだろう、すみれは、どうして泣きそうになったのだろうということの、その状況がよく読み取れていないということを示しているとも言えます。つまり、お話の中で何が進んでいるのかがつかめていないとも言えます。そのためには、次のことが必要だと思います。

(4) お話の世界をより具体的に構想する

文学作品を読むということは、文章から、お話の世界を思い描く(絵

画的にも意味的にも）という学習だと思います。教材文の「言葉」を自立的に取り出してどういうことかと問題にする子どもは、その「思い描く」ことが弱いのだと言えます。文脈が捉えられないとも言えます。

　そこで、大事なことは、授業で状況や人物の特徴・動きを可能な限り具体的にどうなっているのかを追求することだと思います。「おべんきょう」を取り出した子どもにとってはその言葉が唯一の答えとなる、あるいはそれにつながるものだったわけですが、かりんの幼さがわかっていなかったということだったといえます。ここは、人物像が弱かったと言えます。「**なきそう**」を取り出した子どもは、ノートへのらくがきのようなものを見たすみれの「**なきそう**」だというようにつながっていないのですが、すみれが庭から戻ってきたあとの動きがはっきりしていないということになります。

　作品の文章は、そのあたりは、二人の会話だけですから、当然わかりにくいと言えます。しかし、いつすみれはノートを見たのかは、その会話から分からないわけではありません。そういうことをああだこうだと考えることには、子どもは興味を持つはずです。むしろ活発になると言えます。その具体性が子どもの読みを支えることになります。

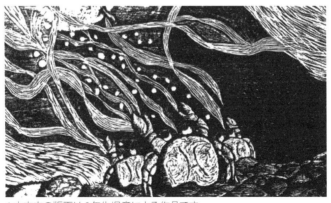

＊本文中の版画は6年生児童による作品です。

Ⅱ 『モチモチの木』（光村図書小3　斎藤隆介作）の授業

**（2019 年 8 月児童言語研究会全国アカデミーでの提案授業
尚、授業では作者原文の「絵本」を使用。本書では、表記上は、
教科書（光村図書）を使用しています。）**

2－1　授業記録を分析します

2-1-1　前時を振り返る

T：　　KT と Kno、お願いします。

C：　　良い姿勢をしましょう。これから 5 時間目の国語を始めます。

T：　　はい、『モチモチの木』の昨日の振り返りから行きます。いっぱい出たね。思い出すために読んでもらいます。昨日の場面、21、22、23、24、4 人お願いします。挙手（FM、KH、AS、AK）思い出しながら読んでね。みんなは思い出しながら聞いてよ。

C：　　【音読】（FM、KH、AS、AK、読む）

T：　　昨日の場面思い出したかな？（……思い出した）昨日いっぱい出たんだけど、イシャサマオヨバナクチャ　というところで、いろいろ出たけど、ここは自分しかいないということで、みな言ってくれたけど、前の豆太と違うなと言ってくれました。
じゃ、ちょっとふりかえりを読んでもらうね。じゃ、KH くん、お願いします。

KH①：前の豆太とは違う。じさまはどんどん苦しくなって大変。豆太は心配しすぎてあせっている。

　KH ①の「前の豆太とは違う。」とは、言い得て妙。どの本文からそう思ったのかは言及していませんが、立ちどまりの文章のはじめから音読して『医者様をよばなくちゃ。』のことろまで読んだとき、これは今まで

の豆太とは違うなと受けとめたのだと思います。豆太が「変化した」とまで言わないところが、文章に敏感な捉え方だと思います。

　つまり、ここでの描写（文章表現）では臆病な豆太が勇気のある豆太に変化したとまでは言い切れないからです。『くまのうなり声』だと思って、こわくて『むちゅうで』『しがみつこうとしたが』そこには『じさまはいない』。『くまみたいに体を丸めてうなっていたのは、じさまだった』。そのじさまに、『こわくて、びっくらして、豆太はとびついた』。しかし、じさまは、こわがっている豆太に、いつものようによしよしと言ってくれるどころか、『歯を食いしばって、ますますすごくうなるだけだった』。それを見て、すぐさま、『医者様をよばなくっちゃ』といった豆太ですから、そういう豆太を KH 君は、〈これは、前の豆太とは違うな〉と、実に文章をありのままに素直に受け取ったと言えます。

　ここで、「文章を素直に反映している」ということで言いたいことは、〈あ、これは、前と違うな〉と、その文章に辿り着いたときに、その瞬間思うという読み方をしているということです。

　文章を素直に反映できるということは、子どもにとっても、また、しばしば大人にとっても、簡単なことだとは言えません。『医者様をよばなくっちゃ。』という文章から、「前の豆太と違う。」と豆太を特徴づけたことの的確さは、「文章を正確に読んでいる。」と一般的に言われていることと同じではないように思います。

　「正確に読む」とは、しばしば、一文・一文を、それに含まれる単語・語句の意味を正確に、文法上正確に読むことによって、意味も正確になるという意味で、通常は言われていると思います。

　KH 君の「的確な読み」は、『医者様をよばなくっちゃ。』の一文を文脈における一文として読んでいることに起因しているということをここでは言いたいのです。KH 君は、前の段落やこの『豆太は見た』の段落の前半の４つの形式段落で描かれている豆太を想起してそれを意識しつつ、それと「前とは違う」と受けとめた『医者様をよばなくっちゃ。』の

一文の読みとを結合させて、「豆太はあわてている」と判断しています。これが文章を読み、それについて自分の受けとめたことを書きだしたときのKH君の意識の動きだと言えるでしょう。さて、KH君は時間的に少し前の文章の読みと、『医者様を……』の一文の読みとをどのように結合しているのでしょう。

　『医者様をよばなくっちゃ』ととっさに思う豆太を、KH君は、「じさまはどんどん苦しくなって大変。豆太は心配しすぎてあせっている。」というように、じさまの急変を目の当たりにしている豆太であることとして受けとめているからこそ、「前とは違う」豆太の反応だと言い得たといえます。つまりここでは、比較する思考が働いています。しかし、それだけではなく、二人の様子を見事に脳裏に反映させて意識し、かつ言葉にして発話しています。そこにおける豆太を捉えています。つまり、豆太について考えるときに、豆太が眼前に相対している他の登場人物の様子を、読み手であるKH君自身の意識の対象に置いて、それに対して豆太がどう感じたのかというように考えているということです。読み手である自分自身が中心的に視点を当てようとする登場人物（以下、視点人物と言う）だけではなく、その登場人物が相対している他の登場人物との関係で、自分の中心的視点人物の対応が前とは違うなと気づいたということです。
　臆病な豆太から勇気のある豆太へと変化するというほど簡単で単純な人間の変化を作者はこの話のモチーフにしていないことはこの話の終末でのじさまの言葉から分かるのですが、そのことからも、ここでは、「豆太の変化」「豆太が変わった」と、早とちりして読まないことは大事なことだと言えます。その根拠は、上で述べたように、読み手の意識の動き、すなわち、読み手の視点人物とその視点人物が相対している他の登場人物の様子とを結合して、二人の様子を脳裏に反映させているという、表象における意識の動きにあると言えます。「豆太は前と違う」と「豆太は変わった」という言葉の上での違いは、言葉の違いとしては小さいけれども、そ

れを発する主体（子ども）の意識の動き、思考作用は大きく異なると言えます。後者が変わることで発する言葉は変わるのだと言えます。

　以上、KH君の、文章に向かい自分の文章からの受けとめを書き出す（書き込む）過程の意識の動きと、その動きにおいて同時に働いている思考の作用を考察しました。簡潔にまとめると、次のようになります。
　（1）文章中の一文を文脈における一文として文章のつながりにおいて捉えています。
　（2）つながりにおいて捉えることが出来るのは、今自分が読んでいる文章を（から）考えているときに、時間的に前に出て来た文章（群）で自分が分かったり、感じたり、気づいたり、思（想）ったりしたことを同時に想起（再生）することが出来るからです。
　（3）今現在の表象と過去の表象をどのようにつなぐのかは、比較・対比の思考を働かせています。
　（4）何と何を比較するのかは、じさまの異変に直面した豆太とこれまでのじさまに対するときの豆太とを比較して「前とは違う」と言っています。二人の登場人物の有り様を意識して、中心的に注目している登場人物を、他方の登場人物への対し方における違いとして比較・対比しています。
　（5）豆太だけを自立的に取り出して、「臆病だけど勇気がある」というように特徴づけるHMさんと、この（4）の点で違うと言えます。HMさんは、授業では次のように豆太を捉えようとしています。

T：　　　だんだん苦しくなっているのがわかる。最後は話もできなくなっている。KHよかったね。じゃHMちゃん。
HM①：私が豆太だったらきっとびっくりして、……気絶しちゃうけど、豆太はちゃんと医者様をよばなくちゃといったからえらいと思う。豆太は臆病だけど、夜に医者様を呼びに行った

から、豆太は勇気があると思う。

　HM さんは、「豆太は、臆病だけど勇気がある」と捉えています。

　KH 君は、苦しむじさまに対する豆太の反応を「前の豆太とは違う。」と、捉えたのですが、HM さんは、それを「臆病だけど勇気がある」というように、豆太を「臆病」と「勇気」という相反する二つの特徴を同時に持っている（現れている）と、捉えようとしています。KH 君の「違う」と感じたことを、HM さんはより鮮明に説明しているかたちになっているとも言えます。

　また、HM さんは、「わたしが豆太だったら」と想像しています。

　これは、お話の中に積極的に入り込もうといていることを表しています。これは、しかし HM さんが、豆太の状況に身を置いて豆太の心理を想像するというものではないので、豆太への同化ではありません。自分だったらどうするかですから、状況の中に入りこもうとしているのですが、その時、自分との対比で、「豆太は勇気がある」と豆太を特徴づけています。自分との対比によって、夜中に山の中を通って医者様のところへいくことには、自分にはできないような勇気がいると、勇気の困難さを分かろうとしていると言えます。

　HM さんの独自性は、時間的に豆太は臆病だけど勇気を出すように変わったというように言わないで、「臆病だけど勇気がある」と、臆病と勇気を同時に持つという意味で捉えていることです。段落『豆太は見た』の前半の部分の、その中での前半『むちゅうでじさまにしがみつこうとしたが』『こわくて、びっくらして、豆太はじさまに飛びついた。』等の文章で表現されていることと最後の一文『医者様をよばなくっちゃ。』とを統一して捉えています。あるいは、さらに前の段落の豆太と『医者様をよばなくっちゃ。』の豆太とを統一して捉えているのかもしれません。これは、自分の中の二つの豆太についての想像を統一したと言えます。KH 君は比較・対比したと言えるのですが、HM さんは、二つの想像を統一したと言

えます。KH君が二つの豆太像を比較・対比の思考を働かせて捉えているのに対し、HMさんは統一する思考を働かせたと言えます。その言葉での表現が「豆太は臆病だけど勇気がある。」に他なりません。ここでは一応ここまでを述べておくことにします。また後で、この「臆病だけど勇気がある」という受けとめについては考察したいと思います。

　　T：　　じゃあ、HRちゃんお願いします。
　　HR①：豆太はじさまが大すきだから、モチモチの木を見ても医者様
　　　　　　をよびに行くと思う。だって、大好きなじさまがいなくなっ
　　　　　　たら、豆太を安心させてくれる人がいなくなってしまうから。
　　HRさんは、「豆太は医者様を呼びに行くと思う」と、確信を持って予測しています。豆太にとっての呼びに行くことの困難さをHRさんは理解した上で、それでも行くと予測できる根拠を語っています。
　　（1）　医者様を呼びに行く困難について、モチモチの木との関係で考えているのは、HRさんが初めてです。「モチモチの木を見ても」としか発話していないので、もう少しどんなことを言いたいのか聞きたいところです。
　　『やい、木い』『霜月二十日の晩』の二つの段落で、豆太とモチモチの木は次のように描かれています。簡単にそれを押さえておきます。
　　『木のえだの細かいところまで、みんな火がともって、木が明るくぼうっとかがやいて、まるでそれは、ゆめみてえにきれいなんだそうだ』とじさまが語り、それを聞いて、**『昼間だったら、見てえなあ──。』**とそっと思った豆太だったのです。しかし豆太は、それは**『一人の子どもしか、見る事はできねえ。それも、勇気のある子どもだけだ。』**と聞いて、**『おらは、とってもだめだ──。』**と思ってあきらめたのです。
　　HRさんは、文章のここのくだりをどう読んで、「モチモチの木を見ても」と言ったのでしょう。おそらく、モチモチの木を見るということは、真夜中、一人で、山の中を通るということなんだとHRさんは思っている

と思います。豆太には、モチモチの木は、夜には怒っているように見え、お化けに見えているのですから、霜月の二十日の晩に灯がともるとしても、夜中に一人でないと見えないとすれば、『**それじゃあ、おらは、とってもだめだ**』というほど怖いことをしなければならないのに、それでも豆太は医者様を呼びに行くと思うと、HR さんは言いたいのではないでしょうか。HM さんは、豆太を「臆病なのに」と、言っているのですが、そこのところを HR さんは、「モチモチの木を見ても」と言っていると思えます。つまり、豆太は自分はそんなことはできないといっていたのに、今医者様のところへ行くのは、真夜中、一人で、山の中を行くことになるのに、それほど豆太にとっては大変なことなのにと、言おうとしていると思えます。「臆病」と、一言で片づけないで、『**医者様を呼ばなくっちゃ**』と言う豆太がこれから行く道のりを思い、それと前の段落での豆太の弱音とを結合させて、それでも豆太は行くと思うと言っています。

HR さんは、『医者様をよばなくっちゃ。』の一文を読むときに、真夜中、一人で山でモチモチの木をみることをこわがっていた豆太を想起して、それと結合させることによって豆太の決心を実行困難なことだと判断したと言えます。KH 君と同様の意識の動きをしていると言えます。その場合、HM さんと同じように二つの豆太像を HR さんは結合して、しかし豆太は自分の決心を実行すると予測しています。これは、次のように言えます。

（2）　HR さんは、文脈を捉え、自身の想像する豆太には困難なことだと思うという判断とは逆のことを予測。予測しながら読むということは、主体的な、話の中に入り込んだ読み方の一つだと言えます。どう予測するのかは、子どもの読みの質を表します。

HR さんは、豆太は行くと予測するその根拠を次に示しています。

それでも「豆太は行くと思う」と HR さんが言える根拠を、HR さんは意識し、言葉に出しています。それは、豆太にとってのじさま（の存

在）を、豆太を安心させてくれる人、豆太にとってはなくてはならない人だというように読み手の視点から捉えているからだと言えます。

　HR さん自身が KH 君の言ったことを意識しているかどうかはわかりませんが、HR さんは、KH 君が言ったことをさらに進めて考えているということになっています。KH 君が、じさまの急変に気づいた豆太のとっさの対応『医者様をよばなくっちゃ』を「前の豆太とは違う』と、捉えたのに対して、HR さんは、豆太が「違う」のは、豆太にとってじさまがいなくなったら、安心させてくれる人がいなくなってしまうからだ。そんな時には、真夜中に一人で山を通るのなんかできないやと思っていたって行くと思うよ。と言っていることになります。

　KH 君は、豆太とじさまの突然の状況を把握して、HR さんは、豆太にとってじさまがいなくなったらと仮定して、豆太の決心について考えています。つまり、豆太のことを考えるときに、豆太が相対しているじさまに対する豆太の反応（決心）なのだと捉えているという共通性があると言えます。

　この登場人物二人に注目し、場面の具体性において、一方の側、豆太の側から考えるというものがあって、初めて、先ほどの HM さんの「豆太は臆病だけど、勇気がある」、つまり、豆太は、臆病と勇気という相反する二つの特徴を自分の内に持っているんだという発話はふくらみ、生きてきます。そうでないと、やや図式的でいわゆる「概念的」な「臆病と勇気」という人物の特徴づけに終わってしまいます。

　ここで、教師としては「HM さんの『臆病なのに』と HR さんの『モチモチの木を見ても』はつながっていますね。HR さん、もっと言いたいことないですか」と HR さんに付け加えさせると、「臆病なのに」という曖昧な言葉だけの概念的な言い方が内容的に膨らんでくるのではないでしょうか。それは子どもたちに以前の豆太とモチモチの木の関係を想起再生させ、それと今の豆太とを結合して捉えることを促していくことになります。子どもたちの意識の動きが活発になってきます。

T：　　豆太はじさまのことが大好き。あと今何といったけ。【板書】

HR②：大好きで、豆太を安心させてくれる。

T：　　はい、つぎ、AI、お願いします。AI、いっぱい書いてあったじゃない。発表しないけど、いいこといっぱい書いてあったよ。はい、立って。（C：言いなよ）AIちゃんね、実は恥ずかしがり屋なんだ。じゃ、かえで読んであげて。（AI：だめぇ）AI、ほら時間ないから。（C：いつもどおりやるんだ　笑笑）（C：いつも大声でだしているのに）はい、じゃ、AIのは、後で先生が代わりに読むね。はい、ChKおいで。（おいでだって　笑　）はい、まとめよう。

ChK①：豆太は急いで心の中で思ったけど、医者さまを呼ぶには、相当な勇気がいるけど、どうするのかなぁ。

　ChKさんは、『豆太は見た』の段落のはじめから『医者様をよばなくっちゃ。』までをまとめました。

　豆太は急いで「医者様をよばなくっちゃ」と思ったと捉え、それに対して、読み手としてはそれには相当な勇気がいるとわかるのだけれども、豆太はどうするのかなあと心配もさせられると言っていると言えます。

　文章に丁寧に沿った読みです。こんな風に子どもは読み進むんだなと教えてくれています。ChKさんは、〈豆太はとっさに医者様をよびに行かなければとおもったけれど、豆太にはその困難がわかっていないよね。どうするんだろう〉というように言っていると思うのですが、そこが、実に豆太を知り、それに寄り添っていていいなと思います。豆太を自分と同列・一体化にはしていないのです。豆太とは距離を置いた読み手意識があるということです。ChKさんは意識していないかもしれませんが、このような自分では意識していないかも知れない読み手意識はKH君、HRさんにも認められますが、HMさんはどうでしょうか。

　ChKさんの読みを支えている思考の働き（作用）で、これまでに挙げ

たことと共通するもの以外で特筆すべきことは、その発話において「読み手意識」がはっきり見てとれることです。

　よく使われる他の言葉でいうと、文章を読むとき、そこで展開されている話を異化して捉えていると言えると思います。異化するという言葉を使うなら、わたしは、どの視点から話を捉えると異化することになるのかを必ずはっきりさせた方がいいと思っています。この想像の世界の話を、現実に足を置いて読んでいるわたし（読み手）が、わたしからすればこう見えるというように考えてみるということが異化するということだと言えます。ChK さんの「豆太は急いで心の中で思ったけど、医者さまを呼ぶには、相当な勇気がいるけど、どうするのかなぁ。」は見事に読み手としての豆太の決心の捉え方を表していると思います。特に、下線の部分が読み手が読み手として豆太の次の行動を心配しつつも期待している意識が現れています。

　子どもには、「読み手のわたしからみれば（言えば）」ということで、中学年くらいから理解できます。低学年の後期には、「（登場人物の）　○○ちゃんにわたしは言ってあげたい」というように異化することを試みさせることが多いようです。異化という概念的な言葉は後になってから、それを「異化」というのですと教えればいいと思います。そのような意識（「わたしから言えば」という意識）があって初めてそれが「異化」だという概念的言葉が理解できるのだと言えます。「このようなこと」といえる意識の存在に対してそれを表現する概念的言葉を理解することによって、自分の意識を意識出来ると言えます。また取り上げて論じたいと思います。

　T：　　ここは、相当な勇気が必要なんだよね。【板書】じゃあ、ふりかえりを読んでくれました。ありがとう。それで、みんなの中で、読んでいて、じさまに恩返しという人が何人かいたんだけど、じさまに恩返しということばかな？　ちょっと考え

てみて。恩返しというと鶴の恩返しみたいだけど。恩返しっていうのがぴったりだと思う？　どんな言葉だろう？

AS①：　いつも世話してもらっているから、恩返しでなくてじさまのお世話するために、いしゃさまを呼ぶ？

Ryo①：　豆太とじさまを逆にする。

T：　　　豆太とじさまを逆にする。いつもこうだけど、逆にする。ここは、豆太がじさまのために。Ryo はいつもいい言葉でるからね。

Ak①：　豆太が、豆太も自分のためでもあるし、じさまのためでもある。自分がだめになったら困るし、じさまも、あれ……、お腹痛くて困っちゃう。

T：　　　じさまのためでもあるし、豆太のためでもある。続きはどうなるでしょうか？今日のところ配るよ。（プリント配布）　ChKが相当な勇気がいるんじゃないかなといってくれたけど、どうなるかな。（プリント配布）　今日も……がんばるぞ。

　ここで、伊藤先生は、「恩返し」ということでいいかどうかちょっと話し合おうと提案しています。

　ところで、『医者様をよばなくっちゃ』と思った豆太を「恩返し」をしようとしているといえるかどうかで、一番に問題となることは、わたしは、豆太が意識的意図的に『医者様を』といったのかどうかという読みにあると思います。しかし、ここでの子どもの「恩返し」の意味は、外形的に、（してもらったことに対して）何かでかえすこととして考え、豆太の決心をそれと同じものとしていると言えます。

　「恩返し」というのは通常の意味では目的意識的、意図的な行為なのですが、豆太の『医者様をよばなくっちゃ』は、KH 君がいうように、「あせって」、ChK さんが言うように「急に」であって、とっさの決心なのですから、ここでは、それを読み取ることがまず必要ではないでしょうか。この場面の次には、豆太が無我夢中で「なきなき走って」ふもとま

で行ったことが展開されるので、それを読み取ることとつながります。

　二つ目の解決の方向は、Ak さんの、「豆太の自分のためでもあるし、じさまのためでもある」と言う意見にあるかのようです。

　AS さんは、『じさまの世話をする』行為だと言い、Ryo 君は、いつものじさまと豆太の関係を逆にすると言います。「逆にする」を聞いて、Ak さんは、ちょっと違っているなあと思い、そのとき「自分のためでもあり、じさまのためでもあり」とひらめいたのか、続けます。これは、HR さんの「豆太にとってじさまは安心させてくれる人」とつながっています。Ak さんの意見に従うと、医者様をよびに行くのは、豆太自身のためでもあるから、鶴の恩返しのように、自分を犠牲にするものではないといういうことになります。恩返しの行為をお互いに一方向だけのものと見なすことで、豆太の行為はそうではないとして否定するものになっています。一応の回答となります。よく考え付くものだと感心させられます。

　しかし、「恩返しだ」という意見はそもそもどうして出てくるのでしょうか。ここで、「恩返し」と、この話を捉えたままになったら大変だという先生の危機感はよくわかります。そのためには、これまでの子どもの読みの弱さはどこにあるのかを考える必要があると思います。

　先生の指名（挙手に対する）で発言した４人、KH くん、HM さん、HR さん、ChK さんは、苦しんでいるじさまを目の当たりにした豆太のとっさの決心に迫る読みをしています。HM さんを除く３人は、読み手意識をもって、じさまの突然の状況を押さえて、豆太のじさまの急変への対処「医者様をよばなくっちゃ」を読み取ろうとしています。HM さんは、自分だったらと、話の中へと入りこんで豆太を捉えています。

　しかし、それでも、見落とされていることは、くまの唸り声が聞こえて、『じさまあっ。』と『むちゅうでしがみつこうとしたが、じさまはい

ない』『こわくて、びっくらして、豆太はじさまにとびついた。けれど
も、じさまは、……うなるだけだった。』　この時、豆太の感じた怖さ、
不安を、豆太の身になって内在的に、つまり、同化して想像することで
す。豆太は父親を熊に殺されて、いまなお「くまの唸り声」かのように
じさまの唸り声が聞こえてくる、その上、じさまがすぐそばにはいない
と実感することは、恐怖そのものに違いありません。この恐怖、じさま
を失いたくないという思いこそが、「**なきなきふもとの医者様へ走った**」
原動力だと言えます。このような豆太の実感ともいえるあたりのことを
直観的に捉えていれば、恩返しとは言わないでしょう。

　この読みのむずかしさこそが、恩返しという発想が出てくる根拠です
から、授業のここで、論議することよりも、「なきなき走った」の二度の
繰り返しの文章を含む『**外はすごい星で**』からはじまり、『**なきなきふも
との医者様へ走った**』で終わる、二つの形式段落を読み比べることを通
して、これまでの読みを超えていくことをめざす方がよかったのではな
いでしょうか。つまり、「恩返し」など、一般的に意味が確立されている
概念的な言葉を扱うときは、むしろ、原文の読みを深め、読みの力を発
達させることによって、その概念で話全体を象徴できるか（表すことが
できるか）を判断できるようにする方向がいいのではないでしょうか。

2-1-2　本時の学習範囲のひとり人読み・書き込み／書き出し・話し合い
教材文

　「じさまっ。」
　　こわくて、びっくらして、豆太はじさまにとびついた。けれど
　も、じさまは、ころりとたたみに転げると、歯を食いしばって、
　ますます　すごくうなるだけだ。
　「医者様を呼ばなくっちゃ。」

豆太は、小犬みたいに体を丸めて、表戸を体でふっとばして走りだした。

　ねまきのまんま。はだしで。半道もあるふもとの村まで―。

　外はすごい星で、月も出ていた。とうげの下りの坂道は、一面の真っ白い霜で、雪みたいだった。霜が足にかみついた。足からは血が出た。豆太は、なきなき走った。いたくて、寒くて、こわかったからなぁ。

　でも、大すきなじさまの死んじまうほうが、もっとこわかったから、なきなきふもとの医者様へ走った。

　これも、年よりじさまの医者様は、豆太からわけを聞くと、
「おう、おう―。」
と言って、ねんねこばんてんに薬箱と豆太をおぶうと、真夜中のとうげ道を、えっちら、おっちら、じさまの小屋へ上ってきた。

【ひとり読み】【机間巡視・指導】

T：　　そろそろいいですか。はい、それでは。ちょっと読んでもらうよ。はい、じゃ、Kho、KM、KN。

【指名読み】

T：　　昨日「イシャサマオ、ヨバナクッチャ！」を読んだんだけど、ここから繋げて考えたいと思います。はい、じゃ、Kho。

Kho①：イシャサマオ、ヨバナクッチャ！　というところで、いしゃさまを呼ぶのに必死。

T：　　必死。はい、ほか、このへんで。はい、Ryo。

Ryo③：体をまるめて……走り出したのところで、豆太に勇気が出た。

T：　　体でふっとばす　どんな感じ？

C：　　豆太は怖くてずっとできなかったけれど、じさまのために勇気が出て。

T：　　　必死、勇気ということばが出てきたね。【板書】　はい、Ak。
　　　　はぁ、はぁ、はぁ……体で　フッとばして　ってどんなかん
　　　　じだろう。（C：バーンってかんじ）
Ak②：　小犬みたいに体を丸めてってところで、どんな感じかなと
　　　　思った。

　Kho さんは、『医者様をよばなくっちゃ』を、豆太の「必死の思い」と
して読みました。おそらく、この立ちどまりの文章を読んでいるのです
から、『医者様をよばなくっちゃ』という言葉が、『体を丸めて』『表戸を
体でふっとばして』という行動に表れている（移されている）ことを見
てとって、「必死」の思いなんだと受けとめたのだと言えます。
　Ryo 君は、『体を丸めて……走りだした』を、豆太に勇気が出たと読み
ました。豆太の行動に注目して、それを「勇気が出た」と言います。
　C さんは、「怖くてずっとできなかった」のに、「じさまのために勇気
が出て」出来たと Ryo 君につなげて言っています。
　この三人で、『ますますすごくうなるだけ』のじさまを目の前にした豆
太の直後の言動を描写した４行の文章を、必死な思い、その思いによっ
て（突き動かされて）出てきた「勇気」、その勇気は、じさまのためには
じめて出て来た勇気だと、読みつないでいます。
　この三人の読みは、最後の立ちどまりでのじさまの言葉『人間、やさ
しささえあれば、やらなきゃならねえことは、きっとやるもんだ』に通
じるものです。心情と行動、そしてその行動を（話の中でのつながりで）
特徴づけること、これが三人の発話によってつながって、この話の核心
へと迫るものとなっています。
　本文では、豆太が家から飛び出し走り出したその後の様子を、語り手
の語りによって、豆太がふもとまでどのように走りきったのかが描かれ
ています。必死の思いで家の外に出た。勇気を出した。じさまのために
ずっとできなかったことをした。と三人が描いた豆太が、いよいよ真夜
中に山を下ります。この三人の読みにつなげて、山を下る豆太を描いて

いる語り手の語りを助けとして、豆太が下りきって医者様にたどり着く過程をどう読むのか、この話を読む一つの山場へと子どもたちは向かっていきます。

　ところで、Ak さんは、「体を丸めて」というようなことを具体的にイメージするのが苦手なようです。「恩返し」の論議で「自分のためでもあり、じさまのためでもある」などと言えることとは対照的に、具体的なことでの想像は弱い感じがすると Ak さんについて、注目しました。

　ここでは、Kho さん、Ryo 君、C さんと、Ak さんとの対照的な文章の読み方が示されていると思います。

　Kho さん、Ryo 君、C さんと続く発話をつないで読むと、その特徴の第一は、『小犬みたいに体を丸めて』、『表戸を体でふっとばして』『走りだした。』の本文の読みを通して、つまり、豆太の様相と行動の描写の原文を通して、豆太の行動を「勇気」という抽象的な言葉でまとめあげて描写しています。もっとも、これだけでは、ただ曖昧な概念を使用しただけのことになります。しかし、第二に、それだけではなく、それまでの話し合いで意味づけられていたことを、豆太は必至で、勇気が出た、ずっと出来ないことをした、じさまのために出た「勇気」というように、それぞれの「勇気」の概念がより具体的に豊かに肉付けされています。これは、文章から豆太を想像するということでは、非常に大きなことだと言えます。文章から人物についての想像をより詳細に豊かにしていき、それによって行動を意味づけるという思考の働きが見られます。

　それとは対照的に、Ak さんは、「『小犬みたいに体を丸めて』というのはどんな感じかな」と言っています。想像できないようです。体を丸めるという形状それ自身はわかると思いますが、それだけを自立させるのでは『丸めて』とわざわざ表現されている（書かれている）意味は分かりません。『表戸を体でふっとばして』とつないで考えなければなりません。Ak さんは、具体的な様相や行動の文章による描写からは想像を

広げないけれども、他方で、友だちの分析で明らかになった人物の関係性における当該の人物の行為等を、直観的に意味づけることがしばしば出来ています（恩返しの論議のときに「豆太が、豆太も自分のためでもあるし、じさまのためでもある。」）。

T：　　小犬みたいに体を丸めてってどんな感じかな？　はい、AS。

AS②：でっかい犬が丸まっている感じ。

T：　　でっかい犬が丸まっている感じ。頭に思い浮かぶ？　いま、かほちゃん一生懸命体でやってるね。どんな感じだと思う？　ああ、RKもやってるけど。（C：ああ、先生、それじゃ走れません。ころころ回って）

C：　　バーンってかんじ。

T：　　体を丸めてバーンって感じと今あったけど、（C：それとサイみたいな感じでさ）あぁ、……そのほかありますか。

Ryo④：ねまきのまんまで寒くないのかな。

T：　　どう思う？

Ak③：冬だから、あったかくなっていたんじゃない？

KM②：パジャマだけだから、上着とかきていないから寒いと思う。　　　ねまき　寒い　はだし　くつもはいてないから寒い。

『小犬みたいに体を丸めて』『体でふっとばして』の動作化は、「ああ、先生、それじゃ走れません。ころころ回って」「それとサイみたいな感じでさ」という子どもの反応によって、一応中断となりました。話し合いの話題は、次へと進みました。

Ryo君、KMさんが『ねまき』『はだし』を「寒い」に関係づけられるすばらしさ。これは、単純な、「ねまき」に対する反射としての「寒い」ではありません。ほおーと読んでいるとフムフムと軽く飛ばしてしまいがちな箇所ですが、この後に続く『いたくて、寒くて、こわかったからなあ。』を読んでいるからでしょうか、『ねまき』『はだし』の語に自身の

意を留めて、このままでは「寒い」と思い至ったのだと言えるでしょう。

　と、同時に、登場人物の出で立ち、それがどう作用するのかを連想できるのは、日常生活での経験の想起で分かりやすくなるのだと言えます。

　文脈の中でつながる言葉に注目できることと経験と結びつけること、このような意識の流れ、働きがあると言えます。

　注　注意を向けることによって経験の想起＝再生を行うということ、このような心理的な
　　作用が読みには働いているということです。これについては、後で述べます。

　T：　　そうだよね。ねまきのまんま、上着も着てない。【板書】
　　　　　KM、つなげて言ってみて。

　KM②：ねまきのまんまだから、上着も着ていないし、はだしという
　　　　　ところも靴下もはいていないから、もっと寒いと思う。

　T：　　はだし、くつもない。　【板書】（C：昔だからくつしたもな
　　　　　かったないんじゃない）
　　　　　RT、なんか言った？

　RO①：RTは「あわててた」って言ってたよ。

　RT君は、『ねまきのまんま。はだしで。』、『体を丸めて、表戸をふっとばして』についてのKMの受けとめを聞いて、それを豆太が「あわててた」ことだと受けとめました。これがわかると、ここでの読みの半分は読みとったと言えるのではないでしょうか。人が、体を丸めて、戸を吹っ飛ばして走り出すとき、着ているものを着替えることもせず、はだしのまま走り出すとき、その時の心理は、ただ一途に一刻も早く急いで行こうとしているのだと言えると思いますが、それをRT君は、「あわててた」と言い当てたことがずばらしいと思います。

　人物の動作・様相から、その心理を言い当てている読みをしています。

　T：　　RT、すごいじゃん。よく聞いてたねぇ。あわててて必死。
　　　　　【板書】じゃ、ほか、はい、HR。

HR③：　着替えている間に、さらに苦しんでしまうかもしれないから、すこしでも早くじさまを助けたいから、さむくてもじさまを助けられるならよかった。

T：　　（C：いいたいことがある。）はい、どうぞ。

RK③：　したくをしていたら、その間にじさまが死んでしまうかもしれない。

T：　　はい、KM。

KM④：　はだしのところで、くつをはいている時間がなかった。

　HRさん、RKさん、KMさんが、RT君が「豆太はあわてていた」と読む根拠を、じさまの容態を想定して、状況としては時間がないと想定して補足しています。子どもの発話はつながっています。

T：　　時間がない【板書】　はい、Ak。

Ak④：　26なんだけど。

T：　　はい、25でもうつけたしない。（C：25と26とをつなげてならある。）つなげてある、はい、IK。

IK②：　関係ないかもしれないけど……こういう服はさ、（今着ている服は）アメリカからきたものだから、そのとき、きているものはもっと寒かったと思う。

　IKさんは、寒さの実感を確認しようとしています。また、その時の話の設定が今よりも前、昔であることの時間的な関係を押さえています。時間の感覚は大切なことです。一クラスに一人か二人、時間について言及する子どもは、必ずいるようです。

T：　　今よりさらにってことね。関係なくないよ、関係あるよ。IKは昔の着物だったらもっと寒いんだろうなと思ったんだよね。はい、いいよう。はい、じゃつなげてであるって言ったのはASだよね。ちょっとまってて、Ak。つなげてである？

はい、AS、どうぞ。

AS③： はだしでのところで、しもが足にかみついたのところで、は
　　　 だしだからしもが足にくっついて、足から血が出たんじゃな
　　　 いかな。

T： ここにつながっているということね。（板書で確認）

AS④： それで、しもが刺さったのかもしれないよ。（C：しもはとけ
　　　 る）とけるけど……。ぴっとなって……。

　AS さんは『霜が足にかみついた』という比喩的な表現を、『霜がさ
さった』ということだと読み解きました。霜の上を歩いた経験がおそら
くほとんどない子どもたちですから、『かみついた』を「ささった」こと
だと気づくことは、時間がかかります。『血が出た』には子どもの反応は
比較的多いのですが、『かみついた』を「ささった」と言い当てたのは、
あっぱれだと言えます。

　『かみついた』と語り手が言うのは、豆太の怖さを表そうとしている
と思うのですが、実際には裸足の足にささって血を出すほど霜は冷たく
凍っていて痛かったのだということを、「こわさ」を合わせて『かみつい
た』と表現しているのだろうと思います。これに対応させて、後続の文
『いたくて、寒くて、こわかったからなあ。』があると言えます。そうい
うことから、『かみついた』は、読み手には怖さとして印象に残るので、
実際はどういうことかという考えに至りにくいので、分かりにくいのか
もしれません。この後も、子どもたちは苦労しているようです。

T： とけるけど、これはいつだった？

RO②： 真夜中。12 時。

T： 夜中だよね。かみついてというのは……

Ak⑤： 豆太がそう思った。

T： 豆太からしたら、かみついたように感じられたということ？
　　　 かみついたというのは、ささった。言い換えですね。

Ryo④：　豆太はおもいっきり走っているから、その間にかみついた。

T：　　豆太からしたら、かみついたって感じがしたっていうこと。はぁはぁ（なるほど）、豆太からしたら、はい。【板書】かみついたというのを違う言い方でいうと、AS は、刺さったといったよね。

AS⑤：　刺さったというか、ダンボールとかカッターで切るとピーっとなるでしょ、ああいうふうに切れたのかな。

T：　　これ、言い換えね。言い換えたらこうなるんじゃないかなって。はい、どうですか。ほか、今日発言していない人、がんばって発言してくれる？はい、TM くん。

　Ak さんは、「豆太がそう思った。」というように、『かみついた』という比喩を理解しようとしています。

　実際にはかみついてはいないということを承知の上で、『かみついた』という表現がなぜされているのかを理解しようとしています。この Ak さんの、実際にはそうではなく、どうであったのかということと表現上の言い方『かみついた』の分離を示す「豆太がそう思った」という発話は、おそらく、この後の TK 君の考えとつながっている、あるいは、それを引き出したとも言えるのではないかと思います。

　Ryo 君は、Ak さんよりむしろ実際的に考えようとして、「思いっきり走っているから」「（霜は）かみついた」ように足にくっついてささるんじゃないかと言いたいようです。

　AS さんは、「ささる」をさらに、具体的に説明しています。

　Ak さんも、そして、Ryo 君、AS さんも、それぞれの方向で、しつこく考えているのには感心します。両者が同じところを違った方向で考えているという構図を説明すると、ここでの３人の発話は、これまでの話し合いを深めながら、新しい意見がでてきたよと、みんなに話し合いの流れがわかっていくと思います。

TK①： 豆太はあれほど考えていたので、雪みたいだったというのは
　　　 語り手が言っているんじゃないかな。

T　： もう一回言って。（発言がききとれず）雪みたいだった……と
　　　 いうのは？

TK②： 豆太はすごくじさまのことを心配していて、雪みたいだった
　　　 というのは語り手が言っているんじゃないか。

T　： 語り手が言っている。豆太はじさまが心配で、頭の中はいっ
　　　 ぱいだったから、これを言っているのは語り手じゃないかと
　　　 いうこと？どう、みんな？（C：そう思う）（C：たしかに）

Ak⑥： そんなこと思う暇もない。【板書】ちょっとそれにつなげてな
　　　 んだけど、外はすごい星で、月も出ていたというところも、
　　　 まわりの風景で、どんな感じかわかりやすいというのが、こ
　　　 れも語り手がいて（言って）いるんじゃないか。

T　： この外の情景も語り手が言っているんじゃないかというこ
　　　 と、みんなすごいねぇ。すごいねぇ。（C：はい、はい。）

IK②： もうひとつ語り手っぽいところで、27 のさ、いたくて、寒く
　　　 て、こわかったからなぁも　語り手が言っているんじゃない
　　　 かな。（C：あたしそこである）こわかったからなぁとそんな
　　　 こといっているから語り手なんじゃないかな。

T　： こわかったからなぁと言っているもんね。すごいねぇ。AS、
　　　 そこある？

AS⑥： こわかったからなぁというところは、（ほかの）人からいう
　　　 と、こわかったからかもしれないとかなるけど、こわかった
　　　 からなぁということは、これは語り手が大人になった豆太に
　　　 なって言っている。

T　： かもしれないではなくて、豆太の気持ちそのものを言ってい
　　　 るよね。ということは、（大きな声で言って）豆太の気持ち
　　　 に寄り添っている。語り手が。そういうようなところ、AS

　　　　　は近いんじゃないかな。（C：ちょっと AS ににたこという。）
　　　　　はい、いいよ。Ak。

Ak⑦：　同じところなんだけど、豆太は……あれ、語り手が豆太に話
　　　　　しかけているというか、寒くてこわかったからなってさ、じ
　　　　　さまみたいにいってあげているんじゃないかな。

　Ak さんの「豆太はそう思った。」に誘発されたのか、TK 君は、一面
の霜を『雪みたいだった』と言うのは、（豆太ではなく）語り手が言っ
ているんだと言います。Ak さんとどこが繋がっているかというと、実
際にはそうではないことを雪みたいとたとえるのは誰かと考えたことで
す。誰がたとえているのかを、語り手だと TK 君が言いえた根拠は、豆
太はじさまのことで頭がいっぱいだったと捉えていたからです。

　TK 君の豆太ではなく語り手だという発見、それに続いて Ak さん、AS
さんは、語り手が誰かに話しかけているようだと気づきました。語り手
のお話の中での、人物に対する位置と同時に読み手に対する重要な役割
について考える入口に立っていると言えます。

T：　　　すごいなあ。語り手というのは、今まで聞いたただのナレー
　　　　　ターと違うということね。【板書】
　　　　　語り手も心を持っているみたいなことですね。すごいな Ak。
　　　　　じゃ、先進めるよ。26 で、ほかありますか。はい、KM。

KM⑤：足から血が出たというところで、血が出てるほどしもが足に
　　　　　ぐさっとささったのかな。

T：　　　血が出るほど刺さった。ほかどう？（C：はい）

Ryo⑤：KM のところなんだけど、足が痛くてふつう座ってしもを取
　　　　　るくらいのことをするけど、豆太はじさまのことしか考えて
　　　　　いないから、足なんて気にせず、もう医者様を呼ぶ。

T：　　　そんなこと気にせず、気にしてる間もないっていうことね。
　　　　　ほか、どう？　KH とかどう？

Ak⑧： Ryo にちょっとにている。（T：どうぞ）豆太は痛いのを気に
　　　 しているかもしれないけど、それよりも豆太はじさまのこと
　　　 を気にしているんじゃないかな。どんなにこわくてもいたく
　　　 てもまずはじさまを助けること。

T：　　【板書】こわくても痛くても、（C：寒くても）、寒くても、ま
　　　 ずは、じさま。どう？　みんな、みんな、どう？　すごいいっ
　　　 ぱい。自分の考え、広がっている？　（C：頭パンパンです）
　　　 頭がパンパンですね（笑）はい、AS。

AS⑦： Ryo のところで、そこでしもがささってけがをしているで
　　　 しょ。医者様に、じさまといっしょになおしてもらえばいい
　　　 んじゃないかな。

T：　　直してもらえばというのは、豆太のけがもっていうこと。な
　　　 るほどね。医者様を呼んできたらね。27 でありますか。は
　　　 い、RK。

RK④： 大好きなじさまのしんじまうほうがもっとこわかったという
　　　 ところで、豆太はじさまに生きてて欲しくて、自分でもしん
　　　 じられないくらいの力を出した。

T：　　じさまのことを思うから、信じきれないほどの力をだした。
　　　 （C：好きだから）好きだから信じきれないくらいの力を出し
　　　 た。【板書】はい、Ak、いいよ。

Ak⑨： RK との合わせてなんだけど、豆太はじさまがしんじゃうか
　　　 もと思って勇気を出している。だから豆太はどんなにこわく
　　　 たって、こわくてもやればできる人だから、どんなに泣いて
　　　 も苦しくても、最後の、こわくても自分のこわさと立ち向か
　　　 い、そして、じさまを助ける。【板書】

T：　　こわいんだよね。ほんとはね。だけど、じさまのことを思っ
　　　 て、信じきれない（られない）ほどの力を出して。ここ、つ
　　　 ながったね。ほかどうですか。あと、ことばで気がついたこ

とないですか。はい、TKくん。

TK③：　じさまが死んじまう方がもっと怖かったというところで、こ
　　　　わいという感情もあるけど、悲しいという感情もあったん
　　　　じゃないかな。

T：　　　こわいっていうことだけじゃないってことね。（C：はい）は
　　　　い、Ryo。

Ryo⑥：　じさまを思いすぎるくらい大好き。

　RKさんは、『**大好きなじさまの死んじまうほうがもっとこわかったか
ら、なきなきふもとの医者様へ走った。**』の語り手の語りを「豆太はじさ
まに生きてて欲しくて、自分でも信じられないくらいの力を出した。」と
読んでいます。『**なきなきふもとの医者様へ走った。**』を、実に見事に読ん
でいます。まさに脱帽です。豆太はなきなき走っている。それは、頑張
るぞとか、やり抜くぞというような強さなのではなく、いつもの豆太なん
だけれども、それでも走っていることは自分でも信じられないくらいの
びっくりする力をだしているんだというように言っているのですから。

　『**大好きなじさまの死んじまうほうがもっとこわかったから、なきなき
ふもとの医者様へ走った。**』という文章は、『**なきなき走った。**』を含む二
つの段落の後の方の段落です。

　はじめに『**なきなき**』豆太が『**走った**』のは、『**いたくて、寒くて**』、
それに真夜中だったから『**こわかった**』からだと語り手は読み手に語り
かけてくれています。星と月のあかりが一面の霜を白い雪のように照ら
して真夜中でも、美しい山の中ですが、氷のように固まった霜が裸足の
足にかみつくように突き刺さって、足からは血が出てしまいました。だ
から、豆太は、その辛さに泣き出して『**なきなき走った**』んだよと語り
手は言います。『**いたくて、寒くて、こわかったからなあ**』と、豆太の辛
さを思いやるようにやさしく言います。今度は、『**大好きなじさまの死ん
じまうほうがもっとこわかったから、**』『**なきなきふもとの医者様へ走っ
た。**』のだと語りかけます。足が痛くて、寒くて、こわくても、豆太は、

ふもとへとなきなき走ったのは、『大すきなじさまのしんじまうほうが、もっとこわかったから』だよと。

　RKさんは、この後の方の語り手の語りに直接的には注目して発話しています。豆太は辛くて、心細くて泣き出しているのですから、強さとか自信があるわけではない、幼い5歳の子どもですと語り手は言い、それでも、ひたすらに泣き泣き走ったと次に言う。それを、RKさんは、見事に 「自分でも信じられない力を出した」と言い表しているのです。

　RKさんに対して、Akさんの「怖くても自分の怖さと立ち向かい」とか「怖くてもやればできる人」というのは、書かれているありのままの豆太とは、ちょっと離れているかなと思います。Akさんは、別のところでは、「豆太がそう思った」、「豆太のためでもあるし、じさまのためでもある」など、他の友だちに付け加えて、ひらめきのある重要な発言をしているのですが、自分の読みとして豆太をどのような「人物」と捉えているのかということでは、やや、書かれてある「実像」とずれていると言えます。文章・語句・語を丁寧に拾って（意識して）考えるよりも、友だちの発話を参考にして、一般化するという抽象化の仕方です。

T：　そうかそうか。いっぱい出てきたね。じさまへの思いというのがいっぱい出てきたでしょ。ちょっと聞くけど、なきなきってここにあるでしょう。こっちにもなきなきがあって、なきなき走ったってふたつあるけど、これについてどう？ 考えた人いない？　Akだけ？（C：今気づいた）　今日いっぱい発言している人……　Yuzとかどう？こっちのなきなきとこっちのなきなきと二回出てきているんだけど？（C：わかる気がするんだけど……）（C：わかった）

Ak⑩：　前、その人、なきなき走ったは、泣きながら走ったと、なきなきふもとの医者様へ走ったは、走ったは走ったで同じだけど、なきなきというかちょっとくわしくなったって感じ。な

きなき走った、その時は医者様へ連れて行ってじさまを助けたいという気持ちが大きくて、その次は、泣いてて、医者様へすぐ行ければじさまも助かるかもと思っていて、落ち着いているかもしれない。

T：　そう、……かも、しれない。AI とかどう？　今 Ak が言ってくれたんだけど、なきながらのことをなきなきと言っているんだって。なきながら走ったではなくてなきなき走ったではどんな感じがする、OW？（おしゃべりを始めた So 君を落ち着かせながら）なきながらではなくてなきなきというのはどういうことだと思う？

OW：　なきながら、それよりも泣いている感じがする。

T：　それよりも泣いている。泣きながらよりも泣いている感じがするという KM んなはどう？

Ak⑪：　えと、ぼくだと、なきながらって、ことばが違うだけで同じ。

T：　同じ感じがする。

Ak⑫：　歳でしょう。今の５歳と昔の５歳はしつけがよくできているかもしれないけど、妹は５月生まれでもう６歳だけど、まだかわいいとかたくさんあるから、じさまはそこをかわいいとおもっているんじゃない。

T：　そっか。なきながらなんだけど、５歳だからなきなきだってこと？

Ak⑬：　それが、語り手にもわかっている。

T：　語り手にもわかっている。じゃぁ……まず、はい、AS。

AS⑦：　さいしょのなきなきは豆太のなかきなき（なきなき）で、後のなきなきは、語り手が言っている。（C：同じこと考えた）最初は豆太の気持ちで、後は語り手が言っている……

C：　じさまのことを考えた。

T：　そっか。語り手が言っているのかなぁ。泣いているのは誰なの

かな？（C：豆太）今、……あ、ちょっと待って。はい、Aya。

Aya①： 最初のなきなきはこわかったからで、後のなきなきはこわかったから。

T： 何がこわかったの？

Aya②： じさまが死んじゃうのがこわかった。（C：同じこと考えた）（C：ちょっと Aya ににている）

T： はい、Ryo。

Ryo⑦： ちょっと付け足しで、間に合わないかと思った。

T： あっ、間に合わないかもしれないと思った。焦っている気持ちで、（C：じさまがどうなっているのかなと）いしゃさまへ走った。

C： （C：口々に自分の思いを話す）じさまが死んでしまう方が。

T： じさま今頃どうなっちゃっているのかな（板書）と。ほか 27 もうないですか？
（C：はい）

T： 最後、いしゃさまへ走ったんだね。ここないかな。医者様のところへではなくて、医者様へ走った。

AS⑧： たしかに、Aya さっき焦っていたと言ったけど、じさまが死んでしまう方がもっとこわいから、医者様だけを頼りに医者様へはしった。ちょっとなのかな。

C： 医者様へ向かって走った。

T： KH くんどうですか。豆太は医者様へ走ったとありますが、医者様のところへではなく医者様へとありますがどんな感じがしますか。HR さん、どうですか？　……なんか考えてちょうだい……（C：もうちょっと……）はい、KM どうぞ。最後にするよ。

KM⑥： 医者様がいるところというのもあるんだけど、医者様だけを頼りにしている。医者様のいるところではなくて、医者様だ

けを……。（C：同じ）（C：医者様の家には用がないから）

T：　　医者様に用があるから医者様だけをめがけていったということ
　　　ね。（板書）はい、あとは？

C：　　のところで、

T：　　医者様にむかって急いで走ったということ。OWよかったね。
　　　今日は頑張って言えたね。じゃ、今日はそろそろ最後にする
　　　よ。はい、Ak。

Ak⑭：　なきなきの疑問なんだけどさ、最初はAyaのいったようにな
　　　きなきは痛くて走ったと思ったんだけど、ただ走っただけで
　　　さ、ずっとそのまま（医者様へ）向かっているはずだから、
　　　いったん、ちょっとスピードが落ちたんじゃないかな。（T：そ
　　　うか）医者様へ行くより、ちょっと自分の痛みを心配しちゃっ
　　　たんじゃないかな。だから、一瞬そう感じたんじゃないかな。

T：　　はい。いい？ほか言い足りないひといませんか。じゃあ、今の
　　　まとめて書いて。ここでもここでもいいから。（C：どっちも
　　　書くの？）どっちでもいいから書いて。（C：もう書いちゃっ
　　　た。※話し合い中に書いた子もあり）（C：両方書いた）

T：　　はい、時間です。書き終わった人は今日のところを読んでく
　　　ださい。（各自音読）

T：　　今日はこれで終わります。

　授業では上の記録の通り、「なきなき走った」の繰り返しに注意をむけ
ようと、伊藤先生は最後に話し合いを設定しました。

　その検討に入る前に、この話し合いの設定の直前での当該の繰り返し
の二つの形式段落の読み（話し合い）はどのように進んだのかを振り返っ
て見てみます。

　「なきなき走った。」を繰り返す二つの段落の読みは、子どもにとって、
難しかったようです。

それでも、RK さんのような読みができているのですが、話し合いの全体的な傾向としては、一つには、前半の段落では、『かみついた』のたとえが子どもたちには難しかったことで、それに時間が取られてしまいました。また、「語り手」の発見があって、それに集中していきました。それらの論議そのものは、貴重なものです。しかし、『**なきなき走った。**』に関しては、それに注目した発言はありませんでした。

　むしろ、**二つには**、ほとんどの子どもは、二つの形式段落を通して、最後の『大すきなじさまの死んじまうほうが、もっとこわかったから』に注意が集中していったかのようです。「じさまのことがすきだから」、「じさまのことを思って」走ったという発話が多かったと言えます。そのために、豆太が痛くて寒くて怖くて泣き出して『**なきなき走った**』にはっきりと言及した発話はありませんでした。『**でも、**』に言及する発話がなかったということも特徴となります。

　しかし、**第三として**、二つの形式段落を比べようとしている発話について、それぞれの子どもが何を言おうとしているのか、見落とさないように、耳を傾けてみたいと思います。

　AS さんは、「さいしょのなきなきは豆太のなきなきで、後のなきなきは、語り手が言っている。（C：同じこと考えた）最初は豆太の気持ちで、後は語り手が言っている……」

　と、最初は豆太の気持ちで、後は語り手……としています。このような視点での二つの相違の指摘は面白いし、はっとします。

　文章の形式で言えばどちらも語り手の語りです。形式面から言えば違うと言えそうですが、AS さんは文章から感じられる内容での違いを言おうとしているのではないでしょうか。最初の『**なきなき走った。**』は豆太の気持ちで、後の『**なきなき……**』は「語り手が言っている。」と AS さんは言っているのですが、この時、語り手は何を言っているのかを、AS さんはどのように言おうか、自分の感じていることをはっきり言葉にできな

かったのではないでしょうか。最初の『なきなき』には、『いたくて、寒くて、こわかったからなぁ。』の一文があるので、そこから直接的に豆太の気持ちが伝わってきたのでしょう。二度目の『なきなき』も豆太の気持ちとしていないところが、他の子どもと違うところです。むしろ AS さんは、『大すきなじさまの死んじまうほうが、もっとこわかったから』を豆太の実際に感じている気持ちとはせず、語り手の説明のようなものという感覚で受けとめていたのかもしれません。少なくとも、『いたくて、寒くて、こわかったからなぁ。』と『大すきなじさまの死んじまうほうが、もっとこわかったから』とを同じように「気持ち」というようには扱わない、同列にはしない感覚がそこにはあったのではないかと推察できるのではないでしょうか。強いて言えば、後者を「語り手が言っている」とすることには、豆太にはその自覚があったわけではない（意識していたのわけではない）というあたりの感覚があったのかもしれません。そういうことは、３年生では言葉に乗せることは出来ないでしょう。だから、「……」の部分が発話の最後にあったのではないしょうか。この授業は、３年生の後半ですから、そのようなもやもやとした区別はつくとは言えます。

　念のために AS さんの授業での発話を振り返って見ます。

　語り手についての論議の箇所で『そんなこと思う暇もない。【板書】ちょっとそれにつなげてなんだけど、外はすごい星で、月も出ていたというところも、まわりの風景で、どんな感じかわかりやすいていうのが、これも語り手がいて（言って）いるんじゃないか。』

　『こわかったからなァというところは、（ほかの）人からいうと、こわかったからかもしれないとかなるけど、これは語り手が大人になった豆太になって言っている。』と、発話してます。

　AS さんは、山道を走っている豆太について、星や月が出ている周りの様子など豆太には思う暇もないと言い、豆太の余裕のなさを感じ取っています。また『こわかったからなぁ』については、「語り手が大人になった豆太に言っている」と言っています。この「大人になった豆太に」と

はどういうことなのだろうとわたしは気になっていましたが、なかなかわかりませんでした。

　AS さんとしては、豆太の外から、他の人が豆太の心情を回想的に言っているということだったのかとうことはすぐ、理解できます。しかし、なぜ、そのように回想の方へと行くのかが分かりませんでした。AS さんとしては、繰り返しているところがあるという伊藤先生の説明を聞いて、一度目の「こわかったから」と二度目のそれの違いということを念頭において読むとどうなるのかということで、ここでの発話になると言えます。やはり、AS さんは、二度目の「こわかったから」は、夢中でじさまのために「なきなき走った」豆太の行為に対する理由付け、広い意味での意味づけ、豆太の知る由もないそのようなものとして感じ取っていると言えそうです。それを、AS さんは、具体例として、「大人になった豆太にいっている」といったのではないでしょうか。

　AS さんとしては、筋が通った読みをしていると言えるのではないでしょうか。そういう読みかた、未だ、自分では言葉にできない領域のものをなお表現しようとしているという読みの姿、内的表象のそういう途中の状態を、わたしは感じられないではいられません。

　Ak さんは「前、その人、なきなき走ったは、泣きながら走ったと、なきなきふもとの医者様へ走ったは、走ったは走ったで同じだけど、なきなきというかちょっとくわしくなったって感じ。なきなき走った、その時は医者様へ連れて行ってじさまを助けたいという気持ちが大きくて、その次は、泣いてて、医者様へすぐ行ければじさまも助かるかもと思っていて、落ち着いているかもしれない。」と言いました。

　この発話の限りでは Ak さんは、『なきなき走った』理由を語り手が説いている原文の『いたくて、寒くて、こわかったからなあ。』を念頭に入れているようには見えません。『なきなき走った。』というその文言だけを文脈から離れて解釈しようとしているようです。そのために、文脈か

らは考えられない想定をしてしまっているようです。しかし、この Ak さんの想定（空想）は、おそらく、豆太に早く山から抜けて医者さまのところについて欲しいという Ak さんの強い気持ちから出てきているものではないでしょうか。

　Ak さんは、Aya さんの発話に注目して、自分も「なきなき」は、痛くて怖かったからだと思っていたと話し合いの中で言っています。Ak さんは、Aya さんの発話を取り入れて、最初の「なきなき」は、痛くて怖かったからだと思いつつ、もう一度「なきなき走った」が繰り返される、その時の「なきなき走った」は何かに、得意の「ひらめき」がでていません。このことは、Ak さんと Aya さんたちのつながり方を考えることにとって、私たち教師に貴重な「事実」を与えてくれています。後ほど考えてみたいと思います。

　Aya さんは、「最初のなきなきはこわかったからで、後のなきなきはこわかったから。」と言っています。つい、一つ目と二つ目を同じ様に言っているなあと、見過ごしてしまう発話です。わたしも、最初に授業記録を読んだときにはそのように思いました。それは私の子どもの発話を受けとめる視点が、どのようにこの繰り返しの中に込められた対比を見い出しているのかなというものだったから、見過ごしたのです。つい、自分の視点が意識の前面に出てきてしまうのです。いや、Aya さんは何を意識し、どう考えようとしたのかというように、Aya さんの立場に立たなければなりません。Aya さんは、二つの『なきなき走った。』について何か思う？　と問われたのですが、その時、『なきなき走った。』を比べるために念頭に置かなければならない「こわかっらから」も二度繰り返されていることを発見（文章から抽出）しているのです。本人はそういうものとは意識していないのですが、教師に指示された文章だけではなく、自然に『こわかったから』も一緒に考えようとしています。文章を自力で考えようとするときのすごい発見です。このように繰り返され

ていることについて、何かを考えようとする一歩を踏み出しているのですが、結果的には比べられませんでした。

　Ryo君は、なんとか、Ayaさんにつなげて言おうとしましたが、やはり、その前の話し合いと同じように、二度目の『大すきなじさまの死んじまうほうが、もっとこわかったから』だけに意識は向いてしまって、くらべることは出来ませんでした。二つの文を比べるというようにつながらなかったのでしょう。それはAyaさんも同じだと言えます。

　ここは、Ayaさんが「最初のなきなきはこわかったから」「後のなきなきはこわかったから」と言ったときに、「同じようなことが繰り返されているんですね。『なきなき走った』だけではなく、『こわかったから』もよく見つけたねえ。と、子どもの意識を立ちどまらせてもよかったかもしれません。そうすると、一度目の『なきなき走った。』について話し合えなかったことが、ここでできたかもしれません。
　一度目の『なきなき走った。』は、話の中での実際としては、どういうことなのかが押さえられないと、比べることは出来ないわけです。なきながらそれでも足を留めないで走るときはどういう時か、どういうことなのか、がよくわからないようです。日常的な経験の中でたびたびあることではないかもしれません。

　豆太は、霜が突き刺さって足から血が出て痛かった。裸足でねまきのまんまで寒かった。真夜中で山の中は暗かった。それは豆太が辛くて怖くて嫌なことです。泣いてしまうほど嫌で辛かった。だから涙が出て来て泣いた。でも、夢中で走った。走った？　それが、二度目のなきなき走ったで語り手によって説明されているわけです。山の中が怖かったよりも、大すきなじさまを失うことがもっと怖かったから、医者様へ向かって、走ったと。なきなき走ったと。

　このように読んでいくと、話の内容としては、初めの『なきなき走っ
た。』ではとりわけ、泣き出したことに注目し、何が怖かったのかが充分に
話し合われている必要があり、それが、二度目の『なきなき走った。』を
読むときに想起されなければならないでしょう。そのうえで、Aya さんの
一度目の「こわかったからなきなき走った」と二度目の「こわかったから
なきなき走った」を比べることが出来るでしょう。二度目の『こわかった
から』は、子どもたちは、「じさまが死んじまうのがこわかった」ことは
意識にあるのですから、Ryo 君が、二度目を「あせって走った。」と言っ
ていること、AS さんが、「医者様だけがたよりで走った」を生かして、一
度目と比べることが出来ると思います。比べることで、豆太にとってじさ
まの死ぬかもしれないことがいかに怖かったのか、それをやめさせたい一
心で走ったのであることが、強く焦点化され、わかってくると言えます。

　繰り返しの文章は一般的には強調のためと言われていますが、ここでの
原文の文脈では、繰り返しの一度目と二度目を比較し、後者を強調してい
るという複雑なものになっているということが、子どもにとって難しいも
のになっています。けれども、ここで立ちどまってみたことは、次の学習
にとって大事な意識の経験になっていると思います。

２－２　授業分析を終えて

(1) 教材と子ども

　「怖くても勇気を持って頑張って、おじいさんを助けた」という５歳の
子どもの美談になりがちな、道徳的に取り扱いやすい教材ですが、（指導
書では、教科道徳と関連付けるとなっています）この授業の子どもたち
は、自分では真夜中の暗さの中では一人では光り輝く「モチモチの木」を
見ることなんかとてもできないと思って、本当は見たいのに諦めている
豆太、語り手の「臆病な豆太」という語り口を忘れないで、読み進みま

した。だから、多くの子どもの「読み」は、一人で夜中の山道を走りだした豆太は勇気があると単純に特徴づけるのではなく、「とっさに」「必死に」「そんなこと思う暇もなく」「あせって」ただ夢中でひたすら医者さまへ走ったと、豆太の心境に迫った読みとなったと思います。

(2) 言葉にこだわり、具体的にはどういうことかと執拗に追求していました。「ねまきのまんま」「はだしで」「霜が足にかみついた」など

　このことが、お話の中での豆太の「実像」を抽出する基礎になったと言えます。それらがわかることで、豆太が決心し、意気揚々と山を下ったのではなく、泣いてしまう程だったという雰囲気を感じとれたと言えます。

　人物の様相や周りの状況の分析をバラバラにしておくのではなく、人物の行為の、ある時は性格の、特徴を示すものとして統一して把握する可能性を示しています。

(3) 「語り手が言っている」と、文章表現に関わることを発見

　「語り手」の発見は、「霜がかみつく」の表現が喩えであることを明らかにしたことから出発しています。それを受けて、喩えなら、かみつかれた本人がそう思ったのだ、いや本人はそんなことを思っている暇もないほど必死だから本人ではないと気付き、本人ではないなら語り手だと、次々と、子どもはバトンタッチをするように考えを進めました。話し合いが、子どもたちの高まっていく過程を創造したその瞬間に他なりません。この流れを突き動かしたのは話し合いであり、語り手へと導いたのは、子どもたちにおける豆太のその状況での生きた「実像」の把握にほかなりません。このことは、語り手は豆太に寄り添い、泣き泣き走り続けた理由を語っているという役割を感じとっている子どもへと受け継がれていったと言えます。

　文学作品の読みにおいて重要な意味を持つ「語り手」の概念を形成する基礎がどのように発生するのかの断面を見る思いです。

第2節　子どもの発話を支える内的意識の
　　　文章への注意の向き方と想像する時の
　　　意識の動き・思考の作用の考察

　授業では子どもが文章から読み取ったことを先生や友だちと話し合ったのですが、第1節では子どもが外に発した発話の意味内容を前面に取り上げて考察しました。同時に、その発話内容はどのようにしてそれぞれの子どもが自分自身の一つのまとまりとして構想・構成したのかをそれぞれの子どもの内的意識の流れ、作用を想定して、解いてみました。このことは、もし、子どもの物語の読みの違いは個性の違いであるとしてそれ以上は放置する場合には必要のないことです。しかし、子どもたちはどのように教材文の表現せんとしているその意味に迫ろうとしているのか、あるいは、個々の子どもの間の読みの違いをお互いに価値あるものとして受けとめ合うことはどのようにして可能となるのかということを考えるとき、それぞれの子どもの読みを支えている意識の作用（思考の作用）を知ることは必要であると言えるでしょう。そうでなければ、話の内容を、これも良い、あれも良いというか、あるいは、これが最も良いというかのどちらかになりかねません。

　わたしたちは、発話を聞いて「そうだね。」「豆太のこと、そのとおりだよねえ。」等と受けとめます。その時、子どもたちに豆太のことを、「ここでは豆太は必死だったってことですね。」等と、まとめとして子どもに言うだけとしたら、ただのコピーを与えることになります。黒板の板書を書き写させるだけでは、これに似ています。板書には、子どもの発話を要約して書くことが多いからです。そもそも、ある対象をどのように捉えるのかということでは、個々の子どもが自分の脳裏に構成する（表象する）、しているということは今日では一般的に認められています。つまり、誰もが一律に鏡のように映すというわけではないということです。「でも、何もな

い、わからないという子どもがいるから、その子のためにはまあ正答と言えるものを書き留めさせることは必要ではないか」という返答が返ってくることがあります。しかし、子どもは、「言うことは何もない」のではなく、自分の内面に表象していても、あまりそれを問われていないと気づかないか、あるいは問待ちの姿勢でそれに続いて答え待ちになってしまっているか、そういう状態になっているだけなのです。表象できないことはないと言えます。子どもは、2歳の頃から、言葉を覚え始めますが、それ以後、周りの人が発する言葉を自分なりに理解してきたのです。例えば、「ごはんよ。」と聞くと、目の前に見えたものをご飯と理解するのですから。別の時にまた、「ごはんよ。」と聞くとそれもご飯と理解するというように。

2－1 子どもの読みを支えている、文章への意識の向き方、文章が描く話を想像する時の意識の動き方（そこにおける思考の作用）について、第1節で明らかになったことを基礎として考える

2-1-1 文章中の一文を、文脈において捉えているときの意識の動き（内言的思考の作用）とは？

『わたしはおねえさん』を読むRnさんは「⑲（教材文につけた通し番号）のところで、かりんちゃんは机に届くの？」と言いました。Rnさんは教材文を読んで、その中にある「二さい」と「**何かをかきはじめたのです**」に意識を留めその二つを結合させて、2歳の幼児であるかりんの話の中での実像を想像しようとしています。すみれの椅子に腰かけて机に届くのかと。（授業中での話し合いの状況でも分かる通り、この「二さい」を、その前に紹介された姉すみれの歌にある「一年生のお姉さん」の文言によって、多くの子どもたちが見落としていたのですが。）

Rnさんはかりんがどのくらい小さいかを見当づけようとしているとも言えます。この授業では、読み手である2年生の子どもたちの中には、

かりんについてはあまり語っていない子どもがかなりいるのですが、Rn
さんは、文中のかりんに関する語や語句をつなげながら、その文の意味
していることを捉えようとしていると言えます。

　３年生になると文字で書かれた文章に慣れてくるということもあっ
て、いわゆる一文を他の文章との関係で文脈を捉えて読むことは、多く
の子どもがやれるようになっています。『モチモチの木』を読む KH 君
は、『医者様をよばなくっちゃ。』の一文に意識を留めて、「豆太は前と違
う。」と想い、それを言葉に出して言いました。
　「前とは違う」と言えるということはそれ以前の文章とのつながりを
もって、つまり、文脈において、その文章を捉えているということを示
しています。つながりにおいて捉えることが出来るのは、今自分が読ん
でいる一文を考えているときに、時間的に前に出て来た文章（群）で自
分が分かったり、感じたり、気づいたり、思（想）ったりしたことの中か
らつなごうとするものを想起（再生）し、それとつないで考えようとして
いることを示しています。つまり、今現在、対象となる文章に対したそ
の時、子どもに「あれ！」、「おや？」、「よし！」等の何らかの想いや気持
ちの動きがあって初めて、それとのつながりで以前の記憶が再生想起さ
れるということだと言えます。今ある一文を読んで考えようとすること
に触発され、それに入り混じって再生されるような現象を経験している
ように思います。そうして、今思うことと、再生されたものが練り合わ
されて、今の一文について思うこととして発話されると言えます。
　だから、教師の指示待ち、例えば「豆太は何をしましたか？」と言わ
れてから文章の中の答えとなるものを見つけるというスタイルの場合に
は、自分の気分や想いはたとえあったとしても後景に退き、忘れられる
のだと言えます。つまり、「記憶されなかった想い」となるといえます。
その連続のなかでの「言葉や文」探しとなります。まさに授業はゲーム
のようになるのだとはっきりと言えます。国語の場合はかるた取りゲー

ムで、算数の場合はゴール到達ゲームになるだけだと言えます。

　『医者様をよばなくっちゃ。』を一文だけを自立させて読むと、豆太は医者様をよばなければならないと思った、となります。しかし、その一文は、じさまの苦しそうな様子の描写の次にまさに一文だけ、転じて豆太の心内語であるという一文です。その一文で、形式段落が終わります。印象的に文が配置されています。したがって、この様な文章の配置の巧みさに突き動かされて、読み手の心は動くものです。KH君は同じ一文を読んだとき、ひとり読みをしているからこそ、そこであれ？　えっ？と感じたのか、何かを感じ、「じさまはどんどん苦しくなってたいへん。」と直前の自分の読みを想起して、そうすることによって、そのじさまのために「豆太は、心配しすぎてあせっている」と想定することが出来るから「豆太は前と違う。」と判断したと言えます。この判断においても、発話には出していませんが、以前の豆太の描写に対する自分の想いを想起しつつ、より鮮明に「前とは違う」と判断していると言えます。一文だけを自立させて読むときと大きな違いがあることは明らかです。
　文章を読んだときに、文脈においてつながりを想起＝再生できることの意義はここにあると言えます。その条件はひとり読みにあります。

　もちろん、再生するのですから、俗に言う「記憶違い」のことを再生することがあります。現在の問題意識によって大きく誤って修正されてしまうことです。その場合は、そもそも以前に対象となっている文章への向き合い方があいまいであることが根拠だといえますから、対象となる文章から改めて何を思うのかと、再度向き合うことになります。こうして、文章への向き合い方が発達することになります。
　この時、大事なことは、「記憶がまちがっていた」としてしまわないことです。そうすると、「正しく記憶すること」が課題となってしまいますから、それでは手立てがはっきりしなくなります。

　また、以前の読みにおいて考えたこととつなぐといっても、何もない、というように言う子どももいます。それを、何も考えていないのだと見てしまいがちです。しかし、例えば、教師主導の問答スタイルの授業で、椅子に座っていられないで床に寝転がっている子どもは、まったく勉強しないと思われていますが、聞けば「豆太はあせった。おれ、びっくり。」と言うということもあります。

　また、前時までの学習を覚えていない（記憶がない）のだというように見てしまいがちです。これも、手立てがはっきりしなくなります。記憶がないというときは、自分の想いが意識に定着していないのだと言えます。それは、注意・関心がそこになかったということが中心的な原因だと言えます。そのように考えると、意識の向き方が、登場人物の行為の結果に集中するような読み方だと、過程的なこと等には関心が向かないので、結末だけが意識に定着するというようなことになるということがわかります。自分の内面に浮かんだ想いを対象として意識することそのものに慣れていないために、忘れてしまうということもあります。

　そのために、**ひとり読みの後、感じたり、想ったりしたことを発話して話し合うことは、決定的に重要なこと**だと言えます。なぜなら、話す内容は、あらかじめ自分の内面で対象を表象したことを基礎とするからです。それを話す（外化する）のですから、いずれの場合も、話すことで、自分のその時点での、文章を受けとめて形成される表象を記憶に定着する機会が増えるからです。

2-1-2　想起＝再生する思考の作用は、読み手の、作品の内容に対する注目・関心やそこで働いている思考の作用に関係している

　KH君は、登場人物二人の関係性を捉え、そこにおける豆太の他方の人物「じさま」への対し方に注目し判断しているといえます。どのよう

に判断するかを決定するここでの思考の働き方としては、注目する人物の他方に対する対し方の違いを比較・対比する思考です。

　豆太だけを自立的に取り出して、「臆病だけど勇気がある」というように特徴づける HM さんも、同じように文脈において『医者様をよばなくっちゃ。』を捉えています。しかし、KH 君は、自分の中心的に注目する人物の他者への対し方を「前と違う」とつなげて比較するのですが、HM さんは、視点人物の前後の特徴（性格付け）をつなげて捉えています。同じように文脈において捉えるといってもこのように違ってきます。このように話の内容に対して、読み手の注目することが異なると、それを学び合うと人物に対する異なる側面をつないでいくこともあるわけです。それによって、お互いに理解し合えれば、この話の読みは、それぞれの内において拡がり深まっていきます。

　また、文脈において一文を読むという観点から言えば、登場人物の関係性を読む意識があることや、比較・対比する思考が働いていると、おのずと、文脈において一文を読む、文脈と文脈をつながりに置いて読むという意識が働き、想起＝再生を繰り返して読む可能性が出てきます。

　このことを２年生の実践例での読みから見ていくと、何人かを除いて、多くの発話は、一文、一文に対して、自分の感想や思いを発するというものになっています。物語の世界を想像的に描くということや登場人物の像を文章から想像するということも、文章の文脈を捉えることもかなり難しいようです。文脈を捉えることと登場人物の像を想像的に作り上げるとか人物の関係を捉えるとかには、相関関係があると言えます。どこから出発するかといえば、文章をつなげて読むことから人物の中に入り込む意識を作用させていくのです。

　その例をここで繰り返しますと、「（すみれは）もう怒っている。」とすみれについて想像している子どもには、すみれについて違うように「予

想」している Ut 君の意見にも注目させて、彼が注目している文章を付け加えて、『「もう、かりんたら、もう。」と、すみれは言いました。』と『半分ぐらい、なきそうでした。もう半分は、おこりそうでした。』をつなげて読むとどうですかと、考えさせることによって、すみれについての実像に迫るようになりやすいのではないかと思います。

2-1-3　注目する人物を、それと関わりのある人物との関係で想い描くことが出来ると、読みが的確になり豊かになる ──人物を他者との関係で捉える意義

　KH 君の読みを想定して上の標題は述べています。

　本文そのものでの話の展開の始まりの部分は、豆太とじさまの日常生活での関わりあいを通して豆太を描写しています。それによって読み手は突き動かされて、豆太とじさまの二人の登場人物をおいて、その関わりを反映することになります。その時、両者とそれぞれの相手への関わりを意識に定着させていくことは、的確な読みになります。両者を意識においていることを、子どもは意識していないで発話していることが多いので、教師の子どもへの受けとめを、「豆太とじさまのことが、書かれてあるから、豆太は前と違うとわかるのね。」とか、「豆太のじさまへの態度のことね。」というように子どもの発話を特徴づけるようにすると、本人に対してのみではなく、他の子どもたちに意識を向けさせることが可能になると言えます。

　ある程度書きことば（文章）に慣れてくると、一字一字、一文一文を確認する読みではなく、子どもは一つの形式段落（通常 2 ～ 3 行から 4 ～ 5 行程度の長さ）を通して読み考えるようになります。さらにある程度のいくつかの文章群は、子どもは一度にそのつながりを考えながら直感的に読むことが出来るのが一般的です。その時に視点においた人物の『医者様をよばなくっちゃ。』の文章にたどり着きその文章での豆太の決

心を受けとめたとき、それは突然降って湧いたわけではなく、他方の人物の異変を目の前にしての感覚と決心であると捉えられると、その感覚と心理を思い浮かべることは、より具体性をもって的確となります。「じさまはどんどん苦しくなって大変」と読み手が想ったこととつなぐことによって、豆太のその時の心理を思い浮かべることが出来るわけです。そうすることによって、以前の豆太のじさまへの関わりも想起し、比較するというように想いを豊かにすることも出来るわけです。

　実際、日常生活において、人の感覚や思いには、必ず、それが湧きあがる根拠として、具体的な対象（ひと・もの・こと）があるわけですから（俗に言う動機）、それが押さえられることがリアルで豊かな読みとなるわけです。文章が、じさまと豆太の日常的な関わりあいを述べているのですから、一人の人物豆太だけに注目していたとしても、その人物のじさまとの関わりあいが、実質的には、読み手が文章を読んで想い描く対象となる可能性は大きいわけです。

　読み手が思い描く対象は、注目する人物の言動についての文章にあるだけではないことをKH君は示しています。つまり、『医者様をよばなくっちゃ。』だけを自立的に捉えて何かを思おうとしているのではないわけです。注目する人物の言動は、文章に直接的に書かれている場合が多いので直接的にわかります。そこで、それ自身を自立的に捉えがちになります。しかし、注目する人物の言動は、必ずその言動がそのように起きる根拠となる「ひと・もの・こと」に対する反応としてあるのですから、それを想定し想像できることが、自分が中心的に注目する人物を豊かに捉えられることになるというわけです。

　しかし、子どもにとっても大人にとっても、人物の言動を他の人物との関係で捉えようとするとき、それを他の人物の言動への反応であると捉えることは、たやすいことではありません。KH君は、「じさまはどんどん苦しくなって大変」だと想い描き（想像し）、それに対する反応として

豆太は『医者様をよばなくっちゃ』と言ったと直観的に捉え、「豆太はあわてている」というように想像しています。『医者様をよばなくっちゃ。』を、苦しむじさまを目の前にしている豆太のそれへの反応だと直観的に捉えることの中に、他者との関係に置いて捉えることを成立させているわけです。下線のことを想定すること、そして、豆太の心の内を想像すること、これらは作者の文章表現そのものが読み手にそれを分からせるように導いているわけですが、読み手にとってはそれに導かれつつも、自らの想定であり想像行為であるわけです。その想定の中には、人の言動は「他者との関係において」ある（生起する）ということを意識しないとしても、日常的経験に置いてそのように頭を巡らして考えているのです。それを基礎として、豆太の心の内を想像することが出来る（豆太に同化する）のだと言えます。「他者との関係に置いて」考えるということは、登場人物へ同化する意識作用がないと、なかなか難しいことなのです。この同化する意識の作用については、後で述べます。

2-1-4 子どもは、どのように抽象的な思考をしているか（1）
——比較することは、抽象的な思考のはじまり

　かなり早い時期から、子どもは日常的生活において比較することが出来ます。給食で好きなメニューの時には、給食係は多い・少ないが無いように、慎重に仕分けることは周知のことだと思います。それは量における比較ですが、その時は食材を食材としてだけではなく、それを量に置き換えて比べているわけです。具体物をある一定の他のものに置き換えてそれを比べていることになります。比べることはある具体的なものを一定のことだけを抽出してそれを比べることになります。抽出することが出来るということは、具体物を具体物としてみることから離れることができるということですから、就学前期の子どもに特徴的ないわゆる複合的な思考、すなわち具体物のどこかの形や色が同じであれば同じ仲間だと考える思考からの脱却を開始していることを示しています。

KH君が「豆太は前と違う。」と言ったことは、かなりの他の子どもにも分かっているようでした。つまり、かなりの子どもは、豆太の言動から一定のことを抽象して、それを比べることは出来るという抽象的思考を行っていると言えます。具体物である「給食」を食材の具体として観ることからそれを量に置き換える程度の抽象よりもぐっと高度な抽象作用を行っていると言えます。そこで、さらには、どのように抽象化するのかということに立ち入って観ていく必要があるでしょう。

2-1-5　子どもは、どのように抽象的思考をしているか（２）
──「臆病」、「勇気」などの概念を使えることの意義

　思考の仕方においては、HMさんは二つの豆太を「違う」なあと比較するままで終わるのではなく、統一して一つの像として捉えています。ここでは、相異なる特徴を「……けど」でつないで統一しています。「臆病」と「勇気」という概念を使い、それらを比較し、それらが逆の特徴であることを「……けど」で表して統一（相反する特徴が同時にあるものと）しているのです。比較し、さらにそれらの概念を逆の性格をあらわすものであると認知し、統一的に捉えるという思考を働かせています。このようにして、KH君の「違う。」という比較を更に進めた形で豆太を捉えているというわけです。「臆病」「勇気」という概念を使うことによって、比較のままではなく、それを統一することができるのだと言えます。そこに、概念的・抽象的な思考の良さがあると言えます。

　HMさんは、いわば、直観的に「臆病」と「勇気」という概念を駆使して豆太像を形成しています。このように、まず、とりあえず事態を概念的にまとめて人物像を形成することは、子どもにおいても一般的によくあることです。抽象能力があると言えます。生活的な事態において、それを自分なりに概念化する力があります。

　しかし、HM さんの「臆病」という概念には、どういうことが「臆病」なのかの実態がはっきり提示されていません。「……けど、勇気がある」といっても、その「勇気」についても、「夜に医者様をよびに行った」（実はまだ、原文では決心しただけで、その後の描写は次になっているのですが）という単純なままです。その後の文章を読んで、HM さんの「臆病」と「勇気」はどのように内容的に膨らんでくるのか、膨らまないのか、見届けたいところです。KH 君は、文章にそって、それが語ることに密着して素直に反映し想像するのですが、それは HM さんが概念的に捉えるのとは対照的です。この二人の対照的な思考傾向は、その後の文章の読みで、どうなっていくのかもまた見届けたいところです。

　『わたしはおねえさん』を読む２年生は、「おべんきょう」か「らくがきのようなもの」かという二者択一ではなく「自分の中ではおべんきょうだけど、本当はらくがきのようなもの」というように、二つの違うものを妹かりんの意識と現実として統一することができました。用語的には「自分の中」と「本当は」という２年生なりの用語を使っていますが（生活的概念）、それは意識（観念）と現実という概念を意味するものです。いずれそのような概念的言葉を使うようになるでしょう。概念的・抽象的な思考の作用が働くことは、複雑な事実を関係づけることが出来ます。重要な思考作用です。

2-1-6　同化して読むことで想像力は豊かになる

　２年生の『わたしはおねえさん』の授業では、Ut 君の「『半分ぐらいなきそうでした。もう半分はおこりそうでした。』のところで、「どんな気持ちなんだろうって。予想は、ぐちゃぐちゃだとおもいます。」という発話と、Hn さんの発話「『もう、かりんたら、もう。』のところで、かりんちゃんが思ったことで、おねえちゃんなんでおこってるの？」とが、この授業での数少ない同化している例だと思います。Ut 君はすみれに、

Hn さんはかりんにそれぞれ同化して、それぞれの登場人物の内面を想像していると言えます。二人とも、その場面において描写されているすみれとかりんの実像に迫っています。

　3年生の HR さんは、文脈において豆太の『医者様をよばなくっちゃ。』を捉えました。自身の想像する豆太には医者様をよびに行くことは困難なことだと思うという判断をしながらも（「モチモチの木を見ても」というように仮定しても）、それでも、「医者様をよびに行くと思う」と予測しています。『医者様をよばなくっちゃ。』という豆太の決心を受けとめたときに、それ以前の豆太についての自分の想像を想起＝再生し、それと結合して豆太の決心について思いを巡らしています。KH 君とは異なり、「前とは違う」という判断だけではなく、そこでひとまず夜中に山を下りることを想像し、それを考慮して、豆太にとってそれはどうかと思い巡らして、困難なことだと想定しています。意識の巡らし方は、豆太が経験するであろうことを想定し（夜中に山を下りることになるのに）、さらにそれが豆太にとってどうであるかをも想定（夜中にひとりで外へ出ることが怖い、かならず、じさまを起しているのだから、豆太にとって困難なことだ）するというものです。豆太に同化する意識の作用が働いていますが、同化の仕方が豆太のある時点での経験における心理の想像というものよりも複雑に、豆太に身を置くとその後に起きるであろうことが想定できるというものです。一言でいえば、二度、三度、場面を変えて連続的に豆太に同化して想像しています。想像力が豊かです。それを言葉にするには至っていないのですが、充分に分かります。この想像力に学びたいものです。
　大人の想像力と比べると、おそらく、想像するところが違うでしょう。わたしなぞは、モチモチの木を豆太がこの話のようなかたちで見たということは、どういうこと（意味）なのだろうというようにすぐ思いを巡らすのですが、豆太が『医者様をよばなくっちゃ。』と言った箇所を読んで、HR さんのように想いを拡げて、豆太はあの両手を挙げて襲いかかるようなモチモ

チの木を見る事になるのだけれど、一人で見るなんてできないよと、あきらめたのだけど、などということには想いを馳せなかったです。そうです。「すごいことをここで想起しましたねえ。」と言ってあげたいものです。

2-1-7　予測の質は、読みにおける同化と異化の意識作用を基礎とする

　HR さんは、豆太は行くと予測しています。その根拠を次に示しています。HR さんは、自分の予測の根拠をはっきりさせるときに、KH 君と同様に、豆太の相対しているじさまが豆太にとってどういう存在かと、豆太とじさまの関係を想像（想定）しています。自分自身にとっての視点人物について考えるときに、その人物だけを自立的に取り出して考えないで、その人物が相対している対象との関係で考えています。これは、KH 君のところで述べたように、二人の関係を想定し、その中で視点人物を他方との関係で考えることです。豆太の行動を予測するときに、豆太にとってじさまは何であるかを考えているということです。じさまは豆太にとって「豆太を安心させてくれる人」だから、「大すきなじさまがいなくなったら、豆太を安心させてくれる人がいなくなってしまうから」豆太は、行くと思うと予測しています。この予測は豆太と同化しつつその心情を想い同時に異化して、豆太にとってのじさまの存在を「安心させてくれる人」と性格づけて、その上で、豆太の行動を読み手の予測として述べています。HR さんの予測は、まさにぴったりと的中しています。豆太への同化とそれを基礎として二人の関係を異化して考え、そうすることによって、豆太の行動を異化して予測しています。

　予測するとき、しばしば起こりがちなのが話の展開とはかなりかけ離れた予測です。例えば、『ごんぎつね』の読みで、一般的に子どもがよく言うこととして例に挙げられるのですが、「ごんは、天国で、兵十を見守っている。」という付け足しをするというようなこともそれに入ります。話の展開は、『青いけむりが、まだつつ口から細く出ていました。』

で終わっているのですが、それで、終わって欲しくないという願いから
くる付け足しです。しかし、話の中での現実は、『ごんは、ぐったりと目
をつぶったまま、うなずきました。』であり、ばたりと火縄銃を取り落と
した兵十と青いけむりがそのそばにいる（ある）だけで終わりとなって
いるということを、話の展開の終末としては受けとめなければなりませ
ん。それをどう感じ、何を思うかというのが作品を読むことであるわけ
です。しかし、子どもは、それで終わって欲しくないという願いが強い
のです。それは予測といよりも願望の付け足しです。

　これを、この子はこうしか考えられないのだと、諦めがちになること
がやはり教師の間では多いといえます。しかし、そういう子どもも、話
に入り込んでいるのだと言えます。それを生かして、しかし、自分はど
うしてもそれを付け足したいが、そういう終わりでないのは何故だろう
と、そこから出発することは、同化と異化の意識の作用の仕方を発見す
る道へと進むのではないでしょうか。作品と自分とのズレ（距離）を意
識することは、同化と異化の前提ですから、自分の終わり方を持つとい
うことはその意味では大切なことだと言えます。作品の中のごんと兵十
の終わり方を考えるというように出発することは、作品に迫り、その上
で作品を批評＝判断する道に入り込むことになっていきます。「ごんと
兵十は分かり合えたのか、分かり合えなかったのか」という問いを設定
して話し合うことは、作品の意味を考えるということとは別に、４年生
という年令で、同化と異化との意識の作用を起こさせることを課題とし
た一つの設定になると言えます。（拙著『子どもの読み及び教材の分析と
ヴィゴツキー理論』2012 一光社　p.55-68 参照）

2-1-8 「読み手意識」を持って読むことは、内化・異化の意識の作用を
　　　　支える

　３年生のHRさんの、「豆太は、じさまがだいすきだから、モチモチ
の木をみても医者様をよびに行くと思う。」の「行くと思う。」は、予測

（行く）であると同時に、読み手であるわたしは思うという読み手意識をはっきりと現わしたものです。読み手意識というのは、漠然としたものではなく、音読をしているときの自分の声や息を知覚し意識することからはじまり、内面において自分がつかもうとしていることをはっきりさせよう、言葉に乗せようと苦労することを意識することによって、いよいよはっきりするのではないかと思います。

　発話するときに、「誰が思っているのかはっきりと言おう。」と指示すると、例えば、かえるくんが思うことなのか、がまくんが思うことなのか、読んでいる自分が思うことなのかをきちんと言える子どもが、２年生でも意外と多いことが分かっています。それによって、それぞれの登場人物が何を思っているのか、相手をどう思っているのか、二人の関係はどうなのかなどを想像することが可能になっています。しかも、必然的に、一段と読みの内容が飛躍を遂げています。（『お手紙』の授業で。拙著『授業の構造とヴィゴツキー理論　教育実践とヴィゴツキー理論シリーズⅢ』2017　子どもの未来社　p.102-118 参照）

　読みにおいて「同化する」とは、意識において読み手である私が仮に視点人物や他の人物になってみて、その人物の置かれている状況などの条件を押さえて、感じたり考えたりしてみるということですから、ピアジェのいう同化とは違います。ピアジェの同化は、相手を自分の方に引き寄せて理解する、ということを意味します。これは幼児期の特徴として言われているものです。読みにおける同化は、実際的現実的には自分が読んでいるという意識を保持しつつ、意識の上で他者に入り込むのであり、異化は、同化することによって得た自分の想像した他者を、読み手としての自分はどう見るのかということですから、いわば、意識を二重化三重化させるわけです。そのためには、読み手としての自分を意識していなければ、意識の操作は出来ないわけです。

　同化することを、「豆太になってみて」とか、異化を「俯瞰的に観る」

と説明することは低学年での導入として意味をもちますが、読み手意識が軸になることが明らかでないと、意識の操作がうまく行かなくなる場合が多いようです。「なってみる」「俯瞰的に（上から）」ということは、読んでいる自分の意識がそのように想いをめぐらすのですから、読んでいる自分の意識をはっきりさせておかなければ、他者になりきれません。途中で、自分の方へと同化させることと融合してしまいがちです。

2-2 文章の書き表し方に気づくことの大切さ

2-2-1 「語り手」の発見
——それは文章の書き方（比喩的表現）に気づくことからはじまった
——『モチモチの木』の授業で

「『雪みたいだった。』といっているのは、「語り手」が言っているんじゃないかな」とTK君が気づくまでには、その前に数人の子どもたちの、山の中を走る豆太の様相をめぐる10数分間にわたる丁寧な話し合いがありました。その話し合いを再度簡潔に述べます。

Khoさん、Ryo君、Cさんは、本時の立ちどまりの範囲の教材文の読みで、人物の発した言葉、様相、行動を描写する文章の文脈から、人物の心情（「豆太は必死」）、行動の性格（「豆太に勇気が出た」）、それを話のつながりにおいて特徴づけています（「じさまのために勇気がでた。」）。そうすることによって、3人の発話の内容はつながっていきます。

さらに、Ryo君、KMさんは、人物の様相を描写する文章を、文脈の中でつながる言葉に注目し、かつ日常的経験と結び付けて、人物の様相が人物の感覚にどう作用するのかを想像しています（「『ねまきのまんま。はだしで』から、豆太は寒くないのかな」等の読み）。RO君は、みんなの言っていることを聞きながら、人物の動作・様相から、その心理を言い当てている読みをしています（「豆太はあわててた」）。

HRさん、RKさん、KMさんは、「ねまきのまんま」「はだし」という

豆太の様相の描写から、文章では直接には書かれていないじさまの容態の進行を想定し、豆太には時間がなかったと想定します。それによって、RO君の「豆太はあわてていた」とする根拠を補充するかたちで、発話がつながっていきます。IKさんは、時間の関係を押さえることで、登場人物が感じている感覚的な実感を確認しようとしています。

　ASさんは、比喩的表現（『霜が足にかみついた。』）を、文中の語『はだし』と結び付けて、裸足の場合に霜の影響を想定して、そこから「霜が足に刺さったのかもしれない」と読み解いています。

　このように、山の中での豆太の様相が、友だちによって明らかにされることを土台として、Akさんは、実際には霜が裸足の足に刺さって血がでていることを「霜がかみついた」というように言っているというように、「霜がかみついた。」ということは実際にかみついたということじゃあないんだと気づいたに違いありません。それで、それは、「豆太がそう思った」ということじゃないかという発話が出て来たと言えます。実際にはそうでない。それを「かみついた。」というように言っている。それは誰かという発想が、Akさんの『雪みたいだった。』と言っているのは、「語り手」が言っている」を誘発したと言えるでしょう。

　このように、「語り手」が出てくるまでには、豆太の実際の様相が浮き彫りにされる論議と、実態の描写のかわりに比喩的表現が使われているという直観的発言とがリレーのようにつなぎあった過程があったことを押さえておく必要があります。Akさんは、はじめから、これは比喩だと文章の表現形式の特徴を見抜いていたわけではないといえます。実態が友だちによって明らかになったからこそ、霜はかみついたわけではない、それは誰かがそう思ったということだと分かったのだと言えます。そこに気づくすばらしさ。しかし、果たして豆太がそう思ったのか。豆太だと思うところは、文脈からはそれています。それを、TK君は、文脈に沿って考えています。「豆太はじさまのことを心配していて、（だか

ら豆太ではなく)、語り手が言っている」と。

　「この文章は、語り手が言っているのではないか」と気づくことは、この語り手は豆太に話しかけているようだというように発展していきます。ここから、語り手は何を読み手に教えてくれるのかと意識的に語りの部分の文章を読むことへと発展させていくことが出来ます。語り手の視点がどこに向けられているのかで、登場人物の内面を示唆したり、登場人物を異化して表現したりと、自在に視点を変えて語ります。それによって、読み手の視点が移っていきます。語り手の文章だと気づくことは、意識的に語り手の視点を自覚し、その視点から読み手も考えていくということへとつながっていく可能性を開いたことになります。

　抽象的な思考の発達するこの時期に、文章表現を通して作品をつかみ読み味わう学習を深めるためには、子どもたちの読みを支える抽象的思考活動の傾向をつかみ、お互いの傾向から学び合わせることは、重要なこととして、ここに浮かび上がってきます。

2-2-2　繰り返しの表現に気づき、その中に比較がある原文をどう読むのか

　３年生の Aya さん、Ryo 君、AS さんがつなぎながら、繰り返しのある文章に迫りましたが、難しかったようです。繰り返されている言葉だけを自立的に考える前に、その言葉を文脈において捉える必要があります。最初の『なきなき走った。』に子どもの注目が置かれていないと、その語句の繰り返しにそもそも気づかないことになりやすいものです。

　『なきなき走った。』を読むためには、泣き出すという非日常的経験を思い起こすことは困難かもしれませんが、この話の中での豆太の‘勇気’を観念的・一般的に考えることを乗り超えて豆太の実情に迫るためには、無駄なことではないように思えます。

　しかし、読み手が自分の日常的な経験を思い起こしても、それを直接に豆太に当てはめるのではなく、登場人物の場合はどうかと、こんどは、

登場人物に同化する必要があります。つまり、文章を読みながら、意識の内で登場人物の直面している状況を再現し、それに対する登場人物の感じ方（ここでは、感じ方が重要なのです。一般的に「思ったこと」とすると、話の中のこの場面での豆太を想像することにはならないからです）を想像するという手順になります。同化することは、自分の経験を思い起こすことでより可能になるのですが、それを直接的に当てはめるということではないわけです。

　「なきなき走った。」の繰り返しについては、結論は出ませんでした。「語り手」の発見へと導いた例のようには、ここでは、子どもたちのだんだんと受け継いで深めていく話し合いが再現できなかったことが要因であると言ってもいいと言えます。つまり、AS さんが『霜がかみついた』という比喩的表現を、「それは、霜が足に刺さったということ」だと見抜いたこと。それに支えられて Ak さんが、「（実際にはかみつかれていないのに）豆太がそう思った」と、誰かが思ったことだと看破したこと。それを、文脈からして、豆太ではなく、語り手が語っているのだと TK 君が結論づけたというリレー的なつながりによって深めていくことが再現できなかったということです。
　なぜでしょうか。文章に沿って考える読みに強い、AS さんが、繰り返しの箇所は「こわかったから、なきなき走った」ということだと見抜いたけれども、『（豆太は）もっとこわかったから』について、何がもっと怖かったのかを想像することが充分にできていなかった限界に規定されていると言えます。おそらく、『こわかったから』『なきなき走った』という二度の豆太の心境のそれぞれについて、文章に沿って豆太の実感に迫る追求が途中で終わっていることと、そのために、多くの子どもが「じさまが大すきだから医者様へ走った」と想像したこととが、実は、『もっとこわかったから』につながっているのだ（じさまの異変に対する豆太の同時に湧き上がった二つの心情・実感なのだ）ということがはっきり

しなかったために、何が怖かったのかを想像することを弱くしている根拠だと言えるのではないでしょうか。以上の、文章から登場人物の実感を生き生きと捉えることの限界が、Ak さんをして、語り手の繰り返しの語句についての意味を考えることを飛躍させるものとして導いて行けなかったのだと言えるでしょう。

２－３　文章から読み手としての想いを広げ深めるるときの、二つの傾向

2-3-1　「豆太は勇気がある」「恩返し」論は、お話の早すぎる抽象的な特徴づけ

　子どもによる、「恩返しだ」という「概念的」言葉をこの作品の特徴として当てはめることはどうだろうかという論議が、伊藤先生の提起で授業で行われました。この話を結果的にみれば、あるいは話の筋だけを追えば、毎日助けてくれる、安心させてくれるじさまに、今度は豆太が、病気になったじさまに対して医者様を呼んでくるという「恩返し」なのだというように読めないことはありません。「お恩返し」という概念は、「恩義を感じてそれに報いる」という義理の道理を説く概念ですが、子どもは、その理念上のことはわからないままに、行動のパターンのようなものとして理解して、それを当てはめたわけです。

　そのような場合には、当てはめですから、基本的には教材文の読みの浅さに対応して出てくる言葉、発想だと言えます。

　例えば、前の授業での教材文の「じさまぁっ。」と「じさまっ。」をどう読んだか。そこから考えていくといいのではないでしょうか。

　前の授業の教材文での最初の『じさまぁっ。』は、『くまのうなり声がきこえた』豆太が、それがこわくて、『夢中でじさまにしがみつこうとした』ときのじさまへのよびかけです。すぐそばにじさまがいると思い込んでの、いくらか甘える気持ち・呼べば応えてくれるという期待も入っている

かもしれないやや大きく、声を伸ばして呼びかけている『まぁつ』かもしれない。『ま』のあとに小さな『ぁ』と通常の大きさの『つ』がついているから。小さい字の『っ』だけがつくと、『まっ』となって、詰まる。それは、語り手が言うように『こわくて、びっくらして』じさまに飛びついて発した『じさまっ』です。その時豆太は、じさまがおなかが痛くて唸っているのを見たのです。はっとして、びっくりして、じさまのことが心配になって、飛びついたのでしょう。それとも熊のうなり声がまだ怖くて、じさまにとびついたのでしょうか。ないまぜの感じだったのでしょう。

　例えば、文字での表現や語・語句の選び抜かれた表現に導かれて豆太の『こわくて、びっくらして』の感性と心理を読み解き、味わうことなく、話しの筋だけを追うのでは、作品を味わうことは難しいでしょう。子どもを読み味わう深みへと誘っていくことが大事です。

　例えば、当該の教材文の範囲を声を出して読むときに、『じさまぁつ』はどう声にのせるか、『じさまっ。』はどうか、という話し合いをすることからでも、その時の豆太は……というように、文脈を考えて、豆太の心理を想像して、声をどう乗せるかとなるでしょう。そうすると、KH君の「じさまは、どんどん苦しくなって大変。豆太はあせっている。」やHRさんの「大好きなじさまがいなくなったら、豆太を安心させてくれる人がいなくなってしまうから、豆太は行くと思う。」さらに、ChKさんの「豆太は急いで心の中で思ったけど、医者様をよぶには、相当な勇気がいるけど、どうするのかなあ。」が、他のかなり多くの子どもには理解できるでしょう。

　こうして、豆太がその時、恩返しをしようと思ったのか。この話は恩返しだというとき、豆太が恩返しをしようと思ってやったから恩返しの話だというのか。ということを考える糸口に着くのだと言えるのではないでしょうか。ともあれ、もう少し、原文を読み進まなければ、この話はどういう話なのかの結論は出せないでしょう。

つまるところ、「恩返しだ」という場合の子どもの発想は、文章に沿って、語や語句、文章のつながりを充分に吟味していくことによって登場人物の言動をその心理に至るまで想像するという読みを積み重ねるよりも、あっさりと、すぐさま、抽象的言葉に置き換えて説明することから来ていると言えます。抽象的な言葉によって、より簡略に事態や人物を説明するということは、子どもの抽象化して考えをまとめるという力の芽生えを示しているのですが、そこに、抽象化する過程、つまり、登場人物の言動を、状況や人間関係を置いて具体的に捉えて、その人物の感性・心理に至るまで想像し、判断する内化・異化の意識の作用を働かせてつかむ過程が弱いと短絡的な説明になってしまうことがあると言えるのではないでしょうか。

　文章表現における出来事を抽象化しつつ意味づけていく作用は、文章を読み深めることにとって不可欠な思考活動ですが、早すぎる抽象化は逆に読み深める道を閉ざすことになります。「恩返しだ」という発見・発想は子どもにありがちなこの早すぎる形式的抽象化だと言えます。

　そこで、伊藤先生が「恩返し」だと作品を捉えることについての話し合いを設定した問題意識は、極めて重要なことだと思います。話し合いを何を材料にどのように深めていくのかについては、第1節で少し述べました。

2-3-2　「臆病」と「勇気」について

　さらに、この「恩返し」論議を、子どもの抽象的思考の発達の問題として一般化して考えてみます。

　子どもは、この授業ではかなりの頻度で抽象的な言葉を使っています。「恩返し」の発想はその典型的な例です。HM さんをはじめとするかなりの子どもが「臆病」、「勇気」を授業では頻繁に使っています。

　このことは、繰り返しますが、すでに上で述べたように、子どもには抽象的な言い方をする能力があることを示しています。あることを、概

念的な言葉に置き換えることが出来るということは、事物の外形、人物の様相や行動そのものに固執しつつも、そのことを超えて、それについて考える力が育っているということです。具体的な「ひと・もの・こと」について具体的な特徴を羅列するだけではなく、その域を超えようとしているのだと言えます。抽象的な言葉を使う方が簡略に物事を説明できます。また、いくつかの具体的なもの・ことをひとまとめにして言えば、考えるときに整理できます。考えるからこそ、自分なりの経験を基礎に理解した生活的な場での抽象的な言葉（生活的概念）を使うようになってきたと言えます。

　ところが、抽象的言葉を覚えてそれらしいことに使用することができても、具体的なもの・こと・ひとを描写し観察し考えて、そこから、それらの「もの・こと・ひと」の本質的なことを抽象するという思考力が伴わないと、弊害が生まれます。言葉だけが乱発されて、何を言っているのかはっきりしなくなることです。あるいは、厳密にはそうは言えないことにも当てはめてしまうことです。臆病？豆太は何が一番こわかったのか。勇気？豆太の勇気は何からでてきたのか？これが文章に沿ってふくらんで考えられていくことによって、臆病や勇気の概念的言葉は、その意味する内容を実質的に獲得することになると思います。

　ところで、子どもの抽象的思考の傾向は、単一ではありません。このクラスでは、授業記録を見る限り大きく二つの傾向があると言えます。文章から人物の想像をより詳細にしていくのと対照的に、Ak さんは、具体的な様相、行動の描写からは想像を広げないが、人物の関係性における当該の人物の行為を直感的に特徴づけることが出来ています。（恩返しの論議をするときに「豆太が、豆太も自分のためでもあるし、じさまのためでもある。」）

　その中でも「豆太がそう思った。」に、Ak さんの思考の真価が現れています。比喩的表現は、実際の状態をそのままリアルに描写するのではな

く、他のことにたとえているのだと直観的に捉えています。それが「豆太がそう思った。」に現れています。ここでも、Ryo君、ASさんと、Akさんの思考の方向の違いがくっきりと表れています。Ryo君、ASさんは、豆太の走っている真夜中、山の中という状況においては、実際に霜が足にどうしたのかを考えて（想像して）います。そうすることによって、ASさんは、『霜が足にかみついた。』とは、文中の「実際」としては「霜が足に刺さった」ことだと明らかにしました。比喩的な表現は何を言い表わしているのかを明らかにしたのです。

　意識の動き方としては、『霜がかみついた』を事実としてそこにあるもの・起きたことと捉えるのではなく、それは何を意味しているのかと探っていったと言えます。車での移動であったり、歩くとしてもアスファルトの上で歩くことがほとんどで、霜の上を歩くという経験に乏しいこと、ましてや、裸足で歩くことなどほとんどない子どもたちにとっては、それがたとえで言われていることだとはすぐさま気づかなかったようです。しかし、「かみつく」という様相で表される「実際」上のことを探し当てたという意識のめぐり方をしています。

　つまり、置き換えられた表現からそれを様相上の特徴として抽出し、起きたであろう妥当な事実に置き換えたという、出来事のリアルさを追求するための抽象的な思考を行っているのだと言えます。AkさんとASさんは、逆の意識の動き方なのです。ASさんのこの言葉は何を表しているのかを求める思考が「霜が刺さった」ことを明らかにしたことによって、それに刺激されて、Akさんの、「刺さった事実」とは違う『かみついた』という表現は一体誰が言うのかという発想は、生じたと言えます。

　二つの相互に逆の思考過程をたどる意識の廻らせ方の傾向は、単なる違いではなく、支え合うものだと言えます。これが実は、一人の人間の中で、逆の思考過程という二つの過程が同時に働いていることだと言えるものです。これについては、第二章で詳しく述べます。

2-3-3　豆太の「勇気」を捉える二つの意見。そこに横たわる文章の読み方の違い

　『大すきなじさまの死んじまうほうが、もっと、こわかったから、なきなきふもとの医者様へ走った。』に注目する RK さんと、Ak さんの豆太像のくい違いをみてみましょう。

　RK さんは、「豆太は、自分では信じられないくらいの」「力を出した。」というように読んでいます。

　これは、どういう意識の過程をたどったのでしょうか。『こわかったから』という語句を、豆太の心情であると受けとめ（さらに、『なきなき……走った。』には言及していませんが）、怖さで泣きながら走ったと受けとめていると言えます。だから、〈豆太は、自分では怖いという自分の心情を、感覚している〉というように直感していると言えます。だから『……走った。』を、「豆太は、自分では信じられないくらいの」「力を出した。」行為にほかならないというように読んでいると言えます。

　『こわかったから』と「こわかったのに」は、意味が大きく違います。『こわかったから』走ったというのは、怖さから逃げるために、それによって何かを達成するために走っているのですが、「こわかったのに」走ったは、「こわさ」にもかかわらず、それに打ち勝って走ったという意味がはいります。RK さんは明確に意識はしていませんが、『こわかったから』を的確に受けとめて、それを自分の言葉で「自分では信じられないくらい」というように、どのように『走った』のかを性格（特徴）づけています。

　他方、Ak さんの「こわくても自分のこわさと立ち向かい」というのは、まさしく「こわかったのに」の方の意味に原文を読み込んでいます。このような「誤読」、あるいは、豆太への同化による想像が充分ではなく読み手の自分の考えをそれに変えてしまう読み方が、なぜ起こるのかというと、Ak さんの登場人物の特定の仕方にあります。登場人物の行

動『……走った』を、〈よくやった。がんばった。〉と、その結果をまず評価して捉える傾向があると言えます。結果だけを確認して人物像を作るという傾向です。その傾向が、つまり、Akさん自身の「走った」に注目する主観から『こわかったから』の「から」を無視してしまうのです。本人としてはかなりの確信を持って、「怖くてもやればできる人」というように、微妙に違う豆太像を創り上げると言えます。この作品の人物像の複雑さを、ちょっとあっさりと仕上げてしまいました。

　父親を熊から殺されて亡くした悲しみが深層に定着しているのか、真夜中には家の前の大きなモチモチの木は、豆太には両手を挙げて脅かすように迫ってくると見えてしまう。それが怖くてたまらない豆太。その豆太は、父親ばかりではなく、今、じさまも失うかもしれない怖さ・不安に襲われたに違いありません。その怖さ・不安のために、**『医者様をよばなくっちゃ』**と表戸に突進して外に出た。けれども真夜中の怖さ、それに付随する寒さと足の痛さに見舞われて、泣き出してしまいながら必死で無心に走り続けたことで、じさまを助けることができた。しかし、豆太本人は、自分のやり遂げたことを思うのではなく、じさまが無事になったことにほっと安心した。だから、モチモチの木に灯が灯ったことの意味（じさまの言う）**『それも、勇気のある子どもだけだ（見ることが出来るのは）』**にも気が回らずに、じさまから教えられても、ただじさまに安心して甘えようとする。この無心の勇気に３年生である読み手としては、はらはらしながらもたまらなく心を寄せたと言えるのです。
　結果的なハッピーエンドを求めがちな子どもですが、そのような子どもに、結果がよくなるためにはと、道徳的な努力を押し付ける寓話的な読み方で終わらせたくないものです。むしろ、作品の面白み・人間味を味わう読みができるように、子ども自身がそのような読みをはじめていることを、この授業では示しています。子どもながら、道徳的に叱咤激励され褒められることが日常的世界では一般的に蔓延していることに、

うんざりする感覚と意識が芽生えてきているからでしょう。その様な心情が充たされるお話に出会うことは、現在のきびしい状況において、子どもにとって一服の清涼剤ではないでしょうか。

　そのためにも、豆太の勇気をめぐる異なる意見をあいまいにせずに、文章へと立ち返らせ話し合わせることは大事なことだと思えます。それは、お互いの読みの力を鍛えることになると言えないでしょうか。

　伊藤先生の『モチモチの木』の授業は、それを何度も試みようとした意義を持つものだと思われます。

　一つの「正しい」答えの発話を求めるのではなく、文章に対して子ども自身が考えて子ども自身の言葉で語る多様な発話が出されるように心を配り、それを実現していくことは、話し合いを深めていくことにとって不可欠なことだと言えます。しかし、それだけをまずもって目的として授業を行うとそれで終わります。

　いろいろな意見が飛び交うだけでは、子どもの学習の発達を促していくということから考えると充分だとはならないでしょう。多様な意見のそれぞれの良さを学び合って伸びていく子どもの今の可能性を最大限に現実のものにするために、考えることや自分の言葉で語る内容がさらに作品に迫まっていくように支え促していくことが、多くの教師の願いであり、教師の役割だと言えるのではないでしょうか。

第3節 教師の、子どもの発話・話し合いへの関わりについて——ヴィゴツキーの「発達の最近接領域」論に立ち戻って考える——

3−1 文章に沿って、表現されていること（こと・もの・ひと）を想い描く——内面における言語的思考活動を豊かにするために——

3-1-1 文脈を捉えて想い描く——内言を豊かにするために

　少なくとも、授業で学習する範囲の教材文は、いくつかの形式段落群によって構成されています。子どもは、はじめにその全文を読みます。文学作品（物語文）は、文章による表現によって、お話を語っているわけですから、読み手は文章を読むとき、表現されているお話を受けとめながら読んでいると言えます。これは自動的に神経系統の働きで、文章を理解することが同時に表現されている内容の理解としてなされるものではありません。文章からお話を受けとめることは、想像し、それを他の部分と結合して捉えようと再生・想起したりしながら、内面に構成していっているのだと言えます。つまり、内言の構成です。このことは、人間の読むことの性質・構造そのものだと言えます。つまり、様々な限界をもちつつも、子どもは意識するとしないとにかかわらず、そのようにして読んでいるということです。学齢期においてはすでに誰もが内言を持っているわけです。「文脈を捉えて読む」ということは、それほど難しい特別なことではなく、むしろ、人間の心理的な特性であり、自然な読み方なのだとわたしは思います。

　お話は、大小の出来事の積み重ねで進められます。小さな出来事であっても一文ではなかなか語れません。その最小単位が形式段落だと言えます。しかし、その最小単位だけでは、出来事は見えてこないことが多いで

しょう。通常、授業における読み手である子どもも大人と同じように、いくつかの文章群を読むとき、実際に、内容のつながりに導かれて一連の文章をつながりを持って読もうとしていると言えます。むしろ、一文一文を区切りながら読ませると、一文や二文での表現内容は限られているので子どもにとってはそこから想いを持ったり考えたりはし難いからです。

　例えば、ある他の授業での子どもの読み進み方を例にとってみます。『モチモチの木』（光村図書）の『豆太はみた』の段落の最初の一行は『豆太は、真夜中に、ひょっと目をさましました。』です。ここを読みながら子どもは「ぐっすりねていた」「しょんべんに行きたくて目が覚めたのかな」と思っています。この一文でも、子どもは、前の段落での夜中に小便に行きたくてじさまを起すことを想起しています。つながりを作りつつ読んでいるのです。しかし、この一行だけでは、豆太が目を覚ましたということだけですから、それから何が起きるのだろうと次の文章を読み進んでいます。次の一行は『頭の上で、くまのうなり声が聞こえたからだ。』です。子どもは、「熊の唸り声に驚いた」「熊が怖くて目が覚めた」「だっておとうが殺されたから」と、豆太が目をさましたことに納得しながら、豆太のおとうが熊に殺されたことを想起しています。ここでも、前の段落での内容とのつながりを持ちつつ読んでいますが、え、くまが？　ということで、次の文章を読みます。次の文は『じさまぁっ。』です。豆太は怖くていつものようにじさまを起す。熊はどうなるのか？

　という想像などすることなく、次の文へ移ります。これで、一つの形式段落ですが、それでも、まだ、お話が見えてきません。熊のうなり声が聞こえたから、真夜中に豆太が目を覚ましたことで始まるひとつのまとまりは、3番目の形式段落の『まくら元で、くまみたいに体を丸めてうなっていたのは、じさまだった。』で、青獅子をおいかけて山を飛び回るほど丈夫なじさまの突然の異変に、豆太が直面したことへとお話が転回したことがわかるという文章表現になっています。

　子どもは、文章を読みながら、それ以前のお話を想起して今読んでい

ることとつながりをそれなりにつけつつ表現されていることを捉えよう
とします。それを一文一文区切って読むのでは、お話を内面で構成しに
くいわけです。どんな話かを受けとめながら読み進んでいる子どもの意
識の流れを断ち切ることになります。文脈を捉えて想像し想定して、そ
の中での一文であることを意識するようにするためには、一文で区切っ
て発話を求める形式を、子どもの状態に応じてということですが、早い
時期に脱した方がいいのではないでしょうか。子どもは文章をそれ自身
として理解するのではなく、同時にお話を内面において構想しながら読
んでいるのだということの理解が必要です。もちろん、一連の文章を取
り扱いながら、その文脈の中で鍵となる一文をとりたてて読み直してい
くということはありますが、それはまた別の問題です。

3-1-2 文章に沿って、それが表現していることをリアルに（鮮明に）想像・想定する

　一般的に、多くの『モチモチの木』の授業で、豆太が山を下る場面へ
の子どもの反応は活発ではありません。発話の多くは、豆太はじさまが
大すきなので、がんばってふもとの医者様へ走った、豆太は臆病ではな
くなる、という調子に集中しています。

　しかし、本授業では、裸足だったら外に出たら冷たい、ねまきのまんま
は寒い、霜は氷のようになる、霜が足にかみついたというのは霜が（凍っ
て）足に刺さった、戸を吹っ飛ばしたとか、ねまきで裸足というのは豆太
が慌てている、夢中なんだというように、登場人物の様相からそれによっ
て結果する作用を、比喩表現から作品中の実態を、それらから人物の心理
を想像しています。このような<u>文章からの想像的な具体性の再構成こそが
文学を味わいながら読むことであり、物語の核心へと迫っていく道筋を開
くもの</u>だと言えます。それ抜きには、子どもの内面でお話が組み立てられ
ない単発的感想に終るか、言葉だけが踊る観念的な発話となり、子どもは
同じような言葉を使う単一の意見となりがちです。文章・語句にしつこく

こだわり、想像を鮮明にするように話し合いが進むことが、お互いに他者の発話が自らの内面への刺激となります。それによって、人物の動作を描写する文章から、人物の心理を想定するというように表現されていることを極めてリアルに自分のものにすると言えます。それが子どもの発話が繋がりながら深められる一つの大きな基盤的な要因です。

　そのためには、子どもの文章・語句にこだわって考えようとする意欲・関心が、より強いことが必要でしょう。それが、本授業での前時の振りかえりの部分での、ChK さんの前時のまとめの発話『 豆太は急いで心の中で思ったけど、医者さまを呼ぶには、相当な勇気がいるけど、どうするのかなぁ。』です。『どうするのかなあ』と、その困難を知ろうという意欲・関心に溢れています。このような意欲や読むことへの期待も、臆病な豆太がじさまの異変に直面しているという出来事の転回を読む本人は、転回として自覚していないとしても、直観し意識に乗せていなければうまれていないでしょう。つまり、文章を読み自分の内面に反映したことを意識の対象として考える内言の拡がりや深まりこそが、次の文章を丁寧に読もうという意欲や期待を作り出すと言えるでしょう。

3-1-3　読みの視点、注目する人物（視点人物と以下表記）を広げる
　それぞれの子どもがどの登場人物に注目して文章を読むのかは、原文の文章表現に導かれる要因、その子どもの生活的経験に根ざした要因などがあり、視点人物への執着にはかなり強いものがあります。しかも、視点人物について考えるときに、その人物をその他の人物との関わりを想定せずに自立的に読む傾向も強いものです。これも、日常的な経験において実際に周りの人との関係性を肌で感じているかどうか、感じていることを自覚的に意識に乗せているかどうかというように捉えると、作品を読みながら、日常的経験を再生・想起させたり、視点人物の言動や心理が他の人物との関わりにおいてであることを意識的に捉えたりする

ことで、視点人物を広げていく入口は見えてくると言えます。クラスに
ほとんど必ず一人や二人は視点人物を移動させつつ両者を考えるという
子どもは中学年になればいます。あるいは、多くの子どもとは違う人物
に視点を当てる子どもは低学年でもいます。それに気づいて注目させ、
意識させることは、視点人物を広げる道を開くと言えます。それによっ
て、2-1-3で述べたように、文脈も捉えやすくなり、読みが深まります。
　授業で、HRさんが、「大好きなじさまがいなくなったら、豆太を安心
させてくれる人がいなくなってしまうから。」と言っています。HRさん
は、端的に、豆太にとってじさまは豆太を安心させてくれる人だと、豆
太にとってのじさまの関係性を指摘しているわけです。あるいは、2年
生の『お手紙』の授業で、『がまがえるくん、きみかなしそうだね。』に
ついて、「かなしそうだねってすぐわかるのは、かえるくんはがまくんの
ともだちだ。」と言っている子どもがいました。これも、二人の登場人物
の関係性を指摘しているものです。

　このような登場人物の関係性に気づくことの文学的作品を読むことに
とっての重要性を受けとめることが教師の関わりのはじめになると思い
ます。なぜなら、文学作品は、人間の現実的な世界の営みを切り取った
作者の構想による世界に他ならないからです。文章は、そのような想像
的な出来事の描写として展開されているのですから、その文脈は、もの・
こと・ひとの関係性において展開されているといえるのです。
　教師が子どもの発話を受けとめるとき、子どもの発話を、クラスの他
の子どもに波及させようという意図で、そのまま繰り返して言うことが
多いのですが、「豆太にとってのじさま、そういう風に考えていますね」
など、HRさんが登場人物の関係性を押さえていることを強調するよう
にな簡単な一言でも付け加えて受けとめるといいのではないでしょう
か。授業での教師の発話の子どもへの影響は大きいので、教師の発話の
捉えかえしは大事です。

3-1-4　登場人物の心理を想像するためには、読み手意識をもち、
　　　　同化、異化の意識の作用を活発に

　一般的に、同化することは、相手の気持ちになってとか、異化することは、客観的に理性的に観るとか言うように理解されやすいのですが、確かにそのような面はないとは言えませんが、ではどうするのかという実践的な説明ではないようです。

　これまでの教育界では、言葉と思考（考え）とが一体のものとして考えられていて、言葉が解れば同時にその内容は自動的に理解できていると見なされていました。だから、言葉の理解（語彙と文法等）や言葉の使い方の学習が重んじられています。しかし、それでは、俗にいう、行間をいかに理解するかについて説明できません。行間、つまり、文章が、直接的には説明していないけれども、その文脈において暗示的に当然そういうことも含んで語ること、それをどのように読み取るかを、説明できないのです。言語と思考（考え）は一体という考えなのですから。しかし、作者の想いはすべて言葉にすることは出来ません。とりわけ文学的作品ではむしろ暗示的に表現されています。しかし、読み手は文章を受けとめて自らの内面に感性的な受けとめをも含めて反映し、その反映されたものについて考えることによって、言葉にしていない登場人物の心理的な細部にも気づくことが可能になるというように、言葉と意識の思考作用との関係をおさえる（ヴィゴツキー『思考と言語』）と、同化や異化について実践的に説明することが出来ると言えます。

　音読する自分の声を実感している読み手である自分の意識、あるいは、友だちの発話を聞いて「そうだ」とか「もう少し大きな声で言って！」とか思っていることを意識している自分の意識。この自分の意識を、一端自分から分離して、お話の中の事態に直面している登場人物になってどのようにその心情や意識が動いているのかと、その心理を想像する。これが同化するということだと思います。その時、想像したこと

を対象として、それはどうかと今度は読み手である自分の意識によって考えてみる。これが異化です。だから、異化することは同化を前提にしないと、よそよそしい観方になって、描かれている登場人物とは離れてしまいます。また、同化することは、異化できる読み手意識を前提にしないと、登場人物の内面を的確に想像することはできません。外からの同情や共鳴のようなものになったり、あるいは、むしろ自分の主観を登場人物にあてはめて、想像する道を塞いでしまうことになります。

　実践例１の『わたしはおねえさん』の授業では、多くの子どもたちが、すみれは怒っているというように、すみれの内面を読み手である自分のの気持ちと未分化に「想像」している中で、Ut 君は２年生なりに見事に次のように発話のなかで語っています。「『半分ぐらいなきそうでした。もう半分はおこりそうでした。』のところで、どんな気持ちなんだろうって。」と、まず読み手である自分がすみれはどんな気持ちかなと思うと表明し、次に「予想は、」と、想像してみると予告し、そうして想像したことは「ぐちゃぐちゃだと思います。」と、想像した内容を提示しています。Ut 君の意識の流れそのものがわかる発話です。それに続いて、Chi さんは、「もうこれ学校に出す宿題なのに。だったら、自分のノートにかけばいいのに」というように、直前に一度はすみれの心の内を「想像」していたのですが、それを Yt 君の発話の後では、「心がもやもやで怒りたい気持ち」と特徴づけています。これらは、いずれも、作者が直接には文章で書いていることではありません。書かれている文章は、このように読み手が意識を動かして想像することによって、その文章が表現したかったことが受けとめられるのだといえます。そうして、すみれは「ぐちゃぐちゃな気持ち」「もやもやして怒りたい。」このはっきりしない気持ちをかかえてすみれはどうするのだろうと、読み進める意欲を掻き立てるに違いないと言えます。
　実践例２の『モチモチの木』での ChK さんの発話で、同化と異化がどのようになされているのかも、くどいようですが、再度見ていきます。

『　豆太は急いで心の中で思ったけど、医者さまを呼ぶには、相当な勇気がいるけど、どうするのかなぁ。』前半が同化による豆太の心の内の想像で、後半で異化して、豆太の決めたことを判断しています。「急いで」というのは、「とっさに」「あわてて」の意味に通じると言えます。豆太は見通しや確信を持って医者様をよびに行くことを決めたのではないことを ChK さんは語っていると言えます。そして、さらに異化して豆太と状況を観ています。わたしには医者様をよぶには勇気のいることだと思えるが、臆病な豆太はどうするのだろうなぁと。語尾の小さな「ぁ」は、心配だという余韻を残しているように思えます。このように、想像することや判断することは、同化や異化の意識の動きの作用によってはじめて可能なのです。これは、単純な意味での文章理解を超え出るものです。それによって、書かれている文章からそれが暗示する書かれていないことを自分なりに明らかにすることが出来るのだと言えます。

　この同化と異化の意識の作用によって想像し考えたことは、山を泣き泣き走って下りた過程を注意深く読もうとする意欲を書きたてたに違いありません。同化・異化の意識の作用を活発にすることは、書かれていることから、それを手掛かりに書かれていないことを明らかにするのですから、より文脈を捉えることが可能となりますし、読みを豊かに深めていく可能性を高めていくことになります。

　こうした同化・異化の意識の作用によって、どの程度登場人物を捉えられるのかは、日常的経験の度合いが基礎となるのですが、文学作品を深く読むことを通じて、日常的経験においての人との関わりを発達させていくとも言えます。

3-1-5　読むことと抽象的な思考の問題

　『モチモチの木』の原文の『医者様をよばなくっちゃ』　までを読んで「恩返し」だと思うというように、概念的な言葉でこの話を特徴づけることは、概念的思考としては、外形の部分的特徴の同一性をもって同じと

考える思考になっているということです。これは既に第2節で述べました。子どもは、このように、指示されていなくとも、ともあれ概念的な言葉を使えるということは、めずらしいことではありませんし、その程度の抽象的な思考はしているのだと言えます。

　しかし、かつては（1985年前後まで）、文章で理解することは難しいだろうと絵や人形でこういうことだよという工夫を試みる努力が教師によってなされていました。絵や実物模型の提示は読みを助けることはいうまでもありませんが、絵に置き換えることで、文章の読みを補うというよりもそれを中心にすると、文章の読みそのものが成長せず、次第に子どもは文章から離れていくという結果へと流れて行きがちでした。

　文章を読むということは、そもそも、文章を自分の内面で、ある意味をもつものにとして置き換えながら進むのです。したがって、むしろ、子どもが自分の捉えたことを絵で描き表してみることは、読みの一つの表現の形として積極的に奨励するところです。子どもたちの書き出しのノートの隅に小さな絵がちりばめられていることは、確かに、子どもが文章のどの部分をどのように考えているのかを何倍かにしてわからせてくれます。しかし教師が説明的に文章の意味するところを述べてしまうと、子どもの学習の中での仕事を取り上げてしまうことになります。

　文章を理解させるために絵を提示するということの前提には、読むことは文章をそれが表現することを具体的にわかることだという考えがあると言えます。教師が絵や実物を提示することは、1985年以降、1990年代の学習指導要領の基本的考え方が、「生きる力」を育成するためには学習の主体は子どもであり、教師はそれを支援するのだというものになって以降、下火となりました。しかし、読むことは文章をそれが表現することを具体化することだということは変わっていません。今日的には、読むことは読み手＝学習主体自身が表現するためであるというように、読むことは表現すること（書くこと、話すこと）と一つのセットに

されて、書く・話すために読むというように位置づけられました。こうして、読むことそのものは後景におかれて、書く・話すときに読んだ文章を部分的に利用するということが奨励されています。そうすることによって、実際には、読むということは、文章が表現することを具体的にすることだという考えはそのままに保存されていると言えます。

　そのために、具体的なことへと文章を置き換えることが念頭に置かれて、子どもがすでにまがりなりにも、概念的抽象的な思考を始めているということを認知する必要もなくなっているようです。同時に、抽象的概念的思考の発達ということも課題として設定されることなく、概念的な言葉を言葉として理解させるというようになっています。

　そのような教育の現状の中で、子どもの、書き込みをしつつ考えたことを基礎とした話し合いを深めるために、立ちどまって、『医者様をよばなくっちゃ』と豆太が思ったことを「恩返し」といえるかどうかと話題を設定したことは意味のあることだと思います。

　いわゆる「恩を返す」という行為の概念的な表現を、豆太の咄嗟の思いに当てはめる思考が働くのは、前時からの、豆太が真夜中に熊のうなり声が聞こえたということで目を覚まして以降の文章表現を捉えることの不充分さを根拠としていると、まず考えるのが妥当だと 2-3-1 で言及しました。

　作品では、じさまへの恩に報いるために、病気になったときに医者様をよびに行くという出来事が描かれているわけではありません。しかし、子どもは概念を具体的なこととして理解する傾向があります。しかし、教材文のここで、そのような具体性を念頭におくわけにはいかない、文脈を読むことが読み手には求められているわけです。それはたたみかけて書かれてある文章から、書かれていないことまで想像することが含まれています。これは具体的なこととして見いだすことは困難です。その時の状況と豆太の期待とを頭の中で想定し、そこでの豆太の心情を想像

するということは、ある明らかな事実をつなぎ合わせて出来ることではありません。むしろ読み手である自分の想定・想像を絡めて豆太の実感したであろうことを想像しなければならないことですから、かなりの抽象的な思考を廻らせなければなりません。

　『医者様をよばなくっちゃ。』と豆太が思うまでのことを考えるためには、いくつかのこれと同じような想定と想像の意識をめぐらさなければなりません。文章を読むためには、このような同化するための意識の作用、抽象的な思考が働かなければなりません。充分に文章から抽出することができないとしても、実際には意識を働かせる経験が、何度も、ある意味では行われているとも言えます。それが充分にできないままに、「恩返し」の概念が妥当だと言う場合もあるでしょう。
　「勇気」という概念の使い方も、同様に、文章が表現している事を充分に内言において考えて使っているとは言えません。

　RKさんの「自分でも信じられないくらいの力」について考えてみましょう。RKさんは、勇気という概念は使わずに、豆太が痛くて寒くて怖かった山の坂道を、大すきなじさまを失うことがもっと怖かったから泣きながらも走り続けて医者様のところへと行ったことを「自分でも信じられないくらいの力」と意味づけています。勇気とは言わず、自分の言葉で意味づけています。勇気というと、一気に抽象的になってしまうので、豆太の行動とそれを突き動かした心理（動機）の特殊的個別的な意味として響いてこないのですが、「自分でも信じられないくらいの力」という言葉は、じさまを失うことへの怖さから無我夢中で泣きながら走り続けたという行為をよりその内実に近づけて特徴づけている。つまり一般化している（概念的に表現している）かなと受けとめられます。
　勇気というと一般的には、何かと闘うとか打ち勝つという意味がまず来るのですが、豆太の行為は臆病を引きずりながら、泣き泣きを伴いつ

つ貫いたものです。その辺の雰囲気が「自分でも信じられないくらいの力」という言葉はうまく表現していると思います。そういう力を豆太は発揮したのだと。自分の言葉での意味付けとしては、３年生では見事だなと感服してしまいます。

　人物の言動を充分に捉えて、それに一定の意味付けを自分の言葉ですることは、自力の抽象的思考を働かせていると言えます。ここでは、「もの・こと・ひと」を具体的に捉えること（分析・抽出すること）と、それらを基礎として、その全体を自分なりにまとめて捉えること（概念化する）の両方が働いていることが示されています。その結果、豆太の言動の意味付けは、読み手の読みの深さをひときわ鮮烈に伝えるものとなっていると思います。

　言葉の面だけで言えば、これはある言葉（勇気）の自分の言葉への「置き換え」＝「言い換え」なのですが、しかし、この「言い換え」は単純には出来ることではありません。読み手の内面に構成した作品の中の登場人物の言動を対象的に考察して、これは何だとその意味を考えるということですから、自分の想いを意味付けしているわけです。

　子どもは、想ったことは言えても、それについてあまり考えることはしないといえます。学童期のはじめ（低学年）はとくにその傾向にあります。だから、低学年では、好きなように何でも思ったことを話すように促すと、よく発言します。次第に、中学年から高学年へとなると、無口になりがちなのは、これでいいのかな？と思うようになるからだと言うこともあると思います。このことは、自分の想うことは、どうなんだろうかと考えるようになるからだと言えます。「正しい答えを言う」ことを要求される授業を通して、子どもはこれは正しい答えなのかどうかと思うようになると言えます。自分では、自然発生的には、自分の想いをこれは何だろうとはなかなか考えないからです。しかし、お話の内容の

具体性の諸関係が充分に内面において構成されてくると、それに対して、これは豆太としては「自分では信じられないような力を出したということだ」というように、平たく言えば、ひらめいてくるのだと言えます。しかし、このひらめきにも似た意識の行為は、実は、思わずして、自分の内面的な想いの意味を考えているものなのです。

　したがって、「言い換え」といっても、直接的にある文章・語句・一語を自分なりの意味で「言い換え」ることと、自分の内面に構成したものを対象としてそれを「言い換える」ことだとすることがあると言えます。後者はより抽象的な思考のレベルは高いと言えるのではないでしょうか。子どもたちが、単純に一語の「言い換え」をすることだと思わないように注意しなければなりません。

　読みの学習は、このように、そこに描かれている話の内容を文章に沿ってああだこうだと話し合う過程で、実は、次の三つの意識の作用（思考の作用）を展開しているのだと言えます。

①文章を、第2節で考察したように様々な意識の作用によって、自分なりに想像して自分の意味において（自分の言葉で）受けとめること。

②また、これも第2節で考察したように、様々な意識の作用によって、文章から、しかし、文章には直接書かれていない人物の心理や人物の諸関係を想定すること。

③自分の内面で構成したお話の内容の具体性の諸関係を（内言的思考によって）抽象化してその意味を考えるという、いわば、抽象的概念的思考を働かせる練習場（育てる場）でもあると言えます。

　子どもは、自分ではその意義も自分がどのように思考しているのかも、いまだ解ってはいないのですが、実質的にはこれだけのことを実は子どもは読みの学習で行っているのだと、実践例では示しています。

3－2　子どもの発達を、最大限に可能な領域へと促す
　　　教師の関わり――教師による「発達の最近接領域」の
　　　創造ために――

1）まず、子どもは、知識を詰め込む「からっぽの水入れ」ではない
　　こと、子どもは文章を読みつつ、そこで表現されていることを自分
　　なりに受けとめてその内容を内言語的思考によって構成しながら読
　　んでいる（表象する）ものとして認めて、その内容を知りたいとい
　　う意欲をもって子どもと向き合うことが大事な前提となります。

2）それぞれの子どもの発話内容の積極的部分に依拠しながら、子ど
　　もの言わんとすることを充分に教師が補充しながら、教師の受けと
　　めを簡潔に子どもに返す。子どもが自分は何が言いたかったかをよ
　　り鮮明に豊かにするために。

3）子ども同士の間の発話内容について、共通性・つながり・つなが
　　りつつもどこが違うか等を、簡潔に提起する。子どもが自分の発話
　　の意義や意味を自覚できるように。

4）違う意見が出た場合、折を見て、あるいは、その場で、それにつ
　　いての話し合いを設定し、より鮮明に深く話の内容が見えてくるよ
　　うに試みる。子どもが、相互に他者の考えを自分なりに取り入れな
　　がら、自分の考えを進めていくことができるように。

5）「なぜ、そう思うの？」という問いかけでは、子どもは、何も言え
　　ないのはなぜか？

　　1）〜4）に留意すると、子どもの発話をよりはっきりと理解しよ
うとして教師は、つい「なぜ、そう思うの？」と尋ねがちになります。
　しかし、多くの子どもは、「なぜ」と聞かれると、おそらく、「そう思っ
たから」と言うでしょう。ピアジェの臨床的研究では、子どもは、たと
え話すときは正しく「……ので、……。」と言えても、改めて因果関係を
聞かれると、答えることは出来ないという資料が出されています。それ

は小学校へ入る前、学齢期前の子どもについてなのですが、資料として
は確かなものと言えます。高学年になっても、同じような現象があるこ
とは、その後の今日の研究者も述べています。子どもは自然発生的には
これを乗り越えるとは言い難いから、そうだと思います。つまり、「自分
はこれを根拠にこう思う」というように自覚して言っているわけではな
いことが多いと言えます。だから、改めて「なぜ」と聞かれると、「そう
思ったから」としか子どもとしては言いようがないのです。

　しかし、「どんなふうに考えたとき、そう思ったの？」「なにを考えて
いたとき、そう思ったの」と聞かれれば、子どもは、自分の考えた過程
を想起・再生することは、自分の意識を対象として振り返るのですから、
何を振りかえるのかがはっきりしているので話しやすいようです。とは
いえ、それでもわからないということもあります。なぜなら、子どもは
自分の意識がどう動いたかを意識していないことが多いからです。しか
し、意識は確かに動いているのですから、その時、そこにあったのです
から（内的経験として）、思い出すことは必ず出来るようになると言えま
す。その意味でも、「どんなふうに考えたとき、そう思ったの」という問
いかけは、子どもに、自分の意識を対象として捉えさせることになるの
で、逆に大事なことなのではないかと思います。それは、自分の意識の
流れを自覚することへとつながるのですから。そうすると、因果関係に
ついても、自覚的にそのように捉えようとすることになります。

6）子どもの発話に見えてくる子どもの感性の動き、意識の流れ、そ
　れを貫く思考作用を捉えて「発達の最近接領域」の実現に注意を傾
　ける。

　　4）では、読みの内容について論議をするのですが、そこで見え
　てきた子どもの思考作用の特徴を十分に分析・抽出し、それを基礎
　として子どもの論議に関わることが必要だと思います。

ヴィゴツキーは、小学校での発達について次のように語ります。

『小学校時代の発達の中心は、（その時期が、非自覚から自覚への過渡であるということから）注意や記憶の低次の機能から、随意的注意と論理的記憶という高次の機能への移行である。』（『思考と言語』2001 p.259）

　注意が、外からの指示でその方向に向けられるとか、自ら何かに注意をむけるときには散漫になるとかいう状態から、自覚の獲得と書き言葉の習得を中心的理由として、知能的注意へとその機能が移行する。同様に、記憶の機能もまた、論理的に対象を表象するが出来ることを基礎として論理的記憶という高次の機能がへと移行する、それが小学校の子どもの発達の中心であると言うことだと思います。

　そこから、教育的課題が導き出されると思います。文章のある部分で、ひらめいたり、こういうことだと想ったりしたことをただそのままに並べている状態から、注意の視点を意識的に定めていく。ある部分の文章を表象するときにも、あれこれが散漫にこうだ、ああだと並列的に集合されるのではなく自分の注意の方向にむけてまとめていく。そのような注意および記憶の高次の機能へと移行させるよう働きかけていくと言うことだと言えます。低次から高次への移行、それが発達の最近接領域の実現だと言えるのではないでしょうか。

　実際、本書で授業分析を行なった２年生と３年生の子どもたちの間には、その年齢なりに、一定の高次の機能を働かせて作品を読んだ子どもたちは、何人かはいましたし、その子どもたちが授業を引っ張り、かなりの子どもたちはそれに共鳴していました。そのことを、その思考作用を、実は、「こんな風に考えたんだねえ」と伝えて、思考作用を活発にさせていくことが、教師の関わりだろうと思います。そして、高学年ではそれを自覚させるように関わることが課題となると思います。

　このようなことが、教師の、子どもの今の力を一歩前へとすすませるための関わりだと思います。子どもの発達の可能性は、子ども同士の話し合いのレベルの領域に留まらず、以上のような教師の関わりによって、

その領域は高いレベルへと移行します。つまり、子ども同士の中だけでの領域に留まらせないということです。また、子どもが自力で友だちの発話から学ぶということだけではなく、教師の関わりによって、より確かなものにさせていくことが出来ると言えます。

子どもが絵を描くときにも、視点の違いがあります。

第二章
ヴィゴツキーの
「発達の最近接領域」論

第1節　「発達の最近接領域」論とは

1 - 1　ヴィゴツキーの「発達の最近接領域」論の独自性

　ヴィゴツキーは、『思考と言語』（2001, 新読書社、以下ヴィゴツキーの引用は本書から。文中の下線はすべて著者による）の、第6章「子どもにおける科学的概念の発達の研究」の中の第3節「発達と教授の相互関係」の中に「発達の最近接領域」についての叙述を位置づけています。

> 注　用語「発達の最近接領域」については、日本語への翻訳としては「最近接の発達領域」
>   の方がロシア語に忠実であると中村和夫氏の意見があります。柴田義松氏の邦訳はすで
>   に長く広く親しまれていますので、わたしは柴田氏の訳をそのまま用います。

　そこで、次のようにその概念について展開しています。
　『子どもの発達状態というものは、その成熟した部分だけで決定されるものではない……成熟しつつある機能を、現下の水準だけでなく、発達の最近接領域を考慮しなければならない。どのようにそれをするか。』（p.298）　この研究は、『共同のなか、指導のもとでは、助けがあれば子どもはつねに自分一人でするときよりも多くの問題を、困難な問題を解くことが出来るということに拠ることが出来る。』（p.299）
　しかしこれには説明をもっと進めなければならないとして、模倣の問題を考察します。模倣を純粋に機械的な活動と見る見解であれば、模倣による解答は、子ども自身の知能の発達の指標や徴候になるとは考えることが出来ない。しかし、子どもは、自分自身の知能の可能な領域内に

あるもののみを模倣することができると考えられるとして、次のことを付け足します。『無限に多くのことではなく、かれの発達状態、彼の知的能力により厳密に決定される一定の範囲のみということ』（p.300）を。『学習心理学全体にとっての中心的モメントは、共同のなかで知的能力の高度の水準に高まる<u>可能性</u>、子どもが出来ることからできないことへ<u>模倣を通じて移行する可能性</u>である。発達にとっての教授―学習の全ての意義はここに基礎をおく。これが実を言えば、発達の最近接領域という概念の内容をなすのである。』（p.301）

　『つまり教授は、すでに経過した発達サイクル、教授の下限に目を向けなければならない。しかし、<u>教授は、成熟した機能よりも、むしろ成熟しつつある機能を根拠とする。</u>教授は、つねに子どもにまだ成熟していないものからはじめられる。<u>教授の可能性</u>は、子どもの発達の最近接領域によって決定される。』（p.302）

　『われわれは、つねに教授の下限を決定しなければならない。しかし、問題はこれに尽きるのではない。われわれは、教授の上限をも決定し得ねばならない。これら両方の限界のなかでのみ、教授は効果をあげることができる。これらの間にのみ、その教科の教授の最適の時期が存する。<u>教育学は、子どもの発達の昨日にではなく、明日に目を向けなければならない。その時にのみ、それは発達の最近接領域にいま横たわっている発達過程を教授の過程において現実により起こすことが出来る。</u>』（p.303）

　上のヴィゴツキーの叙述での強烈な呼びかけは、次のように言えると思います。「発達の最近接領域」という概念はその言語的表現では、（最近接の）発達の領域を表わしています。この領域そのものは自然発生的に在る模倣の効果を基礎として、社会的存在である人間の社会においては常に存在していると言えます。

　ヴィゴツキーの独自性は、この領域の存在を優れて教育的に考察し、彼の「発達の最近接領域」論を展開しているところにあります。まず、

教育過程においては、現実的意識的に子どもの分析に踏まえてその発達の下限と上限とを決定し得なければならないと彼は主張しています。そこにこそ、現実的可能性を持つ子どもの発達過程が横たわっている領域だと。つまり、空想的なものでもなく、何らかの外からの要求による上限・下限の設定でもないということが意味されていると言えます。学習する子どもの発達状況の分析による、発達の可能性を想定し設定しなければならないのです。そして、第二に、教育は下限（これまでに成熟した機能）に依拠するのではなく、明日に、その可能性に目を向けなければならないと主張しています。そして第三に、ここが核心であると思うのですが、その領域に横たわっている子どもの発達過程の可能性を現実的に呼び起こすのは、教授過程であると、実践的に規定していることです。つまり教師による教授によって、子どもの発達の可能性は現実的に呼び起こされるのだと。ここにおいて、「発達の最近接領域」の問題は、ヴィゴツキーによって、単に発達にはその可能性の領域があるから一緒に学習すれば、子どもはよりよく学習できるのだというような、「領域」があることの効果の問題に貶められることなく、子どもの発達の可能性を切り開くのは教師による教授過程での子どもへの関わり如何にかかっているのだと、実践的な問題として設定し直されているのです。

　授業は、子どもが他の子ども及び教師と一緒に教材を読む場でありますから、教師が子どもの発達の昨日にではなく、明日に目を向けるときに、そこに、子どもの発達の最近接の領域が広がる。そこにこそ、子どもの発達過程が横たわっている。それは教師にとっての教育過程であり、教師の関わりにおいてのみ、子どもの発達過程を現実に呼び起こすことが出来ると。

　そこで二つの授業実践例『わたしはおねえさん』『モチモチの木』の授業を例に、子どもの発話・話し合いへの教師の関わりについて考察することは、まさに、「発達の最近接領域」を具体的に想定し、そこにおい

て、どのように子どもの可能性を現実的に呼び起こす局面が教師によっ
て創造されているかを分析することにほかならず、それが今日、必然的
に要求されていると思います。

1－2 『わたしはおねえさん』の授業における、
　　子どもの発達を現実的に呼び起こす局面を観る

1-2-1 「おべんきょう」か「らくがきのようなもの」か、この二者択一
　　の論議はいかに飛躍的に解決されたか

　授業では、代表的にはS-O君の、「かりんは小さい子だから、えんぴつ
をもってらくがきするのかな」という予測、他方では、AKさんの「お
べんきょう」だとする意見とが、対立の様相をもって「らくがきか、お
べんきょうか」というように展開されました。最終的には、みんなで一
緒にまとめようと言う先生の呼び掛けで、かりんが書いているのは、「落
書きのようなものだけれども、自分の中ではおべんきょう」という、対
立する意見を統一的に止揚した新しい考えが創り出されました。

　これは、先生が、子どもの考えに沿って何とかまとめたいという姿勢
で子どもに接し問いかけることによって作り出した子どもの飛躍だと言
えます。子どもは、ただ説明を聞くというようにではなく、先生の言葉
に沿って（誘われて）考えていくことによって、自ら辿り着いた「自分
の中ではおべんきょう」という考えだったと言えます。そうして、授業
の終末に近い時点では、Ut君が、自分の言葉で「自分の中では、お勉強
みたいに見えるけど、本当は落書きみたいなものだと思う」と、かりん
が何か書いていることの全体の構造を統一的に見事に説明したのです。
低学年の子どもが、考えを深めていく過程というのは、このように創造
されるのかの一例を見せてもらったと思います。〈妹かりんの行為の意味
とその実際とがそぐわない〉発達の過程を、子どもに理解させたいとい
う教師の思いによって、ヴィゴツキーの言う「発達の最近接領域」をこ

の授業は創造し、子どもの思考作用の飛躍の端緒を創造していると、わたしは思います。

　とはいえ、ある子どもが、落書きかもしれないと推測したものが、かりんにとっては「自分の中ではおべんきょう」なんだと「新しい考え」へと飛躍し、かなり多くの子どもがそれにハッと気づいたことは、一つの到達点、重要な結節点ではあるのですが、それ自身はいまだ過程的な長い道のりの一つの過程、端緒に過ぎないと言えます。先生や友だちと一緒に考えて得たことは、次には自力でやることができる可能性を作り出したというためには、一緒に作り出した結節点をさらに定着させる必要があるように思います。そのためには、まず教師は、最初の対立の様相を帯びた子どもの二つの意見について、それぞれの意見を支える思考作用について知らなければならないと思います。小学校の低・中学年では一気には、意識的に自分の意識を動かし思考作用を働かせていくこと、すなわち自覚的に思考することは出来ません。しかし、授業では、意識的に作品の内容を読み進めるために様々に考え、意識をめぐらせて、自分ではそれを意識していないとしても、実際に意識の流れを作り出すことによって、自分の思考作用の自覚へと発達する基礎・基盤をつくりだすことが課題となると思います。<u>話の内容の深い読みとそれを支える思考作用とは、このように交差していることだと思います。</u>

1-2-2　「らくがきするのかな」と予測できる根拠——そこに働いている思考作用

（1）かりんへの視点、かりんに注目していること

　S-O君は「かりんちゃんが鉛筆を持って」と言っているように、落書きを想定するときにそれをかりんの動作として見つめています。視点を、当該の文章『**出しっぱなしのすみれちゃんのノートに、二さいになった妹のかりんちゃんが、えんぴつで、何かをかきはじめたのです。**』が描いてい

る登場人物に置いています。それが強さだと言えます。話の中で実際に起きようとしていることを、登場人物の行為として押さえています。

(2) かりんの人物像を、文章から得られた具体的な材料によって想像していること

S-O君は、かりんを「まだ小さい子」と認知しています。１年生だと思っている子どももいる中で。まだ小さいのに鉛筆で何をするのだろうと人物の行為を想像しています。人物についての数少ない描写（材料）にもかかわらず、わかる範囲で、その人物の行為が、鉛筆とノートで何ができるのかという可能範囲を想定しています。

(3) しかし、注目する視点は狭い

自分とは違う意見について、『おべんきょ。』で分かることは何かというようには意識を回してはいない弱さ。注目すること，つまり視点の狭さ。これは、他の視点からする他の友だちの発話についての、たとえ意見が対立するものではないときにでも、視点の違いについての教師の意識的な説明が少ないことにも影響されていると思えます。

このような思考作用によって、話の中で実際に起きようとしていることは小さなかりんの落書きかもしれないという発話は構成されたと想定できます。しかし、「おべんきょう」説と平行なままに終わろうとしたと言えます。落書きは確かなことだとしても、かりんが『おべんきょ。』と言ってることはどうなるのかと、そちらに目を転じる契機を先生から「らくがき？」と念をおさえられて与えられ、おそらく、はたと、意識を転じることによって、それは、かりんの「自分の中では」、かりんにとってはお勉強のつもりになると直感的に了解できたのではないでしょうか。実際にあるものと、かりんの中の思いとを対比しつつも統一して把握する思考がこの瞬間には成立したのだと言えます。このような、意識のめぐらし方は、本人自身はまだ自覚していないと言えます。先生に誘われて一緒に考えているうちに、はたとぶつかり、そこで見つけた「自分の中では」という『おべんきょ。』の意味なのだと言えます。

1-2-3 『おべんきょうと書いてあるから』というように、かりんが何をしているかを「答える」根拠

　問題を明らかにするために、『おべんきょ。』というかりんの言葉を特定していますが、それを「おべんきょう」と言い換えていること。

　当該の『おべんきょ。』という教材文中の言葉に注目したことは、2年生としては優れたことだと言えます。これが、すみれに『かりん、何しているの』と問われてかりんが答えたという対応において発せられた言葉であることがはっきりとしていれば、混乱にはなりません。2歳の幼児が片言で『おべんきょ。』とおねえさんに言ったとしたら、それは何だろうといろいろと想像することが出来ます。けれども、「おべんきょうと書いているからおべんきょうだ」と考えるとしたら、誰が、誰に向って発した言葉なのかが、その時に文章から読み取れていないために、あるいは、かりんが書いているものは何かを考えるときに、少し前の音読しているときにはわかっていたかもしれない、そのことを、再生・想起していないために、その言葉の持つ一般的な意味において考えるしかないからです。そのために、国語か算数かと増々わからなくなっていきました。

　子どもは、話の中の登場人物の相互の対応を読み取り、それを頭の中で描きつつ読んでいるようでそうではないことが多々あるものです。特に日常生活によくある場面であればそれを思い描くことは容易いのですが、一人っ子であったり、末っ子であったりで、2歳の子どもの対応は自身の家族構成では経験のない子どもが、このクラスでは多かったようです。そのような場合、ややもすると、『おべんきょ』を「おべんきょう」と読み、しかも、その言葉だけを自立して取り上げて、その解釈をしてしまいます。言葉の意味はそれを発する主体によって意味づけられているのだということをここでは教師は想起しなければならないでしょう。誰がどういう時に誰に対して言った言葉なのかを、話の内容を一緒に考えるときに絶えず子どもに意識づけることが大切なことです。

1-2-4 「発達の最近接領域」における発達過程を実際に呼び起こす飛躍のために

　この授業で、子どもたちがかりんの「落書き」のようなものを「自分の中ではおべんきょう」と捉え得たことには、そこに思考作用における飛躍があったことは明らかです。落書きのようなものだと主張していた子どもは、書かれているものは落書きのようなものだということと、かりんの言葉である『おべんきょ。』とを<u>結合して考えようとすることによって</u>、「自分の中では」というように考えることが出来たわけです。この相異なる二つのことを結合しようとすることによって、子どもたちの意識の中に発出してきた<u>新しい「概念」</u>——「自分の中では」を形成したという思考的経験、心的経験は極めて重要です。

　この段階における飛躍を、あえて「発達の最近接領域」における可能性の創造の<u>端緒</u>と呼ぶのは、その後 Ut 君が「自分の中ではお勉強みたいにみえるけど、本当は落書きみたいなものだと思います」とまとめ、また「落書きのようなものだけど、かりんちゃんにとってはお勉強なんだね。」というように先生は確認したのですが、どのように考えるとそのようにまとめられたのかということを二つの意見のそれぞれの側から、お互いに、それなりに納得する局面は授業では作られていないからです。子どもたちの飛躍の心的経験を明らかにし、この話を捉えるためにはそれは大事なことだと説明することによって、「発達の最近接領域」の上限が設定され、それへの可能性を引き起こしていくわけです。

　落書きのようなものと主張する子どもは、2歳の子どもには落書きのようなものしか書けないだろうという確かな判断があります。その上で、2歳のその子が『おべんきょ。』と言うのはどういうことかと、その時同時に考えようとしたのだということを、説明することは、子どもが自分の心的経験を意識することを可能にします。『おべんきょう』を主張する子どもには、かりんは「おべんきょう」ではなく『おべんきょ。』と言ってい

ること、『おべんきょ。』というかりんなら、えんぴつで書いていることはどうなるだろうかと促すことによって、『おべんきょ。』と落書きのようなものを同時に結合させて考えてみる心的経験をさせることが出来ます。心的経験をすることによって、それを意識する前提が作られます。

　かりんは、この立ちどまりで、わずかにしか描写されていません。子どもにとってかりん像を内面に構成することが困難だったのだといえるのではないでしょうか。この授業での「らくがき――おべんきょう」論争の出てくる根底には、かりんについての注目と想像が不足していることが両方の子どもたちにとって共通してあると言えるでしょう。

　場面設定とそこにおける登場人物を確認し、子どもの内面に想像の世界とそこでの登場人物像を形成することが、人物の発する言葉の意味を考える道を切り開くことになります。登場人物の像を思い描くということには、単に外見的なことだけでもなく、また行動とその結果の確認だけでもなく、作者の文章によって表現されている人物の相互対応をより鮮明に想定するということも同時に考慮されなければなりません。

1-2-5　多様な読みが出てくることは、「発達の最近接領域」の創造とそこにおける発達過程の創造の基礎であって、それ自体が最終目的にはならない

　従来の、学校で多く行われている授業指導では、「正しい読み」へと到達させるために、子どもに発言はさせながらも、そこから、「正しい読み」として教師が判断することだけを取り上げ、それをまとめて確認するという方策がとられています。この方策ですと、子どもは「正しい答えは何か」と発想して、自分なりの読みを切り開いていくというように文章を読むことはしなくなります。それとは逆に、子どもに自分なりの読みをさせることを目標に多様な読みを求めるということも、教育界で最近言われるようになってきました。しかし、多様な読みが授業で出て

くることは非常に大事なことですが、それはそのままで終わるのでは、せっかくの芽が途中で終わることになってしまいます。子どもの発達をそこにおいて促すものとはならないと言えます。そこで、本授業での、「発達の最近接領域」創造の芽・基礎に注目します。

　それは、『もう、かりんたら、もう。』『半分ぐらいなきそうでした。もう半分は、おこりそうでした。』の子どもたちの読みは実にその言葉は多様です。この多様性について次に考察します。

（1）子どもの発話の観点（すみれをその内側から観ているか、あるいは外側か）や、特に注目している〈ひと・こと・もの〉を明らかにして、子ども間の想像・考えの内容的つながりに注目する

　すみれになって言いますというすみれの心の内を想像する意見としては、chi さんは「もうこれ学校の先生に出す宿題なのに。だったら、自分のノートにかけばいいのに。理由は、学校の宿題をだいなしにされたからです。」、K.U くんは「もうおこってるよ。」Yri さんは「妹なんかいないほうがいい。」、そして、Ut 君は「どんな気持ちなんだろうって。予想は、ぐちゃぐちゃだと思います。」。それにつなげて Chi さんは「Ut さんに付け足しで、心がもやもやで怒りたい気持ち。」と言います。
　他方、Rna さんは、自分の思ったこととして、「そんなに怒んなくてもいいじゃん。」と言い、Hr さんは「学校の先生に怒られてもわけを言えばいいんじゃない。」と解決策を出します。Na さんは「別にいいじゃん、泣いたり怒ったりして。」と言います。

　以上の子どもたちの発話を、いろんな意見が出ていいですねえで終わらせると、子どもは言いっぱなしでそれで終わります。自分が何を言おうとしたのかは忘れられることが多いでしょう。子どもがその時に感じ、精一杯考えたことの意義や意味は子どもにとって知る由もないもの

になってしまいます。先生や友だちと一緒に考えることによって自分一人ではやれなかったこともできるようになる可能性はそこで断ち切られるわけです。もちろん、「誰々につなげて」、とか、「誰々と同じで」等と子どもが言っているように、学び合うことは出来ています。しかし、その学び合いも自然発生的なままですと、子どもの意識に残ることは薄く少ないものになってしまいがちです。ではこの多様な読みは、どのようなつながりや関係で整理できるでしょうか。

　まず、子どもたちの意見には、二つの観点から文章を読んでいることは明らかです。読み手である自分が、文章を読んで何を思ったか（すみれに対して言ってあげたいこととなっているようです）と、すみれの心の内を想像するという二つの観点があります。それも、子どもの発話のはじめに言われている「前置き」によってわかりやすくなっています。
　では、それぞれの観点の中でのすみれについての意見はどのようになっているかというと、ノートの落書きに注目している子どもと、すみれが怒っているかどうかに注目している子どもがいることが顕著です。この点についてもう少し立ち入って子どもの発話内容を関係づけて捉えてみましょう。Chi さんは、すみれは学校の先生に出す宿題が台無しになっていることを気にして、それについてかりんに文句を言いたいようです（すみれになって）。それに対応するかのような意見が、Hr さんです。ノートの落書きは先生にわけを言えばいいよ。大丈夫だよと言いたいようです（読み手である自分の思い）。他方、K.U くんはすみれは怒っている、さらに Yri さんは妹なんかいなければいいとまで思っていると言います（すみれになって）。二人とも、すみれはかりんに対して大いに怒っていると言っています。そのように怒っていると思われるすみれに対して、Na さんは、泣いても怒ってもいいじゃんと言っています（読み手である自分の思い）。これとは対照的に Rna さんは、すみれに対して、かりんを怒らなくていいじゃんと言います（読み手である自分の思い）。

このように、子どもたちのそれぞれの発話の内容を関係づけて捉えられ<u>ると、自分がその関係の中のどこの意見なのかがわかり、他にはどこにどのような意見があるのかもわかりやすくなります。そればかりではなく、これは子どもの登場人物へ視点の広がりを作り出す道を開きます。</u>

　大まかにいえば、子どもの目のつけどころは、一方はノートに対するすみれ、他方はかりんに対するすみれと言うように分かれているようです。前者のすみれは文句を言いたいという程度に描かれそれほど怒っていないようです。対処の仕方も示唆しています。他方後者でのすみれは、大いに怒っていて、怒っていいよと後押しをしています。そんなに怒らなくていいじゃんと、怒っていると自分ではすみれを想像して、そういうすみれに冷静な子どももいます。

　全体的に子どもたちの言っていることを合わせると、すみれの気持ちは、台無しになった宿題を気にしているということ、それをやってしまったかりんのことを怒っているということになります。すみれの気持ちは宿題とかりんの二つのことに向いているのがわかります。そうして、宿題のことについては、全体としてはそのような結果はいやだけど、とはいえ、取り返しがつかないほどのことではない、ノートを出しっぱなしにしていたことも悪いのだという思いもあるようです。しかし、それをやってしまったかりんに対するすみれの怒りは強いものとして想像されています。妹なんかいなければいいと思うほどに考えている子どももいます。他方、すみれはそんなに怒らなくていいではないかと思う子どももいますが、それらの子どももすみれは怒っていると想像することを前提としています。すみれの内面に迫ることでは、どうやら、事態に対する読み手である自分自身の感情や思いがそれに取って代わるものとして全体としては多数発話されているようです。話の中で文章で表現されている実際のすみれの感情はどのようなものかは、読み手がすみれと同年齢であることからだろうと思うのですが、あたかも自分自身が話の中で

生じた事態に直面しているかのように受けとめ易くて、読んでいる自分に直接湧き起こる感情や考えに引き寄せて考えていると言えます。

(2) 異なる意見に注目させ、今ここの「発達の最近接領域」の上限へと向かう思考作用を起こさせる

　子どもの発話内容は多様で活発ですが、子ども同士ではお互いに意見が違うのかどうかを意識していないようでした。子どもは自分が語ることに精一杯だと言えます。しかし、その中に、すみれに同化してすみれの内面を想像することを、それなりに行っている子どもが二人います。話の中で生起する事態を受けとめて、読みながら湧き起こる自分自身の感性や思いを持ちつつも、文章によって表現されているすみれがどのようにその事態を受けとめているのかを想像できている子どもです。Ut君「(すみれは) どんな気持ちなんだろうって。予想は、ぐちゃぐちゃだと思います。」。それに続くChiさん「Utさんに付け足しで、心がもやもやで怒りたい気持ち。」の発話です。Ut君は、「半分、もう半分」という語の与える雰囲気を捉えていると思います。それを「ぐちゃぐちゃ」な気持ちだと言います。すみれは、落書きを受け入れられないし、かりんにも怒りたいけど、つらく・混乱しているというのでしょうか。Chiさんは、Ut君の意見をとりあげて、自分の直前の意見に「心がもやもやして怒りたい」と「「もやもや」を付け加え、はっきりしないすみれの気持ちを特徴づけています。

　これを捉えて、教師は、すみれは怒っているのか、「ぐちゃぐちゃ」「もやもや」なのか、それとも、もっと他の気持ちなのかとすみれの内面を文章にそって想像させる学習を設定することができるし、それをやらなければ、子どものせっかくの発話を無駄にしてしまいます。

　Rnaさんから Naさんまでは、かりんに対するすみれの反応を怒っているとし、読み手としては怒っていいいよとすみれに寄り添うか、そん

なに怒んなくていいじゃないかと思うという読みです。つまり、すみれの内面の想像としては怒っているとするのに対して、Ut, Chi さんは、Rna さんたちが見落としている「半分」「……そうでした」の語にも注目して、怒っているというものではなく、すみれは「ぐちゃぐちゃ」「もやもや」と混乱していると指摘します。

　この二つの異なる読みについて子どもたちに考えさせることは、ヴィゴッキーの言う「発達の最近接領域」の上限を設定し、それへと子どもたちの思考作用を高めていくことにとって重要なことだと言えます。

　両者の読みの決定的な違いは、一方がすみれの内面の想像が読み手である自分の中に湧き起っている気持ちの当てはめ（すみれの自分への一体化）になっているのに対して、他方は、読み手意識を持ちつつすみれの内面の洞察をしようとしていることに起因しています。この授業の中では、多くの子どもが、すみれを自分のほうに引き寄せて理解しようとしている傾向を持ったままですが、それを突破するための重要な論議となりうると言えます。

　まず、子どもには、両者の読みには違いがあることを見つけさせることから、話し合いは始めることになるでしょう。

　その上で、『もう、かりんたら、もう。』と言うすみれの言葉を、その後にくる『半分ぐらい、泣きそうでした。もう半分は、おこりそうでした。』という文は説明しているのだと子どもに教えることも必要でしょう。子どもにとっては、自分が分からない言葉や文章はそこにはないのと同じ様なものです。したがって、子どもの外から、その言葉があることを意識させる関わりが特に低学年では必要です。しかし、それは、**子どもの意識に乗せる**ための条件があることが前提です。それはここでは、子ども同士の意見の違いがあり、それは、「半分」「……そうでした」をどう読むかに関わることだということを子どもが納得することによって可能になります。そのような意味で、子どもの意見の多様性は学び合い

の条件となるのだと言えます。そうして、これらの文章をつなげて読んでその中からすみれのかりんに対する心の内を想像してみようと問題を提起します。その時、自分だったらかりんに対して怒りたい気持ちがあっても、それはそれで全くいいのだと告げておくことが大事なことです。そうすることによって子どもに、**自分とすみれとを分離する思考作用が生じることが必要なのです。**この話し合いは、**同化するための意識の作用を生じさせることを目的とする**と言えます。子どもが、「半分」と「……そうでした」を読み、その意味においてすみれの心の内を想像し、それを言葉で表現するという学習活動をすることによって、これまでとは違った意識の操作（思考作用）、つまり、自分はどうか、すみれはどうかという意識の二重化を獲得することを目的とするわけです。これは、子どもにとって、二年生である自分の現実的な感情の生起を捉えることと、話の中の世界でのすみれを想像することのずれを見ることになります。このずれこそ、話の世界、つまり想像の世界（とそこにおける登場人物像と）を構想する道を切り開くものとなるでしょう。

１−３　『発達の最近接領域』論を基礎として、『モチモチの木』の授業を例に子どもの発話・話し合いへの教師の関わりについて考察

　上のヴィゴツキーの引用での『教授の下限を決定する』とは、子どもの書き込み・書き出しを含めて発話を分析・判断するということです。

　『教授の上限も決定しえねばならない』とは、授業での話し合いによって子どもがどのような可能性を獲得し得るのか、そのための教師の関わりはどのようでなければならないかを分析・構想することだと言えます。

　ここで、第一章の２節及び３節で子どもの発話を支えている意識の動き（思考の仕方）を考察したことが意義と意味を持ってきます。

『モチモチの木』の授業での『医者様をよばなくっちゃ。』をめぐっての発話を一例として考えます。(P.51、54参照)

　　KH①　「前の豆太とは違う。じさまはどんどん苦しくなって大変。豆
　　　　　太は心配しすぎてあせっている。」
　　HM①　「豆太は臆病だけど、夜に医者様をよびにいったから、豆太は
　　　　　勇気があると思う。」

　KH①、HM①は、『医者様をよばなくっちゃ。』の一文を読んだときに、それ以前の自分の読みを想起して（発話では直接言及していないのですが）、現在の想像と結合して比較したり（KH①）、以前の読みを想起し、それと現在の読みとを統一的に捉え、豆太の人物像を構想（HM①）しています。二人とも、一文に注意を向け他の文章で自分が想ったことを想起（再生）するという意識の作業をある程度行っていると言えます。すでに、『モチモチの木』の授業記録の分析で述べたように、意識的に注意を向けることができるということと、自分が必要なときに記憶を（過去の想い）を想起＝再生できること。これが、彼らの現下の力、下限であると言えます。では、二人の意識の働き（思考）の発達の可能的上限はどのように捉えられるのでしょうか。

　例えば、豆太の以前との違いについて述べた他の子どもRKの「豆太は自分では信じられないくらいの力を出した」をどのように受けとめるのかが、可能性を引き出す一つの刺激になります。KHは，自分が「違う」とだけ考えたことの、その先をRKは考えているなあと受けとめ、では自分ではどう思うのかと考えられるかどうか。HMは、勇気の内容はもっとはっきりさせられないかと考えられたかどうか。教師は、RKの発話に対して「ああ、あなたは、豆太が自分は怖がりだと思っていたことを覚えていて（想起・再生）、それを考えに入れて、豆太の勇気につい

て考えたのですね。(勇気一般ではなく、豆太の具体性に即して「勇気」を個別特殊的に特徴づけていることを子どもにわかりやすく示すものです。これは、概念的思考において「勇気」という概念の意味する内容を自力でより豊かにできるという意義を持つと考えられます。)」とその意識の働き方を説明する必要があります。このような教師の授業での一言は、子どもに自分の意識の動きのあることを知らしめ、友だちのそれへと注意をむけさせ、新たな意識の動きへと移行させる入り口を切り開くものとなります。これ抜きには、話し合いの中に隠れて存在する発達の契機を埋もれさせてしまうことになります。それでは話し合いでの学び合いを子どもの自然発生的なものに留めてしまいます。発達の最近接領域の上限は実は教師との相互関係において作られ、それへの発達過程を現実的に呼び起こすことになると言えます。

　上で述べたことは、ほんの一例ですが、すでに第2節で述べたように、子どもの発話には、それを支えている意識の動かし方があることをわたしたちが念頭に置くと、話し合いの過程には、多くの共有すべき貴重な例があることが分かります。子どもの発話を受けとめ、板書するときに、子どもの意識の流れを、お話の内容を子どもが内面で豊かに構想しやすくするものとして指摘することは、時間もあまりとらずに出来る大きな教師の仕事だと言えます。何人かの発話を聞きながら、それをまとめて、意識の流れとしてつながっているとか、どのようにしてその発話の内容が考えられたのかとかと、説明することも出来ると思います。

　私たち教師が、この話はこういうことだと説明するのでは、子どもが考えるべきことを教師がやってしまうことになります。子どもの発話を繰り返して確認するとか聞き流すしかないとかいうわけではありません。例えば、KH①の発話に対して、「今、豆太はじさまのことをとても心配してあせっているのね。それを、前の豆太の、じさまを夜中に起こすと

きのことと比べたんだあ。その時は豆太はどうだったのかも、今言って
くれる。」という受けとめをすると、KHが比べていることを意識化させ
ることが出来ます。また、KHは言及していないけれども、比べているこ
とを今再想起させ、想起を確かなものにすること、他の子どもにもわか
るようにすること等を問うていることになります。そのためには、教師
は、子どもの発話の持つ意味や意義を教材との関係で理解することが出
来なければならないわけです。教師自らの教材の読み（分析）が必要な
理由はここにあります。教材の捉え方を画一にすることが教師への指導
でなされますが（授業案での記述を書き換えさせる等として）、そのこと
が、国語の授業の質の高さを壊すものとなっていることが明らかです。

第2節　ヴィゴツキーが「科学的概念の発達」の展開の中で、「発達の最近接領域」について論じている意義と意味

2－1　「発達の最近接領域」があるということは、思考の発達の拠点となる場を示す
──それは、教授＝学習の場、授業にほかならない

　通常、ヴィゴツキーの「発達の最近接領域」論を論じるとき、多くの研究者はそれのみを自立的に取り上げます。あるいは、他方「概念の発達」を取り上げるとしても、今度は、「発達の最近接領域」の問題とは切り離してそれだけを自立的に取り上げて論じています。例えば、佐藤学は、「発達の最近接領域」論については、『学び（まねび）は社会的なものである』ことを論じているものとし、彼の授業モデルに「社会的」＝「対話的」を設定するための一つの理論的基礎として扱います。他方、彼は、ヴィゴツキーの「子どもの科学的概念の発達の研究」については、順序的段階的かつ一方向的に自然発生的（生活的）概念から科学的概念へと発達する論であるかのように捉えています。（第三章参照）

　それは、クレパラートやピアジェ、特にピアジェの思考の発達論の傾向が長年教育界で陰に陽に踏襲されてきたからだと言えます。

　ピアジェの臨床的研究は、学齢期前の子どもの心理的思考的特質を明らかにすることにほぼ限られています。そこには彼の発達に関する考え方が現れています。ピアジェは学齢期に達すると、子どもの時代の自己中心的思考は徐々に減少して社会的思考へと移行すると考えて、自己中心的言語が7歳頃から減少し、6〜7歳と7〜8歳の子どもの間には客観的であろうとする努力が認められるような基本的な相違が存在するというデータを提出しています（ピアジェ、『臨床児童心理学1 児童の自己

中心性』　原題Le langage et la pensée chez l' enfant　1953,　同文社）。
ヴィゴツキーはその考えを次のように批判しています。『**この観点から
すると発達の過程は、容器の中に外から押し込まれたある液体により容
器の中の他の液体が押し出される過程に全く似ている。**』（『思考と言語』
2001, 新読書社　p. 238）。この喩えは、ピアジェの発達観を全く分かり
やすく描いています。つまりこれでは『**子ども自身の特質は、子どもの
知的発達の歴史において建設的・積極的・進歩的・形成的役割を果たせ
ない。思想の高次の形式は、**（ピアジェにとっては）**それから発生するの
ではない。高次の形式の思想は、単純に以前の形式の思想にとって変わ
る。**』（同上 p.139）ということになってしまうと。この批判の中に、ヴィ
ゴツキーの子どもの概念（概念的思考）の発達についての考え方が見て
取れます。ヴィゴツキーは積極的に次のように言います。

　『**非自然発生的概念、そのうちで最も純粋で重要なタイプと見る事の出
来る科学的概念の発達は、それを特別に研究するとき、その年齢の発達
段階における子どもの思想に固有なすべての基本的質的独自性を現わす
に違いない**』『**科学的概念は子どもに覚えられるのではなく、暗記され
るのではなく、記憶によって受け取られるのではなくて、子ども自身の
思想のあらゆる活動の最大の緊張のもとで発生し、形成されるという考
察に基礎をおく。ここから、仮借ない必然性によって導き出されること
は、科学的概念の発達は、子どもの思想の活動の特質を余すところなく
明らかにするに違いないということである。**』（以上、同 p.241）

　上のヴィゴツキーの主張は次のように受けとめられます。子どもの概
念的思考の発達は、『**子ども自身の思想のあらゆる活動の最大の緊張の下
で発生し形成される**』、つまり、子どもの概念的思考の発達は、ほかなら
ぬ、授業の過程での例えば物語についての自らの考え（これがヴィゴツ
キーの言うところの思想の活動だと言えます）を述べようとする過程、教
師の発話を受けとめ、それに導かれつつ友だちの考えを受けとめようと

する過程（これらの時こそ、子どもが最大の緊張をもって考るときだと言えます）そのもので発生し形成されるであろうということに他なりません。

　つまり、文章によって描写される物語の内容を自分の頭に構想・構成するとき、そして他者との関わりにおいて、自分のそれを内容的に再構成していくその時に、同時にその中で構成と再構成を成す意識の動き・思考の働きがあり、それは発達し形成されるということです。

　このように、上で引用した『……科学的概念発達は、……子どもの思想に固有なすべての基本的質的独自性を現わすに違いない』という場、『子ども自身の思想のあらゆる活動の最大の緊張の下で発生し形成される』場が、子どもが、教師の示唆を受け、友だちと一緒に学ぶ授業の場、教授＝学習の場であり、そこにおける「発達の最近接領域」の創造過程であるとヴィゴツキーは明らかにしたのだと言えます。授業の場こそ、子どもの思想のあらゆる活動が最も緊張する場とならなければならないし、そうすることによって子どもの思考の発達のよりどころとなるのだと言えます。

２－２　読み深めること（「思想のあらゆる活動」の一形態）とそれを支える思考（概念的思考）の発達

　そして、子どもの思想のあらゆる活動に概念の発達の基礎をおくということは、逆に、『科学的概念の発達は、子どもの思想の活動の特質を余すところなく明らかにするに違いないということである。』とヴィゴツキーは言います。つまり、思考の発達と思想（ここでは、例えば物語文の内容を読み深めること）との関係をここで語っているのだと言えます。つまり、子どもの意識の流れと思考の働きの発達・飛躍の過程を教師が（研究者が）捉えることによって、逆に、子どもが話の内容を自分なりに考えるその特質が余すことなく明らかにすることが出来る（理解

できる）であろうと言うように受けとめられます。

　「読む」学習に即して言うならば、子どもの読みは、文章が何を表現しているのかを考え、そこで表現されていることについて考える（読みの内容を深める）過程ですが、その読みの深まりの過程は、その背後で、つまり内面における、概念的思考の発生と形成の過程であると言えます。これを実現するのが、教授＝学習の過程に他なりません。この時、子どもにとっての「発達の最近接の領域」が形成され、その領域での最大限の発達を可能とする契機は教師の関わりにほかなりません。友だちの考えを聞けば、自然に影響され発達するということでは学童期前後の概念的思考の質（物事の外形上の類似で物事の意味を判断する）を超え出でることには限界があります。だからと言って、概念的思考は、ただ説明的に教えることは出来ません。子ども自身が自らの意識の注意の向け方・動かし方を高めていかなければなりません。そのために、教師は、子どもの発話の中に、飛躍を秘めた『建設的・積極的・進歩的・形成的役割』を果たす芽を見いだすことが出来るようにし、それを子どもに意識化させていくことも出来るようにするのだと言えます。このように考えるならば、教師の子どもへの関わりの中心的なものとしての子どもへの発話や、立ちどまって考える問題の設定について、教師はその意図を意識的に自らに明らかにするのでなければならないと思います。

　子どもにとっては、読みの過程は、そこで展開されているお話を考え・語る過程です（読み深める）。子ども自身は概念の発達などということは意識していません。わたしたちは、お話の内容をああだこうだと話し合うわけです。しかし、私たち教師には、子どもたちとこの話はどうだこうだと話す内容には、注意をどこに向けているのか、意識がどのように動いているのかに関わることをが働いているのだと分かります。子どもが自分の意識の動きを意識することは、それを意識的に動かす可能性が作られるということです。例えば、上記の例でのKHは、「豆太は前と違

う」とだけ言っています。その時彼は、『医者様をよばなくっちゃ。』と思った以前の豆太はどうであったのかについては言及していません。しかし、以前の豆太に注目し、それを想起・再生する（というように意識を動かす）ことで、自分の中での二つの豆太をより具体的に比較することが出来ます。その時、KHの発話は「豆太は前と違う」というだけではなく、どう違うのかの内容が作られるでしょう。その時、HMのように「臆病だけど勇気がある」というように同じことを言うのかどうか、彼の友だちの言葉への注目の仕方も変わってくるでしょう。仮に豆太は前とどう違うのかをまとめられないときは、「それでいいんですよ。そのことをこれから読むときに覚えておくといいよ」と声をかけることで、KHの注意の向け方・意識の動かし方を、彼の「前と違う」と気づいたことの「積極的な役割」として意識に乗せつつ、前へと、小さな、しかし彼にとっては大きな、飛躍とすることになります。自分の意識の動きを意識することが出来れば、それは意識の動かし方をつかめる可能性を作り出していることになります。つまり、自然発生的にこのように思うということから、意識的に意識を動かして、登場人物の像を明らかにしようとすることが出来るようになるということだと言えます。

　このように、非自然発生的概念的思考の発達は、子どものそれまでに培った思考・意識の流れ方を土台としていくものであり、そのこととは無縁に、説明と暗記で行えるものではないことが、示されています。

　言い換えれば、高度な概念的な思考は、「発達の最近接領域」が横たわっている教授＝学習の場を拠点として発生・発達するということだと言えるのですが、このことは、高度な概念的な思考は、直線的に発達するものではないということをも描いていると言えます。

　それはまた「発達の最近接領域」を念頭において、教師が授業を展開するということは、対話の場を設定するとか、子どもが教師や他の子どもと一緒に学習するという社会的な学習の必要性だけを単に意味してい

るということだけではないということです。他ならない、自然科学的・社会科学的な高度な概念の獲得を実現するための基礎的な出発点的な、しかし、それ抜きにはありえない場として、教授＝学習の場を実現するのだということをも示しています。だからこそ、「発達の最近接領域」の問題を、『思考と言語』の中で、高度な概念の発達（実現）について展開する第6章に位置づけているのだと思います。ちなみに、第5章は、概念的思考のその質的な変化・発達について、発生から高度な『真の概念の発達』への道までを具体的な実験的な資料を添えて展開しています。

　教師は、文学的教材で授業を展開するとき、子どもが興味を持ち、文章を注意深く捉え、話の内容を豊かに、自分なりの意味付をやりながら読んで言って欲しいという願いを持って子どもと向き合います。その時、どうしたら、子どもは思っていることをどんどん思いっきり自分の言葉で発話出来るようになるか、友だちの考えを受けとめるようになるか等、悩みながら向き合うわけです。

　本書でその一端を一応明らかにしようとしたのは、子どもが、文章で表現されている話の内容を具体性を持って豊かに受けとめ、自分なりの意味を見いだすためには、どのように意識を動かしているのかについてです。それを子どもに意識化させたいのですが、直線的には行きません。やはり、「豆太は前と違う」と言うとき、「どんなところで、違うと思ったの？」と問うことになるでしょう。なぜなら、子どもは豆太について考えているわけですから。しかし、そこでは、未だ言及していない過程を想起させ、自分の意識をたどらせることになるわけです。

　第一章第3節の3－1項（P.114参照）の終わりに、次のように述べました。授業では子どもと一緒に話の内容を考えていくのですが、それは実は、「読みの学習は、このように、①文章を、第2節で考察したように、様々な意識の動かし方（作用）によって、自分なりに想像して自分

の意味において（自分の言葉で）受けとめること、②また、これも第2節で考察したように、様々な意識の動かし方（作用）によって、文章から、しかし文章には直接書かれていない人物の心理や人物の諸関係を想定すること、そして、③自分の内面で構成したお話の内容の具体性の諸関係を（内言的思考によって）抽象化してその意味を考えるという、いわば、抽象的概念的思考を働かせる練習場（育てる場）でもあると言えます。しかし、自分ではその意義も自分がどのように思考しているのかは、いまだ解ってはいないのですが。」と。

　これは、「発達の最近接領域」において横たわっている、他ならぬ、小学校の子どもの思想（読みの深まり）の独特の発達過程を支える、思考の発達の描写に他なりません。授業記録の分析は、読みの特徴を押さえつつ、そこに働く意識の流れ・思考作用を想定しています。後者を押さえることによって子どもの読みの特質（例えば、すみれに注目することが大体を占め、すみれは怒っていると想定する読みと、かりんの人物像をそれなりに鮮明にすることで、すみれの対応を読み手である自分の気持ちを当てはめるのではなく「もやもや」「ぐちゃぐちゃ」な気持ちと捉えている読みとがある。）を鮮明に押さえることが出来ると思うからです。また逆に、この様に読みの内容の特質を押さえることによって、そこに働く思考作用をそれとして想定して、子どもに思考する意識のながれを経験させることは、思考の発達の基礎を作り出すことになります。

第3節　概念的思考の発達に関する考察

3－1　現状では一般的に、概念や思考の規定が曖昧、むしろその言葉が消失しつつある

3-1-1　2020年度実施の新学習指導要領にみる「思考力形成」論の消失 ——子どもの活動に解消

　そもそも、「概念の発達」という言葉は思考力の育成の問題においては、一般的には国語教育において、とりわけ小学校におけるそれでは従来から言及されていません。

(1) 2016年、新指導要領の中央教育審議会「審議のまとめ」では、どのように扱われているか

　2020年度から実施されている新学習指導要領では、「主体的・社会的で深い学び」（アクティブラーニング）という授業方法が、史上初の「国定」指導法として提起されました。それによって、授業の型が県教委段階で案出されて、学校現場では教師に対して「標準」のモデルとして強制されています。その「深い学び」とはつぎのように説明されています。「<u>習得した知識や考え方を活用した</u>『見方・考え方』を働かせながら、問いを見いだして解決したり、自己の考えを形成し表したり、思いを基に構想、創造したりすることに<u>向かう『深い学び』</u>」と。（中教審「審議のまとめ案」2016.8.1, p.39）この規定に対して、わたしは、拙著で次のように、危機感を表しています。少し長くなりますが、引用します。「ここでは、『<u>習得した知識や考え方を活用する</u>』ものとして「深い学び」は説明されています。つまり、<u>知識や考え方は、「習得する」ものと</u>されて、「深い学び」以前のものとして設定されています。

　社会的歴史的に蓄積された「知識」をいかに自らのものとしていくのか（認識の問題）ということは「深い学び」の範疇にはなく、その後に

活用することが「深い学び」とされていることに、注目しなければなりません。

　「知識」と言われているものの多くは、歴史的に先達が自然や社会的出来事を認識し論争し検証してきた内容を積み重ねてきたものです。また先達や同時代の人々が自然や社会について様々な形で表現したものを評価した知見などがそれにあたります。教科書にはその一部分が取り扱われていますが、それらを学習の対象とする場合、過去において認識された結果・結論や表現されたものを特定の解説に沿って解釈するということでは、「理解」する・味わうことはできません。しかし、それが、「知識・考え方の習得」とされてただ習い覚えるというものになり、その次からが「深い学び」だとされています。

　国語科の問題として言えば、「審議のまとめ案」に添付された資料にあるように、「個別の知識・技能」として列挙されていることは、言葉や文章の一般的な規範です。これを「知識」と呼んでいると言えます。「読む」学習では、説明文や文学作品等をまず読むことから学習を始めますが、言葉や文章の一般的な決まり・約束事としての社会的規範を「知る・使える」ようになるようにまず学習し、それから、それをある課題をやり遂げるために使うことが「深い学び」とされることになります。

　この説明に沿ったものとして上記例3の（ジグソー法に基づく）世界史の授業は実施されています。「部品」（資料）を扱うのが「知識・考え方の習得」で、その後部品を持ち寄って問いへの答えを出すグループでの話し合いが、「深い学び」に照合するものです。」と。（『授業の構造とヴィゴツキー理論』2017、子どもの未来社　p.76-77）

　2016年の中教審の「審議のまとめ案」段階では「深い学び」とは、言葉上では、習った知識を具体的な設定された課題（発表など）に活用することだと言われていますが、この新学習指導要領の先行的実施期間（2017-2018）を経て、今日的には、学校現場では「知識の活用」という

ことすら薄れて、グループ討論を行うことや、初めに課題とされた発表や作文を書くこと等それ自体が、「深い学び」と言われています。つまり、「審議のまとめ案」での「**問いを見いだして解決したり、自己の考えを形成し表したり、思いを基に構想、創造したりすることに向かう『深い学び』**」には、どのように教授＝学習するのかについては、2016 年当時に既に予測されていたわけですが、まさにその通りに、その後まったく文科省及びそれに連なる教育機関では語られません。子どもを活動させるということだけです。

そのような「深い学び」で、思考するということはどのように位置づけられているのかは、それとしては出てこないのですが、国語科の指導要領では、「読むこと」は「書く（話す）こと」のために読むという位置づけになっています。つまり、読むことは書くための情報処理（文章の整理弁別）なのだということになっています（同上 p.70-75 参照）。情報を処理することが思考の発達であると考えられているとも言えます。

今日、指導要領の「**深い学び**」を「ディープラーニング」と横文字で言う教育学者や関係者が増えています。「ディープラーニング」という言葉の発生は AI 開発における言葉です。AI の次の段階、つまり、大量のデータの統計での量の処理の大きさとスピードを競争する AI の開発の段階から、今日的には、一つの問いに対して一つの答えを出す AI ではなく、「ディープラーニングした AI の開発」の段階へと進められていると頻繁に言われます。AI 機器に人間が尋ねるときに同じ問いでも様々な言語表現がされる、それを同一のものと認知できること、さらに答えを一つではなく、幾つもの答えを用意できること、それを AI にディープラーニングさせるとその業界では言われています。情報処理の次の段階ともいわれています。これは、AI 技術の開発に即した考え方が、人間の思考についてまでそのレベルで歪めて考えられるようになってきていることを示しています。多様性を一つのものとしてまとめたり、一つのこ

とを多様に拡大する、つまり、水平レベルの多様性の処理を AI に覚え
させる用語なのです。この用語が、人間の子どもの思考の発達に関する
領域にまで浸透されてきていると言わなければなりません。

(2) その後、新指導要領国語編（2018 文部科学省、p.70）ではどのよ うに扱われているか

新指導要領国語編（2018 文部科学省、p.70）では、「読むこと」の文学
的な文章の「構造と内容の把握」が、以下のように示されています。

第1及び第2学年	第3及び第4学年	第5及び第6学年	中学校第1学年
場面の様子や登場人物の行動など、内容の大体を捉えること	登場人物の行動や気持ちなどについて、叙述を基に捉えること	登場人物の相互の関係や心情などについて、描写を基に捉えること	場面の展開や登場人物の相互関係、心情の変化などについて描写を基に捉えること

　低学年での内容の把握は、**行動**、中学年で**行動に気持ちがプラス**され、
高学年で**人物の相互関係がプラス**され、さらに、中1では小学校高学年
に**場面展開がプラス**されています。

　この各学年の展開は、あまりに作品の文章展開の機械的分断と子ども
の読みにおける思考ついての機械的足し算的発達の想定に基づく、誤った
ものです。文学作品においては、場面の様子、人物の行為と心情、人物
の相互関係とその変化、それらは統一的な関係を持って描かれています。
それぞれを自律的に捉えることは荒唐無稽です。また、子どもの思考の発
達は、最初に漠然とではあれ、全体を把握することが証明されています。
その全体の中の個別について詳細な把握をし、最後にそれらを再度総合し
ていくと言えます。実際に、子どもの発達はそうであることは授業の中で
はっきりと確認できます。各学年での違いはそれらの水準にあります。あ
るいは、それらの表象の言語的表現の水準にあるとも言えます。

3-1-2　PISA テストに見られる概念（的言葉）の混乱――概念と事実の区別すらついていない――

　PISA テストは OECD（経済協力開発機構）の作成によるものです。新指導要領の編集をまとめた「審議会」は、新指導要領の教育理念・目的は OECD のそれを共有すると謳っています。

　前項で述べた情報処理ということを具体的に言えば、PISA2018 年テストの読解の問題に次のような設問と問題文（５つ）があります（2019.12月に公表）。

読解力の問題（一部）

 生徒はパソコンを使って問題を解く。画面で三つの資料を読むことができ、正答と思われるものをクリックしたり、ドラッグ&ドロップ（移動）したりして解答する。

書評『文明崩壊』

　ジャレド・ダイアモンドの新著『文明崩壊』は、環境破壊による結末についての明らかな警告である。本書には、自らの選択とそれが環境に与えた影響によって崩壊したいくつかの文明について書かれている。本書の中でも最も気がかりな例が、ラパヌイ族である。

　著者によると、ラパヌイ島には西暦700年以降にポリネシア系の民族が移住してきたそうだ。おそらく人口15,000人ほどの豊かな社会を築いていたという。彼らは有名なモアイ像を彫り、身近にあった天然資源を使ってその巨大なモアイ像を島のあちこちに運んでいた。1722年にヨーロッパ人が初めてラパヌイ島に上陸した時、モアイ像は残っていたが、森は消滅していた。人口は数千人に減少し、人々は必死で生き延びようとしていた。

　ダイアモンド氏は、ラパヌイ族の人々は耕作やその他の目的のために土地を切り開き、かつて島に生息していた多種多様な海の生物や地上の鳥を乱獲したと述べている。そして天然資源の減少によって内戦が起こり、ラパヌイ族の社会の崩壊につながったと推測している。

　この素晴らしくも恐ろしい著書から学べることは、過去に人間はすべての木を伐採し、生物を絶滅させるまで捕獲したことで、自分たちの環境を破壊するという選択をしていたということだ。楽観的なことに、著者は、現代の私たちは同じ過ちを繰り返さないという選択ができると述べている。本書は内容がよくまとまっており、環境問題を心配する方にはぜひ読んでいただきたい一冊である。

問　下の文は事実または意見のどちらですか。

	事実	意見
本書には、自らの選択とそれが環境に与えた影響によって崩壊したいくつかの文明について書かれている。	○	○
中でも最も気がかりな例が、ラパヌイ族である。	○	○
彼らは有名なモアイ像を彫り、身近にあった天然資源を使ってその巨大なモアイ像を島のあちこちに運んでいた。	○	○
1722年にヨーロッパ人が初めてラパヌイ島に上陸した時、モアイ像は残っていたが、森は消滅していた。	○	○
本書は内容がよくまとまっており、環境問題を心配する方にはぜひ読んでいただきたい一冊である。	○	○

正解
上から「事実」「意見」
「事実」「事実」「意見」
（正答率は日本44.5%、
OECD平均47.4%）

2018 年実施　PISA テスト「読解力の問題」の一部（朝日新聞 2019.12.4 よりコピー）

　『文明崩壊』（ジャドレ・ダイアモンド著　2005）に対する<u>書評のある部分を素材</u>として、次のように設問されています。

　「下の文は、事実または意見のどちらですか。」と。

　この設問は妥当ではありません。なぜなら、素材文である書評で扱われている『文明の崩壊』の著者ダイアモンド氏自身は、「18世紀にいわゆるイースター島にヨーロッパ人が初めて上陸したときには巨木が消滅していた」と書いていると書評の作者はいうのですが、ダイアモンド氏は、1937年生まれですから、18世紀の上陸時のことは見ているわけではありません。あくまで、何かを媒介して知ったことになります。ダイアモンド氏にとっては、「想定された事実」「語られている事実」なのです。書評ではその辺の事情は明らかにしていません。しかも、テストの素材文である書評にあっては、なおさら、ダイヤモンド氏自身によって報告された何らかの事実的な記述は事実そのものではなく、あくまでダイアモンド氏にとっては間接的に知り得た「事実」であり、書評はその間接的に知り得た「事実の記述」の「記述」です。書評の筆者にとっては「……だそうである」という、したがって書評の読者（受験生）にとっては二重に間接的な「事実」にすぎません。すなわち事実そのものではない、あくまでダイアモンド氏にとっても、その本を読んだ読者にとっても、自らの頭脳に反映された「事実」だと言えます。したがって、受験生にとって書評に書かれてある文章は、単純に「事実」を述べている文章か「意見」を述べている文章かに振り分けることはできないのです。言うとすれば「事実に関わることの想定の記述か意見を述べている文章か」と設問しなければなりません。おしゃべりの中の会話ではなく、公式のテストなのですから。この「事実」と、「事実に関わることの想定」との違いも分別していない設問です。

　解答は、5つの問題文についてそれは「事実または意見のどちらか」のどちらかで答えることになっています。その中の一つは「本書には、自

らの選択とそれが環境に与えた影響によって崩壊したいくつかの文明について書かれている。」となっています。これを「事実か意見か」と選択せよということですから、驚くべきと思うのは果たしてわたしだけでしょうか。「本書は、……について書かれている。」とあるのですから、本書の内容を書評の著者が簡潔にまとめたものです。これは、書評を書いた筆者の意見でもなく、また、何らかの事実を記述したものでもありません。『文明の崩壊』という本で何が書かれているかを書評の著者の観点から簡潔に叙述した文章です。ましてや、「自らの選択とそれが環境に与えた影響によって崩壊したいくつかの文明の叙述である」という問題文は、それが『文明の崩壊』という本でのダイアモンド氏の巨木消滅の原因追求の論旨（推測）を、書評の筆者はそのように理解したということです。巨木の消滅の原因が何であるのかは今日においてはあくまで推測・説として提出されるのであって、仮に事実に近い想定であるとしても、事実そのものではありません。「自らの選択とそれが環境に与えた影響によって崩壊したいくつかの文明」ということは事実ではありません。あくまで、「……という説で文明の崩壊について叙述している」です。しかし、正答は「事実」となっています。OECD テストの作問者には、巨木の消滅という歴史的事実の原因そのものと、原因を推測究明した一つの説との区別がついていません。簡単に言い換えると、原因そのものと、原因追及における一つの想定との区別がついていないということです。作問者の「読解力」が疑われます。

　この様な設問と正答をまともに受け取ると、すべての説は事実となってしまいます。すべての報道は事実となります。そうすると、ある人はＡ報道を事実として受け取り、他の人はＢ報道を事実として受け取るとそれはどちらが事実かと論争となりますが、お互いに事実だと言い張ることしかできません。どの報道が事実に近いのか、それはそれぞれの報道の事態を観る観点はどのようであり、どのように違うのかというよう

にお互いに検討することが出来なければ、報道を読んで事実に近づくことは出来ないと言えます。

　（尚、イースター島の問題については、実際、今日、従来通説とされていたことと異なる説が提出されているということです。書評の著者は、「自らの選択とそれが環境に与えた影響によって崩壊した文明の叙述である」と書いているのですが、それは島民による巨木の伐採等による環境破壊が原因で島民人口を減らし、文明の崩壊をもたらしたとということが事実であると断定しているかのように読めます。しかし、イースター島の森林消滅と言われている問題については、西洋人による島民の奴隷狩りによる人口の激減が原因ともなっている説もあると言われています。この新説は、自然破壊をその当時の歴史的社会的現実から解き明かす観点から考えられていると言えます。）

　情報処理というのは、「事実」か「意見」かという、概念規定の曖昧な概念で文章を単純に分類するものであることをまざまざと示しています。
　このようなテストが世界的な権威として各国の教育（読解）を左右しているのが、今日の国語における言語的思考力に関しての水準であることを認知し、警鐘を乱打する必要があると思います。

３−２　授業における子どもの、抽象的思考による想像力や　　　　概念的言葉の使用の特徴

　第一章で、授業での子どもの<u>発話内容</u>を、それを支えている意識の動き・思考作用を念頭におきながら一人一人の子どもに寄り添って<u>特徴づけ</u>ました。第二章の第１節において、それらの中から、子どもの<u>思考の発達過程を現実的に呼び起こす局面</u>を取り出して分析しました。ここでは、子どもの思考の発達過程のそれぞれの年齢の断面を、子どもの<u>概念</u>

<u>的思考の発達</u>を観るという観点から照らし出したいと思います。

　なぜ、このような三つの項を設定するのかと言えば、ヴィゴツキーの「発達の最近接領域」論の核は、①思想（考える内容）と思考作用の区別と連関、②思考（概念的思考）の発達は、最近接の発達を創造する教授＝学習の過程で、直接的には、思想のあらゆる活動として現れる、③そのような生きた教授＝学習過程で現れる思想の特徴を概念的思考の成熟の度合いとして捉えることによって、子どもの日常的・自然発生的に会得する概念（概念的思考）とより高度な概念（概念的思考）とがどのような関係になって発達するのか、という三つの問題によって構成されていると言えるからです。この③が、この項での課題です。

　ここで、できるだけ広範囲の年令の子どもたちの作品を読むときに働く抽象的思考による想像力や、それを表現する概念的言葉の使用の特徴を見ておきたいと思います。本書での二つの授業例、２年生『わたしはおねえさん』、３年生『モチモチの木』だけではなく、１年生『たぬきの糸車』（子どもの発話は、拙著『教育実践とヴィゴツキー理論』2010、一光社からの引用）、４年生『ごんぎつね』（子どもの発話は、拙著『子どもの読み及び教材の分析とヴィゴツキーの理論』2012, 一光社、からの引用）、５年生『大造じいさんとガン』（子どもの発話は、拙著『授業の構造とヴィゴツキー理論』2017, 子どもの未来社、からの引用）、６年生『やまなし』（子どもの発話は、拙著同上、及び埼玉県入間市Ｓ小子どものノートより、）の授業での子どものそれを見ておきます。資料は、これまで、私が授業参観あるいは記録を考察した授業です。数量的には、それによって何か普遍的一般的な傾向を定式的に明らかにするというものではありませんが（それを意図しているわけではありませんので）、子どもが、文章を読むときにどれだけの抽象的な思考しているのか、それを一生懸命に言葉にしようとしているのかということが生き生きと分かると思います。情報処理などということでは語れない思考の発達の過程を

垣間見ることは出来ると思います。そして、このように綴るときの子ど
もの思考の働きは、どのように真の概念的思考の発達の道を可能とする
のかについて考察するための貴重な資料となると思います。

3-2-1　１年生『たぬきの糸車』の授業での例

　たぬきが罠にかかったことで、おかみさんとたぬきの初めての実際の
出会いとなる場面です。『おかみさんが　こわごわ　いってみると、いつ
もの　たぬきが、わなに　かかって　いました。　「かわいそうに。わ
なになんか　かかるんじゃ　ないよ。　たぬきじるに　されて　しまう
で。」』の文章を読んで、子どもたちは、次のように発話しています。

　①まず、『こわごわ』を、「おかみさんは、いやなよかんがしたと思い
ます。」と読んでいます。いやな「よかん」という当を得た概念的な言葉
を見事に使う子どもも、１年生でもいます。『おかみさんが　こわごわ
いってみると』を、実際に罠にかかったたぬきを見る前のおかみさんの
言葉だと、理解して、その上で、おかみさんの心境を洞察し、それを表
現する概念的言葉「予感」を使っています。
　５、６歳頃から、このように大人の日常的に使う概念的な言葉を口に
する子どもはそれなりにいます。「経験」する、「知識」がある、「後悔」
する等々。これらは、必ず具体的状況を伴ったときに口にされています。
それだけではなく、学校で学習するときに、６～７歳で、現実の場面で
はないお話の中でも、たぬきのキャーという叫び声が聞こえて、おかみ
さんが罠のところへ行くという状況を想像して、その中でのおかみさん
の胸によぎったであろうことを言い当てているのです。言葉としては何
とぴったりなのでしょう。大人の会話や独り言などとそれが使われた状
況とを実によく結びつけて自分の言葉としていると言えます。
　家庭でいわゆる学歴の高い親と生活する子どもほど、概念的言葉をよ
く使うということは、一般的によく言われています。これは、概念的な言

葉に対して、あまり抵抗がなくなるという意味で、子どもにとっては全くのマイナスとはならないと言えますが、子ども自身に「予感」という概念的言葉の意味が意識されているとは一概には言えません。その言葉には、必ず同じような状況が、日常生活の実際においても、あるいはお話の中での想像における「実際」においても、生起していることによって使われています。同じような状況によって、使われています。子どもの概念的用語の使い方の巧みさであり、一つの特徴だと言えます。

　②一人の子どもがまず「**おかみさんは、たぬきがわなにかかるとはおもわなかったので、びっくりしたとおもいます。**」と言い、その後、3人の発話の後に、「**たぬきはわなにかかったとき、びっくりしたとおもいます。**」という子どもがいます。それに「**おかみさんもたぬきもどちらもびっくり**」という発話が続きます。これは二人の子どもの発話をひとまとめにしています。さらにそれに続いて何人かの子どもが一緒に「**どちらもびっくり**」と言います。子どもたちは、特に強調したいことを最後に端的に短い言葉でまとめています。この最後の短い言葉での表現は、それだけでおかみさんとたぬきとの心の通い合いを描き出しています。場面における核心的なことを自然に短い言葉によって抽出していると言えます。抽象化の土壌のような思考の操作だと言えるのかもしれません。

　③さらに、子どもたちの発話は続いています。「『**たぬき汁にされてしまうで**』というところで、おかみさんは、わなにかかったたぬきをかわいそうだと思った。」この発話に続いて、「**たぬきはおかみさんはやさしいねと思ったと思います。**」という子ども。「**かわいそうに**」（おかみさんの言葉）と「**やさしいね**」（たぬきの心内での言葉）。おかみさんとたぬきのそれぞれが、相手を思う気持ちを子どもたちは想像しています。これも、「わなにかかった」という出来事から、二人の登場人物（と動物）の心の通い合いを短い的確な相対応する言葉で描き出しています。

④その後この教材文の読みの終末の授業では、

「たぬきはどうして糸車をまわしたのだろう」という一人の子ども
の問いかけから、

「おかみさんがやっているのを見て、おもしろそうだとおもったか
ら。」

「たのしそうだなと　おもった。」

「やりたくなった。やってみたら、できた。」

「みているだけで　たのしくなった。やってみたら、もっと　たのし
かった。」

「そう、そんな　かんじ。」

「『おかみさんが　していたとおりに、たばねて』というところも、お
かみさんのすることを　よく　見ていて、たのしいかなと　おもっ
て、やってみた。」

「いつもは、おかみさんが糸車を　まわしていたのに、こんどは
ぎゃくになっています。」

「たぬきは　たのしそうに　糸車を　まわしています。」

「『うれしくて　たまらないと　いうように』で、たのしくて、じょ
うずにできたから。」

「すごく　うれしかったっていうこと。」

「『ぴょんぴょこ』、たのしそうです。」

と、発話が続きました。

　発話はつながり、付け足し、補うように続き、たぬきが冬の間、ひとり
で糸車をまわしていた心境を、（おかみさんがまわすのを見ていて）「お
もしろそうだとおもったから。」「たのしそうだなと　おもった。」「やり
たくなった。やってみたら、できた。」と語ります。そこで、次に「みて
いるだけで　たのしくなった。やってみたら、もっと　たのしかった。」
と、三人の発話を見事にまとめています。「見ている」と、「やってみる」
という二つの相異なる行為を抽出し、それを「やってみたら」「もっと」

たのしさは増していたと繋げています。ここで、子どもたちは、ほぼ、この話の初めから終わりまでのたぬきを「たのしさ」として描き、その構造（たぬきの興味・心境の変化）を簡潔に抽出しています。しかも、たぬきの「たのしさ」によって、糸車をまわすのがおかみさんからたぬきに、見ているのがたぬきからおかみさんにと入れ替わり逆になっていると見抜きます。つまり、糸車をはさんで、たぬきとおかみさんは入れ替わり、お互いにたのしそうに（うれしそうに）見合っている、と。

　新指導要領国語編（2018、p.70）で、話の内容を捉える学習として求められていることに照らし合わせてみます。低学年は、話の大体（場面の様子や登場人物の行動等）を捉えることだとされています。
　しかし、子どもは、この場面でのたぬきの行動を、糸車をまわして糸を紡ぎ、それを束ねたということだけを捉えたわけではありません。行動を捉えるときにそれを成しているたぬきの最初の場面からの興味・心境の変化を捉えて、行動を描いています。それは中学年での学習とされている**「行動と気持ち」**ですらありません。**行動**とそれを行っている主体の**気持ち**という「仕分け」は文科省・中教審の固定的・観念的な枠組みに過ぎないことを、明らかに子どもたちは示しています。それを教師が発問することによって、子どもの考える内容が狭められ、貶められていると言えます。それは子どもの思考そのものを「何をしている」かを示す「言葉」を探すという問と言葉を一対一対応的に結び付けることにせばめ貶めているのだと言わねばなりません。そのような学習では、そもそも、そこで子どもはどのような概念的思考をしているのかと、子どもの思考の問題を考える道はとざされています。

　新指導要領国語編（p.72-73）での、**「考えの形成」**では、**「文章の内容と自分の体験とを結びつけて、感想をもつこと。」**となっています。それについて、次のように解説しています。「文章の内容と自分の体験とを結

びつけるとは、文章の内容を、自分が既にもっている知識や実際の経験
と結び付けて解釈し、想像を広げたり理解を深めたりすることである。」
「感想をもつとは、文章の内容に対して児童が一人一人が想いをもつこと
である。」「指導に当たっては、……実際の経験を十分想起できるように
工夫することがかんがえられる。」と。

　ここで、経験の想起が求められていますが、内容理解についてはそも
そも場面の様子や登場人物の行動ということですから、それに対応して、
経験を想起させることを意味しています。例えば、山奥、糸車をまわす
おかみさんを障子越しに見るという行為を、自分の経験を想起させ、想
像の広がりをもたせ、理解を深めるとはどういうことでしょうか。

　ほとんど、経験で想起できる範囲を超え出るものです。経験がないこ
とだと確認し、さらにどんなところだろうか、どんなことを見ているの
だろうかとなります。文学作品では、多くが経験を超え出ることを想像
しなければなりません。月明かりに照らされた山の中の写真をみせたり、
糸車を見せたりすることはできますし、最低限そのようなことは、しな
けれなならないでしょう。そのような経験をさせたとしても、それはご
く一部にしかなりません。それで、感想をもつというあるまとまりをも
つことはできません。

　重要なことは、子どもは、暗闇の中の遠いただ一つの灯りと「キーカラ
カラ」と響く音へと惹きつけられておかみさんたちの小屋へ行くたぬき。
夜なべをして糸車をまわしているおかみさんの様子を見るたぬき。それ
らを文章とほんの少しの体験から想像することです。山奥を場面として
想定することでもなく、糸車を想定することでもなく、あくまで、たぬ
きは、何に惹かれて近づき、何を見たかの想像です。それを想像するた
めには、文章から子ども自身が、たぬきに同化したり異化したりしなが
ら受けとめたこと（初めの表象）によって、さらに何を知りたくなった
か、想像しなければならないかを設定できることが重要です。

実際、授業では春の場面で、どうしてたぬきはたくさんの糸の束を作れたのだろう、どうしてたぬきはそもそも冬の間糸車をまわしたのだろうという子どもからの問いかけから、話し合いは熱気を帯びてきました。おそらく、その子どもは、おかみさんがいないのに、どうして？と思いを馳せたのだろうと思います。「じょうずに」という言葉に注目して、**「それは、毎日、おかみさんのやることを見ていたから」「『キーカラカラ……』の音だから、おかみさんと同じ上手な音」**だと、他の友だちはそこで考えて発話しました。子どもたちは、自分たちの意図によって文中の特定の言葉に注目し、最初の表象をさらに膨らませています。これは想像の水平的な広がりと言うよりも、質的な深まりと言えます。

　また、**「みているだけで　たのしくなった。やってみたら、もっと　たのしかった。」**と、たぬきが糸車をまわしたことをまとめて説明する発話が出てきました。たぬきが見ていたものは、糸車だけでもおかみさんだけでもなく、おかみさんが回す糸車であり、次々と糸が紡がれている様子だったことがここで明らかにされています。そして、そのことが、おかみさんと同じようにたくさんの糸をつくることが出来て、そのことがもっと、たぬきは楽しかったというお話だと子どもは感想を持つに至ったと言えます。最後の場面で、子どもたちは口々におかみさんの側から、たぬきの側からの心境を、お互いにうれしそうに発話しています。

　新指導要領の言う「考えの形成」は、単純に、**場面と行動の理解（読み取り）を自分の体験と結び付けて感想をもつ**というようにではできません。考えの形成は、自分自身の文章の受けとめ（表象）を、さらに、自分の納得のいくように明かにしようとしてさらに追及することによって、それをクラスの友だちとの話し合いを媒介して、次第に、話の全体を抽象化する思考作用によって成し遂げられると言えるでしょう。

　『たぬきの糸車』を読む子どもたちは、１年生にとっては比較的に長い文章で構成されている話の全体を見事に核心的に抽出して捉えていま

す。それは、子どもたちの長い対話を通して、徐々に抽出されていきます。多くの子どもによって多面的に想像されていくことによって、話の世界を深め、その全体像から、その意味するものを抽出していると言えます。人間の意識における、状況を想像しその意味を抽出するという、そのような概念的な思考が端緒的に働いていることを示しています。

　ひと昔前までは、山里では、狐は姿を隠しながら、じっと藪にいるか、姿を隠すようにすーっと横切るとかで、その存在を身近に感じていたということを聞きました。また、夜なべをしていると、狸は灯の明かりのある窓辺に寄ってきて、じっと覗いていて逃げないとも聞きました。今日の子どもは、おそらく、そうした経験がないとしても、大人のすることに強い興味をもって、楽しそうだとながめる心境にはなるのかもしれません。見ていて、やってみたらもっと楽しかった。毎日見ていたから上手にやれた。そういう世界が子どもの願いにあるとも言えます。模倣への近づき方かもしれません。6〜7歳の子どもの想像力だと言えます。注目するところは、想像したことの核心を抽出していることです。

3-2-2　2年生『わたしはおねえさん』の授業での例

　かりんがすみれの机に向かって何かを書き始めたという文章に対して、かりんは何を書いているのかが子どもたちの間で問題となりました。
　はじめは、一方で、「かりんは小さい子だから、えんぴつをもってらくがきするのかな」という想定。他方では、「おべんきょう」と教科書には書いているから「おべんきょう」だとする意見が、対立の様相をもって「らくがきか、おべんきょうか」と二者択一的に問題とされました。最終的には、かりんが書いているのは、「落書きのようなものだけれども、自分の中ではおべんきょう」という、対立する両者の意見（両者の観点）を統一して新しい考えが創り出されました。授業の終末に近い時点では、「自分の中では、お勉強みたいに見えるけど、本当は落書きみた

いなものだと思う」と、かりんが何か書いていることの全体の構造を統一的に見事に説明する発話がありました。

　新しい考えを表現する言葉は、最終的には、「自分の中では」と「本当は」という対となる言葉を使っています。これは「想い」と「実際（現実）」に相当する、子どもなりの表現だと言えます。

　落書きかお勉強か。言葉通りに考えると全く異なる、むしろ相矛盾する二つの行為が、しかし、落書きでもあり、お勉強でもあるということを表す新しい概念を子どもたちが思い当たった過程を観てみます。

　それはかりんという登場人物が何を言い、何をしているのかということを、文章から想像することが出来ることを基礎としています。これは想像することですから、直接的に知覚的なものではありません。一定の抽象的な思考による産物です。しかし、さらに、かりんという人物を想定してその人物の「実際的行為」として想定されなければ解決しないことでした。新しい概念は、同一人物の発話と手の動きという「実際」（お話の中での事実）に即して、どのようにそれを言葉に出して説明すればいいのかという緊迫した、子どもにとっての課題が必要だったのです。それによって、子どもの内面に概念が発生し（かたち作られ）それを言い表す言葉が作り出された（選ばれた）と言えます。「自分の中では」「本当は」という言葉は、いわゆる高度な概念的な言葉ではありません。日常的言語です。しかし、子どもにとっては、そこには思考の飛躍が必要でした。かりんが思い、かりんが手を動かしたという、かりんの行為であるという統一性を発想できたということです。それに子どもは言葉を知らないから、日常的な言語を選んだということです。

　逆に考えて見ます。「おべんきょうと（教科書には）書いてあるから」と、書かれてある言葉だけをもって、かりんが手で行っていることを想定しようとすると、「おべんきょう」という言葉の一般的に規定されてい

る語義の意味で、国語か算数かというように考えを広げることしかできません。お話の中にしろ、その中での生きている人物の行動として想定することが出来なければ、「おべんきょうであるけれども、らくがきなのだ」というこの矛盾することは発想することもできないと言えます。

　いいえ、その前に、お話の中のことであるということが想定され、その中の２歳の『かりんちゃん』のことなのだということが、文章の文脈から形成（構想）されなければ、「おべんきょう」という言葉だけを取り出すことから脱していくことは出来ないのだと言えます。

　このように、登場人物の行為は複雑であるわけです。行為の主体である登場人物像についての一定の構想が形成されていなければ、その行為についても想像することはできません。また、想定できたとしても、さらに矛盾するその行為の全体を統一的にみるという飛躍も必要です。これは低学年の学習だからということで、行動を単純な「書く」「見る」などのような事実的なものとして確認できることとして新指導要領のように設定するのでは、内容の理解はできなことがここにはっきりと示されていると言えます。行為（行動）は単純に、一つの「事実」のようなものとして取り出し確認するものではないのです。

3-2-3　３年生『モチモチの木』の授業での例
　授業が進むと、豆太の行為について次のような意見が出てきました。
　①「恩返し」……前時の授業で
　②「臆病だけど勇気がある」……本時の授業の初め
　③一方で「自分では信じられないくらいの勇気」という意見と、他方で「豆太は勇気を出している。こわくてもやればできる人だからこわさと立ち向かい……」……授業の後半

　①の「恩返し」という概念は、助けてもらったお返しに何かをするとい

うパターンの行為に張り付いた呼び名としての言葉というように使われているといえます。豆太の突然の『医者様をよばなくっちゃ。』の決心に対して今度は豆太がじさまを助けるというように直対応して出た言葉だからです。それまで描かれている豆太の特徴を押さえ、その豆太が行う行為はどうなるのかの特徴を推測しているとは言えないからです。「豆太は急いで心の中で思ったけど、医者様を呼ぶには相当な勇気がいるけど、どうするのかなぁ。」と他の子どもは、同じ授業で発話していることを見るなら、登場人物の特徴をつかんで、その人物の行動の特徴はどうなるのかと想定するということのない、固定的な意味で「恩返し」という言葉を当てはめるというものになっていることがよくわかります。

　②の「臆病だけど勇気がある」の、「臆病」、「勇気」についても、充分に行為の特徴を捉えての特徴づけではないというということでは「恩返し」と同様な概念的言葉の使い方です。しかし、３年生くらいになると、行動の性格を考えるようになっていますから、その特徴づけを具体的に行うことが弱いことを根拠としていると言えます。（詳しくは、第一章第２節の２‐３の項を参照）

　③の二人の子どもの二つの「勇気」の表現は、①、②で考察した概念的言葉の使用のレベルをさらに進めることが出来る例だと言えます。これらの発話は、授業の後半で出てきた発話です。その間の授業では豆太が山を下る過程について論議しています。豆太の行動を「自分では信じられないくらいの勇気」を出したというように特徴づけていることは、それまでの豆太の言動の特徴づけ、その特徴づけと照らし合わせて豆太のその後の行動を特徴づけようとしています。それを表す言葉が「自分では信じられないくらいの勇気」です。豆太のはじめの言動を特徴づけ（概念的に言語でまとめる）、それを次の豆太の行動を特徴づけるときに照らし合わせて総合する（さらに概念的に言語でまとめる）という内言

における二重の概念的言語的思考によって創り出された特徴づけだといえます。つまり一生懸命に考えて、相反する二つの行動の特徴を統一的に結合して「勇気」の概念を新たに創造して人物の像を描くものとして言葉に乗せたと言えます。それによって、学齢期前後からよく見られる概念的用語の状況や行為の外面的類似性に当てはめる傾向から脱却していると言えます。直接的に類似の様相に用語を当てはめるのではなく、突然に表れた行動の性格を行為の主体の思いの変遷との関係で特徴づける用語として使っています。つまり、概念的な言葉を自分なりの意味を持つものとして使用しているのだと言えます。国語における言葉の知識の理解とその適用を、実際に子どもはどのように行っているのかがここに表れています。新しい意味を「勇気」という概念に付与するという飛躍を支えているのは、登場人物の豆太の「霜月の夜、霜の凍る暗い山道を走る」様相及び心境を、それ以前のその人物の言動と統一的に丁寧に捉えようとしていることにあると言えます。それが、単なる「勇気」では表現できないと、子どもなりに感じ、考えて自分の想いにぴったりの言葉を紡いだのだと言えるのではないでしょうか。

　他方「豆太は勇気を出している。こわくてもやればできる人だからこわさと立ち向かい……」という「勇気」は、どのようにして使われているでしょうか。これは、豆太がやり遂げたという行為の結果をまず、「勇気があった」というように特徴づけ、そこから、その勇気に相応しいとされる人物像に則って豆太の人物像を描くというものです。行動の結果に対する判断がまずあって、そこから、つまり、ある概念から、人物像を具体化するという、いわば、逆の思考の働きが作用していると言えます。この場合は、初めの判断が医者を呼びに行ったという行為に直結した単純な「勇気をだす」ということなので、その「勇気」から人物像を描くと、描かれている人物像とはかけ離れがちになります。したがって、その人物（と関係するひと・もの・こと・）を通して作者が描こうとす

る作品全体の意味をつかむことは難しくなります。文学を読む学習は、本人の意思に関わらず、このような思考作用（概念からの天下り）では、「道徳的」徳目の確認に陥りやすい結果になると言えます。

　新指導要領国語編（2018 文部科学省、p.70）では、 小学校低学年での内容の把握は、**行動**、中学年で**行動に気持ちがプラス**され、高学年で**人物の相互関係がプラス**され、さらに、中１では小学校高学年に**場面展開がプラス**されることが求められていますが、実際に子どもは、そのように単純に次々とプラスすることによって、読みが深まっていくと言えるのでしょうか。１年生から、子どもは話の各場面の関係を押さえ、その中での人物の関係を押さえ、それによって湧き起こる人物の心情によって支えられているものとして行動を捉えようとしていることが分かります。各学年でのその違いは、行動や気持ち、人物の関係がプラスされていくものではなく、それら全体の質に関わるものです。そこで、思考の質（概念の質）が問題となってきます。ここに、思考の発達の問題が横たわっていると考えるべきではないでしょうか。

　新指導要領では、文学的文章の「読む」学習で、中学年での「考えの形成」は、「文章を読んで理解したことに基づいて、感想や考えをもつこと。」となっています。低学年の「感想をもつこと」に「考えをもつこと」が加わっています。このような定義は悟性主義そのものです。まず、理解と考えとが形式主義的に分けられ、考えをさらに、感想と考えに形式主義的に分けられています。文章を受けとめるという一塊の感性的・思考的作用の過程の中から、形式的に理解、感想、考えという要素らしきものをバラバラに取り出して系統付けようとしています。実際には、子どもは（大人も同じだと言えますが）あることを特に文章から理解するためには、文脈を感じ取りつつ、それを構成し、最終的にはその意味を抽出するというように、考えることをしなければ理解できません。

　そこで、文章によって表現されていること、表現されていないことをも
想定し、表現されて<u>ある</u>がままの人物像及びその関係を構築します。そ
れは確かに自分の好きとか不思議とかとは別の、あるがままのものを抽
出するのだとは言えます。その過程で、自分の想定と異なるとか、不思
議だなあとかいう判断とすり合わせながらでない限り、客観的に理解す
ることはできません。また、そのようにして自分が表象したところのも
のに対して感想をもつということは、判断・考えがなければ、たとえ直
観的であれ、感想を持つことはできません。さらに、考えを持つことも
感性すなわちどう感じるかが湧きおこらなければ、考えも深まりません。
感想と考えをバラバラにすることはできません。「**自分では信じられな
いくらいの勇気**」と子どもが言ったことを、これは考えかどうかなどと
評価するわけにはいきません。むしろ、この様なバラバラな提示は、弊
害となります。教師からの「感想を書きましょう。」「考えを言いましょ
う。」というような発問を誘発してしまうからです。

　「考えの形成」を、読むことにおける思考の発達をいかに促していくの
か、ということだと捉えるならば、子どもの発話やノートに書いたこと
を、どのような意識の流れ・思考作用が働いているのか、その質的な高
まりを観るということでなければならないでしょう。
　そのように考えると、一方で「**自分では信じられないくらいの勇気**」
という感想と、他方で「**豆太は勇気を出している。こわくてもやればで
きる人だからこわさと立ち向かい……。**」という感想のその質をどのよう
に観るかということになります。すなわち、「勇気」という概念の使い方
における概念的思考の質的違いを押さえることだと言えます。まず後者
から言うと、医者様を呼ぶという行為に単純に反応した「勇気」という
ステロタイプに当てはめて、人物像を観念的に思い描くものだと言えま
すから、「勇気」という概念、それを使う概念的思考そのものには低学年
との質的な変化はあまり見られません。他方前者は、豆太の「勇気」と

は何だったのかを問い、「豆太」に固有の個別的な「勇気」としてその概念を創出しています。具体性においてそれまでの概念的な用語を適用して新しい意味を表現しています。そこには人物像に迫る迫力があります。「臆病だけど勇気がある」という一般的で曖昧な捉え方ではなく、人物の行為の特徴を分析・抽出することができています。これは、文学作品を読み深めることにとって重要な思考作用だと言えます。

3-2-4　4年生『ごんぎつね』の授業での例

①『　ごんは山でくりをどっさり拾って、それをかかえて兵十のうちへ行きました。』の文章の『どっさり』について、「くりは何個か」と問い、次に「5－6個だと思う」、最後に「ごんは一生懸命ひろった」というように、考えていく過程で『どっさり』の意味が変化していった子ども。

②『青いけむりが、まだつつ口から細く出ていました。』の最後の一文を、「『青いけむり』がでているのは、まだ（ごんは）生きているというように思える。『細く』というのは息をしているような感じ。けむりが消えたら、ごんは死ぬ。」という子ども。

③また、次のように最後の一文を読む子どももいます。「ぼくが最後の一文を読んだとき、何かかなしさが残りました。そして、兵十はごんを撃ったことで苦しんでいると思った。ふたりは分かり合えたから、兵十の悲しみはもっと深くなるというように僕は思います。」

　①は、「どっさり」に注目して、そこから直接には「一生懸命にひろった。」（「それほど兵十に償いをしようという気持ちが強かったんだ。」）というようには考えないで、どのくらいの量かを一度立ちどまって把握するというように意識が動いたということになります。そこで、小ぎつねの手で持てるのは5～6個と確認して、それを毎日と考えると大変な労力だったと思ったのでしょうか、一生懸命だったと確認したというこ

とになります。一度どのくらいの量かを実際的に考えてみるということは、その量的な確かさははともかくとして、その行為（ここでは栗を拾うこと）について全くわからないときには大変重要なことだと思います。「どっさり」などの程度を表すものを、具体的にそれがどのように行為に及ぼすのかがわからないとき（特に、他国の事情や歴史的過去の事情が分からないとき）は、そのまま、抽象的に「たくさん」ということで通り過ぎるのではなく、より具体的にその実態を想定してみることは、文学作品を味わうことにとっても大事なことだと思います。お話が、一定程度読み手にとって日常的なこととしてわかりやすい場合に、つまり、実感的にその程度がわかるときに、わざわざ何個かという発想をすることを一度媒介して登場人物ごんの行為の重たさを知るという場合には、「抽象的」な概念からその行為を抽象的に特徴づけるという思考の働きが充分には出来ていないということだとも言えるわけです。

　4年生で、一般的な言葉を借りるのではなく、自分で考えようとする年令になって、考えようとすると、その具体性（何個）が気になるということなのでしょう。未だ、複合的概念的思考（抽象的・論理的な分析に基づいてではなく、実際に存在する事実を外面的に見て諸事物を結び付ける統合の仕方。通常は、学齢期以前から特徴的になるとされている）の思考の働きが残っていることを示していると言えます。

　上のように複合的な概念の形成（概念の質としては、物の外面の類似に注目するレベル）の仕方が残っていることは、たとえものの外面しか観ていないとしても、それは真の概念的な思考への飛躍にとっては、大事なことだと思います。物の具体性に注目するということは、対象（物）を概念的に捉えることにとって出発点において絶対に必要だからです。つまり、3年生の『モチモチの木』での「豆太は勇気を出している。こわくてもやればできる人だからこわさと立ち向かい……」にみられた「勇気」と言う概念をステロタイプに捉えてそれを当てはめて人物像を観念

的に思い描く傾向を打破していく足掛かりとなるからです。

　②は、当該の一文を、読んだときの自分自身の感性的心理的印象から、その印象の象徴のように読み、それを比喩的に説明していると言えます。「青いけむり」を「ごんはまだ生きている」、「細く」を「息をしている」というように、比喩的に言葉に乗せているのですが、その意味することは自分自身の読後の強烈な印象からくる願いでもあるようです。したがって、文章を具体物に単純に置き換えるというものではなく、具体的なものによって表現していることを象徴として読むという思考の働きがそこにはあります。このような象徴性を見出す思考は、ある程度話の具体性を分析し総合してその意味を考えることを基礎として、そこから働いてくるものだと言えます。新指導要領で言うように、「行動は？」＋「気持ちは？」という文章の拾い読みからは出てきません。

　③は、自分の感性的な受けとめをまず書いています。最後の一文を読んだときに、それまでの話の終わりとして、「悲しさが残りました。」と。その悲しさは兵十に同化することによって湧き起っていたのだと言えます。「**兵十はごんを撃ったことで苦しんでいると思った。**」と。そして、兵十の悲しみを洞察しています。「**ふたりは分かり合えたから、兵十の悲しみはもっと深くなるというように僕は思います。**」と。

　かつて、授業の初めに「今、兵十が一番悲しい。」と、ノートに書き出していた子どもがいました。ごんと兵十の二人の登場人物を置き、兵十の悲しみを浮き彫りにする感想は読みの直観的な鋭さを示すものでした。しかし、上の子どもは、教材の全文を詳細に読んだ最後の授業で、兵十の悲しさを洞察しています。

　一般的には、文章で書いていないことも文脈から想像するという範疇で、このような「洞察」も入れられてしまいがちです。しかし、それは単純な想像ではありません。また、新指導要領の国語編での「思考力、判断力、表現力等の内容」の「読むこと」のそれは、「感想や考えをもつこと」と簡単に規定されていますが、兵十の悲しみ・苦しみを「洞察」するこ

とは、「考えを持つこと」が出来たと評価されて終わりとされがちです。

　しかし、重要なことは、兵十の悲しさは何なのだろう、苦しいのは何なのだろうと、問題意識をもって追及していることを教える側がどう考えるかにあります。このような追及は、自身の問題意識でこの物語を振り返って、登場人物の関係を明らかにするために関連する文章等を自分の表象とともに選び出し、再想起して考えをまとめるという作業をするということになります。この考えをまとめる過程の意識の流れそのものは、単純に行為を確認しそれへの自分の感想をもつことの足し算ではありません。また、新指導要領では、中学年の読みの学習（文学的文章）内容として登場人物の相互関係を捉えることは課題とはなっていませんが、ごんと兵十の相互関係それ自身も単純に足し算するものでありません。兵十は銃で憎らしい「ぬすっとぎつねめ」と思いごんを撃った、と同時に栗やまつたけを持ってきていたのはごんだったのだとわかった。この兵十の相反する行為とおそらくは相反するごんへの感情、これをどのように考えるのかという概念的思考を働かせている過程なのです。

　これは、ごんと兵十の関係を「分かり合えた」と特徴づけ（分析・抽象し）、この分析・抽象の内容を再生・想起してその内容から照らしつつ、兵十への同化によって撃った後の兵十の悲しみを描き出して、その重さを「もっと深くなる」と特徴づけるという意識の働き（思考作用）を見ることが出来ます。ここでは、三重の概念的言語的思考を働かせています。3年生の『モチモチの木』の読みで、豆太の行動を「自分では信じられないくらいの勇気」を出したと考えたことと同様の思考における自らの想像の統合的な使用ですが、彼の場合は、さらに内言における三つの想像を統合するという意識の働き（思考の働き）に支えられたものです。このような思考の働きによって、「分かり合えたから、悲しみははもっと深くなる」というパラドックスの概念を彼は持つことができたと言えます。「分かり合えたこと」はよかったこと、「ごんが死んだこ

と」は悲しいこというような、一般的によくある「よいこと」と「悪い
こと」を切り離してふるい分けるのではなく、相反することが一個同体
である、あるいは、原因と結果として関係しているという概念の形成に
他なりません。これは高度な概念の形成だといえます。

　分析・総合という場合、全体を捉えながら、それを構成するいくつかの
部分を分析・抽出・抽象してそれぞれの部分を特徴づける、その特徴づ
けを最後に総合するというように考えます。③の児童の発話はその最後
の場面の特徴づけにあたりますが、最後の場面であることから、全体の
総合である性格をも持ちます。とはいえ、二人の関係はどのようになっ
たのかの一点に絞ったものです。一つの場面でのある一点に絞って、そ
れを特徴づけようとしたものです。その一点に関する自分の表象に対し
て三重に考えを重ねて統合していったと特徴づけられます。分析・総合
するといっても、このような特徴を持つ分析・総合もあることを私たち
は記憶しておく必要があります。このような心的経験と意識の動かし方
が、その後、作品全体の分析・総合をなし得る基礎となっていきます。

3-2-5　５年生『大造じいさんとガン』の授業での例

　**『大造じいさんは、ぐっとじゅうをかたに充て、残雪をねらいました。
が、なんと思ったか、再びじゅうを下ろしてしまいました。』**という教
材文をどう読むかの学習で、子どもたちの授業中の発話と各授業終末に
「今日の学習で」を学習ノートに書きまとめたものとでは、その内容が少
し異なっています。そのうちの一つを例に挙げます。

　授業中の発話では、「57番（学習用につけた文章番号）の『……、な
んと思ったか、再びじゅうを下ろしてしまいました。』は、58番の**『残雪
の目には、人間もハヤブサ もありませんでした。ただ、救わねばならぬ
仲間のすがたがあるだけでした。』**っていう残雪のその思いが大造じい
さんに伝わったんだと思います。」と言っていますが、この発話の後、授
業では、残雪は、仲間を率いて一度安全な場所に行ったあとに、引き返

してきたという残雪の動きを確認する論議、さらに、ハヤブサの登場の際に語り手が「あっ。」と声ををあげていることを、ハヤブサも「あっ。」と思ったという意見があり、さらに、子どもたちは、それは残雪はリーダーだからとか、大造じいさんも「あっ。」と言っている等、教室はこれらの「発見」にどよめきました。授業終末のノートでは「**大造じいさんは、残雪がおとりを助けてくれて、自分には出来ないようなことをやってくれたから、残雪を撃てなかったと思いました。**」書いています。

　はじめは、残雪の思いが大造じいさんに伝わったとし、その思いについては、教材文の引用で表しています。授業中の論議のあとでは、大造じいさんに伝わったことは、残雪の姿を通して、残雪が大造じいさんに突き付けていることとして、自分にはできないことをやっているのだという大造じいさんの想いによるものへと変わっています。この変化を支えているものは、残雪には『**救わねばならぬ仲間のすがたがあるだけでした。**』という教材文の捉え方の変化です。授業での論議によって、「おとり」になった仲間を助けるためであったことだと想起され、大造じいさんの、今はなついている「おとり」への想いを大造じいさんに同化しつつ想像して、さらに、「おとり」を救うことを自分ではなく残雪がやっているのだと大造じいさんの苦い想いを想定していることになります。つまり、文章では残雪の姿が描かれているのですが、その文章表現を、銃口を通して見ている大造じいさんの想いを照らし出すものとして、反転させて（見ている対象の姿を見ている主体の想いを照射するものへと反転させて）捉えているのだと言えます。

　読み手としての自分自身のおとりの想起、大造じいさんのおとりへの想いの想定、そして、残雪と自分を比べての大造じいさんの苦しい想いの想定と、やはり三重の想像活動（意識の作用）を重ねることによって、自分では意識していないと言えますが、文章の内容を反転させて表象する（想い描く）ことが出来たと言えます。

作者椋鳩十は、この話を、大造じいさんの若いころのガン狩りの話を、語り手がそれを土台として話すという形で展開しているのですが、しかし、それは、むしろガン狩りの成功や面白さということではなく、宿敵残雪の賢さ（仲間を狩人から守る知恵）と雄姿（おとりとなったものさえ自分より強いはやぶさと戦って救う果敢さ）とを大造じいさんが確認するというものになっています。しかし、そのことによって、狩人であるじいさんは、宿敵の態度に『強く心を打たれ』、傷を癒してやり逃がすことで晴れ晴れとしたという結末にしています。狩人が獲物に心を打たれ、むしろ逃がすことで晴れ晴れとするという逆説、反転する狩人の話となっています。この反転は、残雪の賢さと雄姿を大造じいさんが宿敵の姿を見ながらそれを語ると言うように語り手は誘導しています。しかし、実は、残雪の雄姿からむしろ自分を見て自分を知る、自分の非を知ることを暗示しているとも言えます。それが、「おとり」を配していることでわかります。したがって、文章は宿敵残雪の知恵と雄姿、その大造じいさんの確認という形で綴られています。大造じいさんの自分自身に対する想いは文章の前面には出ず、むしろ残雪の知恵と雄姿は、<u>大造じいさんにはそのように見えたという表現</u>になっています。

　そこで、多くの子どもは、はじめは大造じいさんが狩に成功することを望みながら読み進みますが、ハヤブサと残雪の戦い以後は、残雪が生きていること、逃がされることを願って読みます。大造じいさんについて思うことはほとんど後景に退きます。大人でもそのように読んだということが教材を分析する論議の中で出てきます。

　事例の授業では、ハヤブサの登場の場面での『あつ。』『一羽、飛びおくれたのがいます。』『大造じいさんのおとりのガンです。』の文章から、子どもたちはその場の状況を残雪と大造じいさんの両方を視野に入れて想像しています。そして、彼らは、『あつ。』は残雪が言った。大造じいさんも言った。と読みました。両方が『あつ。』と言っただろうという読

みが、授業終末のノートを書かせたキーポイントだと推定されます。それによって、「おとり」を助けたいという気持ちは、大造じいさんも残雪も同時に同じだと鮮明になったのだと言えます。だからこそ、子どもは、爺さんは自分が（見ているだけで）出来ないようなことを残雪がやってくれているから、残雪を打てなかったと想定することができたのだと言えます。（その後の文章で『じいさんは、ピュ、ピュ、ピュと口笛をふきました。』で、じいさんがおとりを引き戻そうとしたことは明らかにされていますが、その文章だけでは、じいさんと残雪とが同じ思いでいるとは印象付けられなかったようです。むしろそれによって、おとりのガンはハヤブサにかえって攻撃されたからです。）

　文章通りに読み進んでも、登場人物の相互関係は、「じいさんは、残雪に心打たれて、はなしてやった。」と言うようなものになりかねません。そして、高学年の「考えの形成」で求められるものが「考えをまとめる」と、新指導要領国語編（p.37）で規定されていますが、上のような人物の相互関係の捉え方では、自分の考えとしては、残雪が生きていて、じいさんの檻から逃がしてもらってよかったと思いますというようなことで終わってしまいかねません。

　そればかりではありません。新指導要領では、「読むこと」は、「話すこと」へと活動に移すことをむしろ目的として、読ませるように位置付けられています。そのための活動として、「対話すること」が設定されています。対話することで求められていることは、「違う考えを聞いて考えを広げること」とされています。それが思考力の形成だとも見なされています。そこでの対話はいわば発表会のようなものになっていますが、「話し合い」ではありません。同じ文章をめぐって口々に発話する過程で、状況がより生きたものとして浮かび上がっていき、そうした中で、湧き上がってくる概念的な意識の働きによる捉え方があるのだということ、そこに注目する必要があることを、上の事例は示しています。

また、この事例は、場面の中の関係する登場人物について、文章や語句にそって具体的に浮かびあげていくことによって、それを基礎として、例えば銃を下すという行為を促したその人物の想いを想定する概念的な思考が働くということを示しています。具体的な分析・想像（表象）と概念的思考の質とは相互に関係していると言えます。これは、１年生〜４年生の事例すべてにわたって言えることです。

3-2-6　６年生『やまなし』の授業での例

　授業での話し合いの後の学習ノートに書く「今日の学習で」に、自分の考えを書くのですが、６年生になるとその領域は広がっています。

　Ｓさんのノートから：

「宮澤賢治さんに会ってみたいという人がいます。私も会ってみたいけれど、宮澤さんが作った物語の話は私はしたくない。きっと宮澤さんも話したくないと思う。宮澤さんは自分の作った物語を読んで欲しくて、自分自身で（読者が）いろいろと受けとめて欲しいと思う。自分だけの世界をひろげる……。でも、捉え方を話し合うのはいいかも。やまなしの意味を教えるのではなく。」

　Ｓさんは、『やまなし』の文章と格闘しながら、この話はどういう話なのかをひとり読みで「自分だけの世界をひろげる……。」というように考えていたと思います。そこで、作者の宮澤賢治に会っても物語の話はしたくないと言います。宮澤賢治も自分の物語は読んで欲しいと思っていると思うが、読者には自分自身でいろいろ受けとめて欲しいと思っているだろうと推測・判断しています。そこで、「自分だけの世界をひろげる……。」にもどってみると、うーん。と考え込んだのでしょうか。そこで、でも、「捉え方」を話し合うのはいいのではないか。「話の意味」を作者から聞くのでなければと、結論付けます。『やまなし』を読む難しさを感じている心境の一端を見事に描いていると思います。

　ここで、注目するのは、「捉え方」と「話の意味」（やまなしの意味）

に関わることを分けていることです。話の意味を考えるための文章の捉え方、分析の仕方等の方法に関わることを、話の意味内容そのものと一応分離して設定していることです。概念上で区別しているということです。これが、ただ、形式的に羅列しているのではないことは、Sさんが実際に、12月に登場するやまなしのこの話における意味を考えていることによってわかります。次のノートを見ます。

　同じくSさんのその後のノートから：
　「話し合いが終わって、私はとても不思議な感じで心の中がはっきりしません。それは、みんないろいろな考えを出してくれて、それをどうわたしのとつなげてはっきりさせればいいか、まとめ方が、今ひとつわからない。でも（『やまなし』の学習での）最初のたくさんの不思議をどうまとめたらいいかと、今の（友だちの）たくさんの考えをどう自分とつなげてまとめたらいいか……？　それがわかるまでトビラは完全には開かない。
　そのさっきの最初の不思議と今の不思議、まったく意味が違うと思う。というかあたりまえに違う。最初の不思議は全然物語に入り込めない、とても不思議な力。今の何かもやもやした不思議はやさしさを感じる。
　でもどうしてこういうことが感じてくるのだろうか。きっと私は、最初は、カニになり切れなくて何も、どこから不思議さがくるのかもわかってなく、びっしり不思議のトビラが閉められてたと思います。でも今は、みんなの考えと自分の考えが重なり合おうとして少しトビラが開いていて、やまなしなどとも友だちになれてやさしさが感じられるのだと思います。
　そして、私の考えは少し広がり、少し変わりました。クラムボンは『ぷかぷか』などから泡だと思うのだけれど、それに地上のやまなしの花が映って笑っているように見えるのだと思います。だから、五月はやまなしは直接ではなく、反射してカニたちを見守っているのだと思います。12月は直接！」
　①Sさんは、授業でのひとり読みの後の話し合いが終わった後の自分

の問題意識を意識しています。自分の内言に広がる自分の考えの進め方に関わる部分を対象として、それを描写しようとしているのだと言えます。そこには、子どもが友だちの考えを受けとめるときの、そんなに容易ではない「事実」、直接的には私たち教師がわかることのできない内面的な「事実」が明らかにされています。「みんないろいろな考えを出してくれて、それをどうわたしのとつなげてはっきりさせればいいか、まとめ方が、今ひとつわからない。」と。自分がいま考えていることや分からないことと、「どうつなげて」、自分がはっきりしないことをはっきりさせればいいのかと。すぐさま、「そうだ！」と響き合うことも一般的には授業中の子どもには多いと言えますが、いいこと言うなあと思えるけれども自分の考えることとどうつながるのかがわからないということもまたよくあることだと言えます。これを、子ども自身がかなりはっきりと注目して意識できているということは、数少ないすごいことだと感服します。分からないことは大抵子どもは無視して、自分でも無視していることすらわからないままであることが多いようなのですが、自分の意識の向いていることはこれだというようにはわかっていないと意識していることはすばらしいことだと思います。それも、具体的な一語や一語句、一文ではなく、友だちの考えと自分の考えをどうつなぐのかがわからないとはっきりと意識しているのですから。12歳で。ここでも、どう考えていけばわからないという考え方の問題を提起しています。

　②上のように意識が向いていると、次第に自分のぼんやりとしていることについてわかってくるようです。最初の不思議と今の不思議。同じ不思議でわからないことでも、少しは違ってきていると。そして、そのそれぞれの「不思議」の違いを描写しています。最初の不思議は物語にまったく入り込めない不思議だけど、今は同じように解らないことだらけだけれども、この物語にやさしさを感じることが出来ると。みごとに、自分の「不思議」と感じ思っていることの微妙な変化を感じとりそれがそれぞれなんであるのかを分析し理解しています。しかも、次に、それぞ

れの「不思議」がそうである根拠をも探し当てています。はじめは、か
にになりきれなかったこと、今は、友だちの意見とも重なり合って（かに
も）やまなしにも、友だちのようになれてきたと。これは教材文を読ん
でもぼんやりと焦点が定まらなかったけれども、次第に自分の注目する
視点が少しは定まったということでしょうか。かにに同化しながら、且
つ、かににとってやまなしは何かというように考えようとしているよう
です。ここまでの叙述は、①と同様の、話の捉え方に関わることを展開
していますが、①とは異なり、「わからない」ではなく、その方法につい
ても語っています。かにに入り込むことだと。そうして、その方法で読
み進むことによってか、自分がやさしいと感じるものは何かの追求の中
で、やまなしにも自分の注意の焦点が定まったということでしょう。

　ここでは、『やまなし』というお話の意味を考えるということをＳさ
んが念頭においていること。つまり、この話を通して、作者は何を言い
たいのか、話の全体を意味づける、つまり内容的に特徴づける（**「自分だ
けの世界をひろげる……」**）ということを意識に乗せているということで
す。やれるのかどうかはともかくとして、そのような概念をもっている
ということがＳさんの特徴です。と同時に、その追及の過程での何かが
わかる過程の微妙な意識内容の変化を変化として意識していることもま
た、Ｓさんの特徴です。その時、まず意識内容の中でも、文章にどのよ
うに迫るのか、その一つとしてお話の中に入れないという意識の状態を
意識していること、あるいは二つ目に同化する（かにになる）などの意
識の動かせ方、そのような、いわゆる文章の読み方に関わる意識の動か
し方を、それとしては未だ分かっていないけれども、いわば意識の状態
のようなものとして（お話の中に入っていけて、やさしさは分かってき
たなど）意識しているという特徴があります。

　③最後に、Ｓさんは、『やまなし』の中での彼女にとっての不思議なや
まなしの12月での登場について、発見したと言っています。　それはや

まなしは地上にいて花を咲かせている５月には、文面では出てこないけれども、その花はクラムボンに反映して、かにには笑っているように見えるのだと。その上で、やまなしは５月では間接的に、12月では直接的に登場して、かにを見守っていると。これによって、Ｓさんは、５月と12月を貫くものを明らかにしたのだと言えます。ここでの展開は、話の意味内容に関わる自分の意識内容を対象としてそれを語るものです。

　これ自身はもちろん、突飛な思い付きではありません。かには川の底にいて川面を天井として暮らしているとみなして、読み手である自分たちは、川の外から川をのぞき込んでいるという見方を、この授業で子どもたちは論議しています。そのような読み手意識を持てば、12月に熟して川に落ちてきたやまなしは、地上では春に花を付け秋に実をつけるというように見なすことは出来ます。書かれていないけれども、そのようにやまなしを見なすことはを必然的だと言えるでしょう。ともあれ、Ｓさんは、彼女の読みの目的である物語『やまなし』の意味を、彼女の言う「トビラ」を開きつつ、構想する一歩へと踏み出したのです。

　Ｓさんは、読む学習において、お話の意味という、一般的には主題等いう言葉でも言い表されている概念をつかもうとしています。そればかりか、それを追求する過程を導く読み方、方法についてわかろうとする意識を、お話の意味を考えることとは区別して、もっています。及びそれに関わる自分の意識の状態をかなり鮮明に意識に乗せて捉えています。しかも、それを捉え方という言葉で言い表しています。自分が何を考えているかを自覚していると言えます。

　もう一例を示します。すでに拙著において何度も取り上げて、文章の内容（お話の内容）を構想するときに働いている思考の働きについて考察している、Ｏ君の『やまなし』の学習ノートをここで、あえて取り上げます。ここでは、彼の叙述において表れている抽象的思考の働きとその言語的（概念的）表現の側面の考察を行いたいと思います。

　Ｏ君はまず「太陽の光について」及び「月光について」という項を設けて、それぞれを丁寧に考察し、次に「太陽と月光を比べて」の項を設けて考えています（以上は紙面の都合で省略します）。その次に、「五月と十二月」についての項で次のように展開してます。

　「五月と十二月は単純に対比しているとは思いません。五月はすべてを輝かせる黄金の世界です。読み手はまるで夢の世界に入ったように感じます。すると、すぐに、読み手はかにと一緒になってかにの怖さを同じように感じます。幸せとこわさが一緒にいます。この夢のような世界は何を意味しているのだろうか？　これは人間が生きているのと同じように思える。

　十二月、月光は冷たい季節の中で静かです。けれども、かにには幸せそうに現れています。かにの家族はやまなしを踊るように追いかけます。そして、月光はそのすべてを包みます。このことから、ぼくは十二月の暖かさを感じます。五月と十二月は、季節、起こった出来事、谷川を照らす光の違いがあります。でも、二つの月は読み手を心地よくしてくれます。」

　これに続いて、最後のまとめを次のように展開します。

「だから、最後の文章『わたしの幻灯は、これでおしまいであります。』にたどり着いた時、ぼくは、まるで突然夢から覚めて、作者から「さあ、このお話はどうでしたか？」とたずねられたように感じるのです。最後の文章はこのお話の中でただ一つの作者から読み手への直接の問いかけです。その意味で、この最後の文章は大切です。そう問いかけられると、ぼくは、かにの住む世界とぼくたちが住む現実を比べずにはいられません。そして、ぼくたちは明るくあたたかい世界を持たなければならないと考えました。最後の文章は、ぼくにそのように考えることを突きつけました。」

　①Ｏ君は、この『やまなし』についてのまとめの文章の項を、読む過程での自分の分析に沿って設定しています。光と月のそれぞれの項を立て、

そのあと両者を比較する。5月と12月もそれぞれ考えて、両者を比較する叙述になっています。いわゆる読み方、Sさんが「捉え方」と呼んでいる方法について、O君は直接語ってはいませんがそれを意識して、全文を構成していることはわかります。これは、教師が指示していることではないので、自分で、考えついたことだと言えます。ただし、授業では、5月と12月を比較する発話が多く、それを大きく評価しつつも、まだまだ言えることは多いと思うから、それぞれをさらに丁寧に読むようにという教師の指摘もあったことをある程度受けとめていると言えます。

②5月について、「**この夢のような世界は何を意味しているのだろうか**」と、問います。そして、「**これは人間が生きているのと同じように思える**」とまとめます。これは実に見事に5月の世界を喝破していると思います。12月についても同様に、まとめようとしていますが、ここは、かにとやまなしのすべてを月光は包むと言い、そこに暖かさを感じると結びます。それぞれをまとめた上で、5月と12月では季節、出来事、光の違いがあるが、読み手を心地よくしてくれるという共通性があると結びます。この、具体性においては異なるがそこに共通性があるという論理は、みごとな、概念的な思考を駆使するものの見方だと言えます。

③この見事さを押さえたうえで、もう少し、O君の展開を見ていきます。つまり、O君は、二つの月は、描かれている具体性は異なるけれども、読み手の受け取る心情では同じだというように、両者の同一性を抽出しています。子どもはこのように共通性を抽出するのだという一例を見る思いがします。

　私たち大人が、二つのものの具体性は異なるが、そこに貫かれている共通性は何かというときには、さらに、それぞれの具体性を深いレベルで抽象し、それによって初めて、大きな塊の二つ（5月と12月）の共通性は浮かび上がってくると言えます。例えば、5月については、幸せとこわさが一緒にいる世界だとまとめ、それは人間の生きているのと同じだとO君

はまとめ上げています。それに相当する12月をまとめあげるもの、12月の具体性においてまとめるもの、それが、月光がそのすべてを包むと言われています。このそれぞれをまとめ上げる内容にはずれがあります。一方は、幸せと怖さが一緒だと、かにを焦点としてまとめ、他方は、月光の働きでまとめています。しかし、O君は、5月についても、かにをを含むすべてを太陽が包む、それがかにの怖さを、それを見る読み手の怖さをなくすかのような作用をしているということを直観しているのかもしれません。太陽と月の光にこだわったのはおそらく、その光がそれぞれの川の中の生けるものへの関わりに作用しているのだというようなことを直観的に感じ取っているのかもしれません。しかし、その直観を書かれている具体性の分析において貫くことが出来なかった、つまり、その辺を分析するものとしては意識が進んではいかなかったのだと言えます。したがって、5月の具体性においては、人間の生きているのと同じだとまとめ、12月のそれは、光が包むというようにボタンがずれてしまい、物語における5月と12月の共通性は抽出することが出来ずに、読み手に感じられるものの同一性にそれを求めたのだと言えます。しかし、12歳の少年の思考力に脱帽です。ありのままの思考の有り様が極めてよくわかるものです。

　6年生になると、深く読む方法と読む内容との区別が自分なりにつき、その両者を読みながら考えている子どもが出てきています。それは未だ芽生えに近いものだとは言え、方法とそれによって得られる内容と言うことを意識していることは、それまでとは、格段の違いがあることを教える側は捉えなければならないでしょう。自分のやっていることを意識できるということは、自覚につながるものだからです。子どもは発話していても、自分が何を言っているのかについて分かっていないか、断片的にしか分かっていません。そこからの飛躍をもつことによって、自分の中に、読むときに動く意識を感じ取り、それを対象として考えることが出来る可能性を生み出していると言えるからです。自覚とは、自分が

何を考えているのかのその意識を対象としてそれを認識することだからです。これは、意識的に考えるという局面へと読みの力を押し上げていく根拠をなすものだと言えます。第三章でさらに触れます。

　新指導要領での「深い読み」とは、友だちの意見を聞いてその良さを知り考えを広げると言う「水平的」なことです。が、もはや、実際の子どもは、それをはるかに超えて、対話＝話し合いの只中において友だちと共に同じ文章に向き合って文章という学習における対象の具体性をより鮮明にすることを自分の中に受けとめ、さらに、そこから自分の意識を対象として自覚することによって、意識的に自己自身と対話するという局面に入ろうとしていると言えます。これこそが中学生への過渡であり、つながっていくものだと言えます。教授においては最近接の発達の上限に、この様な読み方を設定することが出来るようになると言えます。
　以上の子どもたちの、抽象的な思考と概念的言語表現について、さらに、一般的理論的に捉え返すことがヴィゴツキーの理論によって可能となります。

３−３　思考の素材（対象）と思考の作用についての　　　　ヴィゴツキーの展開

3-3-1　思考の主体とその対象
　概念の発達を考えるために、まず、考えるときの対象とその対象を知るために働く思考の作用について考えます。
　思考について考えるときにまず押さえておかなければならないことは、考える主体とその対象です。考える主体が、いかに対象を捉えるのか、いかに対象を意味づけるのか、これを離れては思考について考えることは出来ません。誰が考えるのか、何について考えるのか（考えているのか）それを抜かすことはできません。このことを離れて何かを考える論を始める

と、そこで論じられる概念とか思考とかの内容は極めて観念的になり言葉と言葉との関連論議となり、いわゆる概念の一人歩きが始まります。

　授業実践例で取り上げた子どもの教材文の読み（発話にみられる）とそこに働く意識の動き（作用）についての叙述は、言い換えれば、考えるときの子ども（主体）が対象を知ること（読みの内容）とその対象を知るために働く思考の作用について、具体的に教授＝学習過程で現れたものを分析したのだと位置づけられると言えます。

3-3-2　思考の対象となる素材・資料と表象

　ヴィゴツキーによる概念の発達に関する理論（『思考と言語』第5章）は、具体的な思考の作用（意識の動きと言ってもいいと思います）を基礎として発達する概念的思考の、その質的な高度化、発達を捉えようとしたものだと言えます。それに続く『思考と言語』第6章の「子どもにおける科学的概念の発達の研究」は、第5章で述べられた概念の発達の最も高い概念の発達へと、子どもの思考はいかに発達するのかを論じたものです。ヴィゴツキーはそれは、教授＝学習という教育の過程抜きには考えられないという考えに立っています。そこに、「発達の最近接領域」の創造の問題は横たわっています。

　ヴィゴツキーが概念の発達について論じている「科学的概念の発達」あるいは「生活的概念と科学的概念の発達」に関するものは、日本で出版されているものとしては、3編あります。『子どもの知的発達と教授』（1933、1975、明治図書出版）の第四節「生活的概念と科学的概念の発達」、『教育心理学講義』（1933、2005、新読書社）の「附章　学童における生活的概念と科学的概念の発達」、『思考と言語』（1934、2001、新読書社）の第6章「科学的概念の発達」です。最初の2編は、同じ原文ですが、後者は最初の翻訳を訳者柴田義松自身が約30年を経て再訳したものです。『思考と言語』では、初めの二つとは同じ原文ではないも

のです。ヴィゴツキーによる過去の講義を踏まえた書き下ろしです。

　1975版では「思考の素材と操作」という項の表題が柴田氏によってつけられています。2005版では原文は同じですが、その表題は「思考の資料（表象）と操作」と言うように異なっています。『思考と言語』第6章ではそれにあたる表題はありません。しかし、思考の対象と操作にあたる論議は全体を通じて述べられ、また、そのことと、概念の発達の関係も述べられています。

　柴田氏による前2編のそれぞれの表題、「思考の素材と操作」と「思考の資料（表象）と操作」とは、使われている言葉が違っています。「素材」と「資料（表象）」とが違うのですが、特に、表象が資料と同義語のように使われていることにわたしは抵抗を感じます。「資料」というのは、おそらく、「素材」という方が直接的でいいと思うのですが、考えるときの素材と言う言い方は、思考の「対象」のより具体的な感じを与える用語です。しかし「表象」といわれている概念は、現実の対象物を捉えて内面で構成された意味・像・想いのこととして心理学では一般的につかわれています。広い意味での通常私たちが言うところの、「受けとめ」て自分の脳裏に「反映させたもの」と言えます。思考（考えること）は現実にある対象だけではなく自分の内面に構成された想いそのものをも対象とするという意味では、素材も資料も表象も、思考の対象ですが、その対象が具体的な現実的な物かその対象（ひと、もの・こと）を内面に反映したものかでは、対象の質が全く異なるので、同義語としては取り扱えないと言えます。あるいは両者は同じものとは言えません。現実と意識に反映したものは異なるということです。異なるということは意識に反映したものは存在しないという意味で異なるということではありません。対象そのものとそれを「このように思う」ということとは異なるということです。ちなみに、アメリカ構成主義を名乗る人々の考えでは、自分はこう思うと対象を構想していることは、対象そのものだと主張しています。そして、それは

上で述べた PISA 式の「学力」テストの設問にも反映されています。

　しかし、思考について考えるとき、その思考の対象には具体的現実的な対象と、直接的外的には目に見えない内面に構成される表象とがあります。私たちは子どもと文章（文章で綴られたお話）についてこう思う、ああ思うと授業で論議するのですが、書かれた文章で書き手が表現していることと、読み手がそれをこう思うと自分の想いを構成することとには当然ずれがあるから、それぞれの読み手による多様な「想い」が出てくるわけです。対象（書かれた文章）そのものと、それを読み手（思考する主体）が反映して構想したものとは、明らかに異なるものです。それゆえに、子どもですら、思考の対象である文章をこれはどうだああだと言うし、それに止まらず、同時に、自分が文章を受けとめて構想したことを、次第に抽象的にまとめたりするのです。これが子どもの内面に形成される表象です。これは他者には見ることも聞くこともできません。しかし、この表象はひとたび他者に向かって発話されるか文章として提示されれば、つまり外言化されれば、現実的な対象となります。

　私たち教える側が、子どもの発話を分析するとき、その発話内容だけではなく、それを支えている意識の動き（思考の作用）をも、実際には見えないにもかかわらず、そのすべてではないわけですが想定できるのは、発話が文章を対象とした子どもの内面的なその表象を基礎としているからです。

　子どもも、自分自身の表象を対象とすることができます。その場合はむしろ他者によるよりも、理論的に言えば自分の内面ですからより直接的に対象となります。しかし、子どもは自分が何を書き留めたか、何を言ったのかは、発話した後には忘れがちです。だから、今日学習するときに、昨日自分が気に留めたり考えたりしたことと関係づけて考えようとして想起再生することは、子どもにとっては非常に高度なことです。それは少なくとも、今日考えようとすることが、昨日またはその前に考

えたことと何らかの関係があるという問題意識があって、想起再生する
のですから。しかしそれは、未だ直観的なものだと言えます。そしてま
た、どのように考えてそれを想起したのかは、未だ、子どもは言ってい
ません。先に挙げた6年生の事例で、少しだけ述べられていますが。そ
の意味で、6年生の二つの事例は画期的なことです。

3-3-3　表象と発話——内言と外言

　ここで、付随して付け加えておきたいことは、ある論議についてです。
それは、書き込みや書き出し、授業の終末にその日の学習で何が明らか
になったか、友だちの言ったことについて発話しなかったけれどもどん
なことを思ったかなど書き留めるもの等、いずれにしろ5分〜6分程度
で、長くても10分程度ノートやワークシートに書いたものは、文字で表
されているので外言ではないかという論議です。

　それらのメモ的に書かれたものは、書いた主体である子どもにとって
は、自分の文章の受けとめを一層自分にとって明らかにするために、自分
のために書き留めるものです。そうでなければ、すぐ忘れ去ってしまう
から、言葉にしない想いは闇の中に消え去る（マンデリシュタームの言
葉）から、対象を自身の内面に表象するその支えとして書かれるもので
す。そのような性質を押さえれば、内言を構成するための、自分のため
の言葉ですから、広い意味での内言と言う必要があるのではないでしょ
うか。ヴィゴツキーも、演説の前の構想を練るときに書き留めたものは、
内言と言えると言っています。それは何のための書き付けかということ
を考察して考えて、外言・内言は考えなければならないと思います。

　さらにいえば、子どもの発話には、しばしば、自分の書きつけたものを
読むというようなことがありますが、それは、他者に言おうとするとき、
自分の内面に作られている表象の全体を、今生まれたばかりのものです
から、自分でもまとまらないから、書いたものを頼りにするということだ

と言えます。書き込みや書き出しは、あらかじめ、他者に伝えることを直接的に目的とはしない、自分の思考の対象である文章への反応そのものだと言えます。教える側も、授業の初めのひとり読みの後の書き込みや書き出しは、そのようなものとして位置づけ指導する必要があります。授業の終末に書き留めるものは、それまでの授業の内容の、やはり、受けとめです。子どもが読み深めるためには、自分自身の表象を作り出すことが必要だからです。そして、一人一人の文章への受けとめがまとまっていくことが、他者との話し合いの質を支えます。そうして、他者との話し合いの行為（学習活動）とそこでの話し合いの内容が、それをさらに受けとめようとするとき自分のためのものとして自分に返ってくると言えます。

　したがって、新学習指導要領のように、「読むこと」が、「話すこと」「書くこと」を課題として「読む」というように直結されて（具体的には単元終末の「発表会」や感想文を書くなどの課題のために読む等）いるのは、明らかに、対象を知る、そのために思考するということを歪めてしまうものです。発表するために、話の大体は何か、人物の行動は何か、その気持ちはどうか、中心となることは何か、と「話すこと」を構成するために必要なことを見つけるというように、歪められてしまっていると言えます。このような「読み」は、拾い読みだと言えます。

　なぜ、文科省の「読むこと」が今回の新指導要領の様に改変されたのでしょうか。それは、「読むこと」を、すぐに役に立つように活用できる能力と資質を形成するという新指導要領の根本的目的に準じるように組み立てなおしたからです。そうすることによって、すぐに役に立つ力、つまり、コミュニケーション能力の育成のために「読む」となっているのです。そのために、読むことは必要な情報を得ることになっています。情報の分別に他なりません。これは、まさしく、今日においては、AIの開発において結果を出すために必要な情報をAIにインプットするというものと変わりありません。AI、つまり人口知能的に子どもを扱うものです。新指導

要領作成者の脳が変質しているのだと言っても過言ではありません。

3-3-4　思考の作用

　一般的に、ある対象を捉えるための思考の働き（作用）を心理学では
「操作」という用語で説明しています。ヴィゴツキーは概念的思考の発達
を論じるにあたって、思考の対象と思考の作用（操作）について述べ、
思考の作用（操作）と思考そのもの（思惟とも言われています）の違い
とその関係を論じています。概念的思考は、思考そのものの質・構造に
関わるものだからだと思います。

　ヴィゴツキー以前の心理学では、思考の発達の問題をどのように扱っ
ていたのでしょうか。ヴィゴツキーは次のように述べています。
　『よく知られているように、心理学における思考研究の最初の頃には、
思考の発達の内容は、主として知識量の集積に着せられていました。つま
り、知的により発達した人と、そうでない人との違いは、何よりも彼が
所有する表象の量および質、またそれらの表象のあいだに存在する結合
の量にあると考えられていました。そして、思考の操作は、思考の最低
の段階においても最高の段階においても同じだとみなされていました。』
（『教育心理学講義』2005, 新読書社、p.293）これは、古い連合心理学と
アメリカ行動主義（ソーンダイクなど）の代表的な人達の主張です。
　最近では、メディアに登場する比較的若い（30〜40代）「学識者」の
多くの人たちは、知識のことを情報と言うようになってきています。ま
た、新指導要領で、「読むこと」の内容を「行動」→「行動と気持ち」→
「登場人物の関係」と言うように学年が上がるごとに付け加えていくこ
と、また、「考えの形成」を、「他の子どもとの対話によって、異なる考
えを認め考えをを広げる」というように、水平的な広がりとして説明し
ていることをみると、思考の発達の内容は知識・情報の量の多いさに求
められていると言えます。そうすることによって、思考の操作（作用）

については、あまり注意を払っていない、思考の質についてはなおさらそうであるといえるのではないでしょうか。

　その後、ヴュルツブルグ学派は全くこれをひっくり返す形で、思考の対象（素材、資料）は思考の発達においてどのような役割も演じないと主張したということです。

　『（ヴュルツ学派は、）**思考そのものは、外的現実を表す形象が、言葉をも含めどのような役割も演じることのない過程であり、思考は抽象的関係の純粋に抽象的な非感性的把握、つまりまったく特別な種類の体験など純粋に精神的な行為であるという結論に達しています。**』

　『**この学派の積極的側面は、この学派に属する研究者たちが、実験的分析に基づいて一連の概念を提出し、思考操作そのものの実際の特質、思考の働きに関する私たちの知識を豊かにしたことにあります。しかし、思考の資料の問題は思考心理学からすっかり投げ捨てられてしまいました。**』（同上、p.293-294）

　この両者のような、思考についての180度異なる二つの考え方は、今でも共存して存在していると思います。現象的にみると、小・中学校教育では、知識の量を重んじて、暗記することでしか覚えられないほどの知識の量を詰め込んだ教科書を消化しなければならない教育課程が作られています。知識が詰め込まれることに付随して思考の操作はなされている。その操作の質は変わらないというような考えが今でも支配的です。したがって、教師は、どの単元でもまるでなめまわすように教え、覚えさせると、それが思考をも発達させるのだという考えに取りつかざるを得ない状況に追い込まれて、小学校の中学年から6時間目までの授業（終了は午後4時ごろ）を全く余裕もなく行っています。他方、大学等でのいわゆる「学問的」な地平でのその論述的展開においては、ほとんど外的現実の形象（その言語的表現すらも含めて）との関係なく、概念的な言葉の連続で終わっている傾向にあると思えます。外的現実の形象は数

量的な統計にとって代えられて、それがその後の展開の根拠となると考えられていることが多いのもそのためだと言えます。外的現実の様々な質的に違うものを、数量という抽象に変えられるのです。その抽象性は、この考え方とっては、整合性を持つというわけです。

　ヴィゴツキーは上記のように、既成の学派の特徴を批判的に分析することを通して、思考の発達の問題を次のように主張します。

　『思考操作そのものが、どのような資料をそれが操作するのかに依存することは明らかです。何しろ思考はすべて、なんらかの形で意識に現れる現実の諸現象の間に結合を打ち立てることです。言い換えるなら、思考の働き、あるいは思考のさまざまな機能は、何が働くのか、何が運動するのか、何がその過程の基礎にあるかに依存しないわけにはいかないのです。もっと簡単にいえば、思考の機能は、思惟そのものの構造に依存します。そこで可能な操作は、機能している思惟がどのように構成されているかに依存するのです。』

　『言葉の意味そのものが、例えば子どものことばにいっぱいみられる原始的一般化が一定タイプの構造に属しているとすると、その構造の範囲では一定種類の操作のみが可能であり、他の操作は他の構造の範囲で可能となるのです。混同心性的一般化あるいは概念がここにあるとすると、操作の種類はこの原始的一般化の構成のタイプとか性格に相応することになるでしょう。一般化がある一定の仕方で構成されると、ある種の操作はそこでは不可能となり、他の種の操作が逆に可能となります。』

（以上、同　p.294）

　注　操作という用語は働き、作用と言ってもいいとも思います。操作というと、あまり伝統的心理学に慣れていないわたしには、物の操作、例えば、数を数えるときに果物などの実物を棒やタイルに置き換えて操作するというような、実物の操作のような印象を受けるので、避けたい気がします。思考の操作は、意識の動かし方や判断に関わると思うので、実物を動かすこととは扱い方が決定的に異なるという意味でも、操作という言葉はなじまないわけです。例えば、意識はそれを意識しなくても、一定の思考の質・タイプの中では、そこで可能な限りの動き方をするからです。物は動かすと目に見えます。その意味が解る

かどうかは別としても。意識は、それに注目しないとその存在は常に意識されているとは限りません。現実の事物を脳裏に反映しても、そのすべてが、内言語的な思考の働きによって意識内容として表象されるわけではないということもあります。

　上の二つの引用で分かることは、まず、思考の操作（働き、作用）は、それが向き合う対象（資料／素材）に規定されるということです。なぜなら、思考（考えること）は何らかの形で意識に現れる現実の諸現象の間に結合を打ち立てること、つまり、対象を受けとめ表象として構成し、その意味を考えることだからです。第二に、思考の作用と、思考そのもの（思惟）とを区別し、前者は後者に依存すると考えていることです。すなわち、思考の作用は思考そのもの（思惟）の構造の範囲において、可能な作用のみが遂行されるとしていることです。ここで、思考そのもの思惟と言われていることは、概念・その構造というようにその後『思考と言語』で言われていること同義だと言えます。こうして、次にヴィゴツキーの概念の発達の理論が位置づけられるのだと言えます。

　わたしは、第一章で、文学的教材文（思考の対象となっているもの）を読む子どもの発話を、一方では、どのように話の内容について考えているのかという方向（領域で）、他方で、そのように話の内容を考えられる思考の作用（に関わる領域）について考察してきました。思考の作用にとっての対象とその作用についてまとめたものが、第一章第３節の３－１項の次の３点です。

　①　文章を、第２節で考察したように、様々な意識の作用によって、自分なりに想像して自分の意味において（自分の言葉で）受けとめること。

　②　また、これも第２節で考察したように、様々な意識の作用によって、文章から、しかし文章には直接書かれていない人物の心理や人物の諸関係を想定すること。

　③　自分の内面で構成したお話の内容の具体性の諸関係を（内言的思考によって）抽象化してその意味を考えるという、いわば、抽象的

概念的思考を働かせる練習場（育てる場）でもあると言えます、と。

　そして、より具体的にどのような思考の作用が働き、それによって明らかになったことをどのような言葉（あるいは概念的な言葉）によって子どもが表現しているのかの分析を試みたものが、第二章第3節、3－2項の「授業における抽象的思考による想像（表象）や概念的言葉の使用」です。

　これらは、ほかならぬ、思考の作用そのものについてのより立ち入った考察になると思います。4年生以降の高学年になると、とりわけ、ある場面の話の意味、話全体の意味を問うことが出来るようになってきています。また、とりわけ、6年生になると、話の内容について考えることだけではなく、いかに読むのか、いかに意味をつかみだす、抽出するのかについての方法の領域をも考えるようになっていました。この区別と連関を意識するようになることも思考の作用にほかなりません。これまでにない新しい領域への思考作用です。6年生の二人の子どもの例を検討しましたが、あの難解な『やまなし』の話の意味をそれなりに頷けるものとして見事にまとめていました。一人は、その出発点に立とうというところまで叙述していました。しかし、それらは、未だ途上であることもわかりました。<u>思考の作用がさらに新たな可能性を持つためには、思考そのものの構造、概念の発達が必要なのです。</u>

　それは、ピアジェの言うようにこれまでの思考の作用を脱ぎ捨てて新しいタイプのものを獲得するものではないということをヴィゴツキーは主張します。それについて検討する前に、つぎは、思考の作用を規定する思考そのもの（思惟という言葉で柴田氏は翻訳しているそれ）についてのヴィゴツキーの研究について検討します。

3－4　概念的思考の発達について

3-4-1　概念の発達に関する研究におけるヴィゴツキーの立場

　概念の問題をヴィゴツキーは『思考と言語』の第5章「概念発達の実

験的研究」で、実験的研究のまとめとして提起しています。彼の問題意
識の独自性は、第４章「思考とことばの発生的根源」の最後のまとめに
おいて知ることが出来ると思います。

　彼は、思考とことばとは、その発生的根源と発達の路線は一定の時点ま
では別々であるとして、それぞれの発達を追跡的に分析しています。そ
して、彼は思考とことばのそれぞれの二つの発達路線がある時点で交叉
するという誰もが認める事実を見事に構造的に明らかにしています。子
どもは言葉を外的に大人からの借り物として受け取り、物の外面の表現
として使い始める。しかし、自己中心的言語が表面的には減少していく
ことを、それはピアジェの言うように消え去ってしまうのではなく、そ
れとは逆に、内面化され内言の発達の基礎となるというように、独自の
見解を実験的資料とともに明らかにしています。自己中心的言語の減少
は、学齢期前、５～６歳頃から現れ、次第にその減少傾向は大きくなっ
てくると、ピアジェの実験でも言われています。この年齢を起点として
子どものことばの社会的機能と自己自身のための機能とが分化して、内
言は外言から分岐して発達する、この内言において思考とことばとの統
一、すなわち、言語的思考の本格的発達が始まるのだとヴィゴツキーは
主張していると言えます。それによって、子どもによって習得される言
語構造は、子どもの思考の基本構造となると言えるのだと考えます。

　『この内言とともに、思考の発達とことばとの、思考の手段との、子ど
もの社会的・文化的経験との関連という基本的な、疑いをいれない決定的
事実が現われる。内言の発達は、基本的には外から規定される。子どもの
論理の発達は、ピアジェの研究が示すように、子どもの社会化されたこと
ばの直接の機能である。子どもの思考は——この立場を公式化すればこの
ようになると思うのであるが——思考の社会的手段の習得にともなって、
すなわちことばに依存しながら、発達する。』（『思考と言語』2001, 新読書
社、p.144-145）と、内的に存在する意識の働きである思考は、自己自身の
ための内言と統一され、言語的思考となって発達すると説明しています。

さらに、『それとともにわれわれは、われわれの論文全体の基本的立場、問題の構成全体に極めて重要な方法論的意義をもつ立場の定式化に近づく。その結論は、内言及び言語的思考の発達と、動物界や幼児期におけるそれぞれが固有の発達路線に沿って進んでいることばと知能の発達との比較対照から導きだされる。この比較対照は、前者の発達は後者のたんなる直接的継続ではなく、発達のタイプそのものが生物学的なものから社会的・歴史的なものに変化するということを示している。』

　『……大切なことは、言語的思考の歴史的性格の承認とともに、われわれは、この行動様式（著者注：言語的思考の行動様式、つまり、言語的思考活動のことだと解します）に、史的唯物論が人間社会における歴史的現象のすべてに関して確立した方法論的命題のすべてを及ぼさなければならないということにある。』

　『思考とことばの問題は、自然科学の方法論的境界を乗り越え、人間の歴史的心理学、すなわち社会心理学の中心問題に転化する。そして、それとともに問題の方法論的構成も変化する。この問題全体にあまねくふれることはないにしても、われわれは、この問題（思考とことばの問題）の結節点、方法論的にはもっともむずかしいが、しかし人間の行動の分析においては最も中心的な重要な点には、弁証法的ならびに史的唯物論の基礎に立ちながらさらに詳述を加える必要がある。』（以上同　p.145）と、方法論的には弁証法的ならびに史的唯物論の立場に立って、思考とことばの問題は解明されなければならないと明記しています。

3-4-2　概念研究の方法について

　ヴィゴツキーは、概念の研究についての従来の方法を批判的に検討して、自らの方法を述べています。

　『（伝統的研究の）第一のグループの典型はいわゆる定義法であり、それのあらゆる部分的変種である。この方法にとって基本的なことは、子

どもがすでにもっている既成の概念を言葉によるその内容の定義によって研究することにある。』（同　p.147）

　『定義法は、概念、特に子どもの概念が感性的材料（これの知覚と加工から概念は生まれる）と結びついたものであることを忘れて、ほとんどもっぱら言葉だけを操作している。感性的材料と言葉は、概念形成過程の二つの必須のモメントであり、この材料から切り離された言葉は、概念定義の過程全体を子どもに固有のものではない純粋に言語的な次元に移してしまう。それゆえ、この方法によっては、子どもが純粋の言語的定義において言葉に与える意味と、その言葉によって表される客観的現実との生きた相互関係のなかで、その言葉がもつ真の現実的意味との間にある関係を明らかにすることは、まずほとんど不可能である。

　概念にとって最も本質的なもの——概念と現実との関係——がこれによっては研究されずに終わる。』（同　p.148）

　上記引用で、概念の研究は定義法では明らかにすることはできないと指摘している次の叙述「この方法によっては、子どもが純粋の言語的定義において言葉に与える意味と、その言葉によって表される客観的現実との生きた相互関係のなかで、その言葉がもつ真の現実的意味との間にある関係を明らかにすることは、まずほとんど不可能である。」は、第一章第1節1－2の『わたしはおねえさん』の授業での子どもが、妹かりんが鉛筆で書いているのは何だろうという一人の子どもの疑問に対して「おべんきょうと書いてあるからおべんきょうだ」と考えたことをここで思い浮かべます。子どもは、文章の中から「おべんきょ。」を「おべんきょう」と言語的に「正して」、その言葉だけをとりあげてその意味を考えると、それは国語とか算数ということを思い浮かべることしかできませんでした。それは、子どもが、「（かりんの発した）その言葉によって表される客観的現実との生きた相互関係のなかで、その言葉がもつ真の現実的意味」を想定することができなくなっていたのでした。つ

まり、かりんが未だ2歳であり、そうならば、どんなことを書くのかというように、話の中の人物（かりん）が姉すみれとの関係において「おべんきょ。」と言って書こうとしていることは、実際には何だろうかと想定できなかったということです。言葉の真の意味はその言葉によって表される客観的現実との生きた関係の中で持つ意味にほかなりません。日常の生活の中で、かりんは、姉すみれが「おべんきょうしなくちゃ」と言って行なっていることをまねしたくなったに違いありません。そこで、鉛筆を持って手をノートの上で動かしている姿をまねしていたと想定できます。これが『おべんきょ。』の現実的意味にほかなりません。子どもの概念の発達も、その概念が表そうとしている客観的現実をどのように捉えてその意味を抽象し表そうとしたものかという関係、概念と客観的現実との関係で研究しなければならないということだと思います。

　『第二グループの方法というのは、抽象化の研究と呼ばれる方法で、これは、純粋に言語的な定義法の欠陥を克服し、概念形成の過程の基礎に、直観的経験（ここから概念が生まれる）の加工の基礎に横たわる心理学的機能や過程を研究しようとするものである。（……略……）

　この方法の欠陥は、それが複雑な総合的過程のかわりに、その一部分を構成する要素的過程を置き、言葉の役割、概念形成にににおける記号の役割を無視し、そのことによって抽象化の過程そのものを無限に単純化し、それをまさに概念形成に固有な言葉との関係、概念形成の過程全体の中心的な特徴である言葉との関係の外に置く点である。』（同　p.148）

　第一の方法が概念的用語を、それと結びついている感性的な対象とは切り離して、言葉として定義する（いわゆる言葉主義的なものと言える）のに対して、第二グループの抽象化の研究といわれるものは、概念形成の基礎に直観的経験を置くことを強調するものだと言えます。それは、いくつかの目に見えるものの印象の中から何かの一般的特徴を見つけた

り、知覚的に同じような特徴を持つものを見つけたりする実験で、言葉なしでの概念の形成を説明しようとするものだということです。

　この第二のグループの行なった実験がどのようなものであったのかわかりませんが、その一つとしては次のようなものであろうことは推測できます。感性的な材料として、円、三角形、四角形などの形をしたもの（紙のカード、布など）、それらの大小の種類、また、それらの赤、青、黄色などの色の種類、そういうものを並べて同じものを集めさせて、それはどういうグループ化と尋ねるというものです。言葉は抜きにして、何を特徴として、抽出するのかを調べるものです。子どもは形の同じものを、色の同じものを、大きさ同じのをそれぞれ別々に集めるでしょう。あるいは、それぞれをさらに形のグループを色、大きさ別に、色のグループを形、大きさ別に、大きさのグループを形、色別に分ける子どももいるでしょう。あるいは、途中でそうした一定の基準抜きに、形の場合、色の場合、大きさの場合の基準をごちゃごちゃにする子どもも年齢によってはいるのではないでしょうか。

　いずれにしても、抽象化と言うことでは極めて単純になると言えます。

　ヴィゴツキーは、第一、第二グループの欠陥を次のようにまとめています。『このようにして**概念研究の伝統的方法は**、ともに**言葉と客観的材料との分裂**ということによって**特徴づけられる。それらは、客観的材料なしに言葉を操作するか、言葉なしに客観的材料を操作しているのである。**』（同　p.148-149）

　この引用文によって、ヴィゴツキーの概念研究の方法について、概念が発生する基礎となる客観的材料（思考の対象）と概念形成にににおける言葉の役割との重要性が確認されています。さらに、第三に、アッハの実験に注目してその意義を認め、概念の形成は、何かを解決する、あるいは明らかにしようとして追及する過程で発生する決定傾向、つまり、目的志向が必要であると言うようにまとめています。そして、第四に、

そればかりではなく、概念的思考は、言語的思考の外では不可能であり、言葉の特殊的使用が必要であると述べています。

『……この過程において中心的なものとなるのは、少年が自分の行う心理学的操作を自分自身の支配下においたり、自分自身の心理過程の流れを制御し、その活動を自分の前に立てられた問題の解決に方向づけたりするときの助けとなる手段として、記号あるいは言葉を機能的に使用することである。』（「思考と言語」2001, p.163）と。

ヴィゴツキー自身が取り上げた実験例を次に示します。

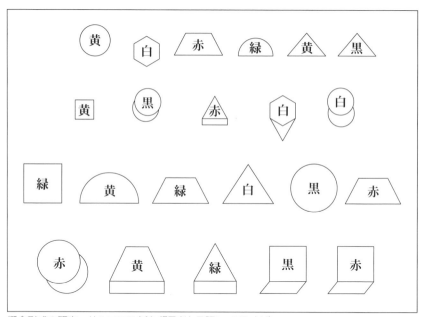

概念形成の研究　サハロフの方法（『思考と言語』p.160 より）

上のようなさまざまの色・形・高さ・大きさの図形が、被験者の前の黒板におかれています。『思考と言語』の翻訳者の柴田義松氏の訳注では次のような説明がなされています。

　「各積み木の裏側には、たとえば「ラグ」、「ビク」、「ムル」、「セブ」の
ように、被験者には、はじめは何のことか意味のわからない四つの単語
のうちのどれかが書かれている。だが、これらの単語は、実はある意味、
つまり概念をもっているのであって、それを被験者がどのように発見し
ていくのかが、実験のキイ・ポイントとなる。」

　「たとえば、『ラグ』は、色・形にはかかわりなく、すべての高い大き
な積木の上に書かれており、『ビク』は、平たい大きな積木、『ムル』は、
高い小さな積木、『セブ』は、平たい小さい積木の上に書かれている。」

　「……これらの積木のうちの一つを実験者が裏返して、そこに書かれて
いる単語を読む。この積木を「見本」と呼んでいるが、被験者には、こ
の「見本」と同じ種類のもの、つまり同じ単語の書かれている積木を、
他の積木のなかから見つけ出すことが求められる。被験者は、これらの
積木を自分でひっくり返してみることはできない。かれがこれだと示す
ものを、実験者が裏返していく。こうして裏返されていく積木のふえる
につれ、被験者には、だんだんと、単語が何を意味するのかが分かって
くるはずである。つまり、だんだんと新しい概念が、形成されていくわ
けで、その過程、その段階を、実験者は、被験者の反応の仕方、回答の
仕方から追跡していくのである。」（同　2001, p.437）と。

　この実験から、ヴィゴツキーは、子どもの概念の形成の仕方・その特
徴がどのように発達するのかの一般的な形を見出しているのですが、そ
れについては後の3-4-4の項で検討することにします。

　ここでは、概念的思考の発達について考えるために、ことばと思考の
発達についての基本的なことを考察しておくことにします。

3-4-3　思考とことばの発達について
①「絵を見てお話をする」思考実験
　ことばと思考の発達について考える際に、ヴィゴツキーが検討した、

ある心理学研究上で、歴史的に有名で影響の大きかったという思考実験があります。それは絵をみてお話をするという、ビネーが提案しシュテルンが広く利用したというものです（『文化的―歴史的**精神発達の理論**』2005, 学文社、p.295）。この実験は、例えば、町の家族かまたは農村の家族、あるいは刑務所の囚人が描かれた簡単な絵を取り出し、3歳、7歳、12歳の子どもにそれらの絵を見せて、子どもたちには絵を見てお話させるというものです。

　この実験のビネーの結論は次のようなもので、それは、当時思考心理学における多くのことで拠り所とされているということです。

　『就学前の年少児は、個々の対象を名付けながら、絵についてお話を作る。ここから、就学前児は、世界を個々の事物や対象のシステムとして見ているという結論が得られている。学齢児は、描かれた対象や人物がひき起こす単純な行為を確認する。ここから、小学生は、世界をある働きをする対象や人々のシステムとしてみているという結論が得られる。最後に、高学年は、特徴の段階へ移行し、さらにその後、関係の段階へと移行する。そして、個々の対象の間の複雑な関係を理解する。ここから、高学年は、人々や事物が相互にとり結ぶ複雑な関係のシステムとして世界を理解するという結論が得られる。』

　これに対して、ヴィゴツキーは次のように問題を提起します。

　『思考心理学にとって基本的意義をもつ中心的事実は、ここに示された命題を再検討することにある。』と。

　『実際のところ、実験は何を語っているのであろうか。はじめに、子どもは対象を知覚し、その後、行為を、それから関係を、つまり、事物の関連を理解する。これは、本当に子どもの発達について私たちが知っていることと合っているのであろうか。』（以上、同　p.296）

　ヴィゴツキーは、絵についてのお話についての結論が思考の発達の命題としては矛盾があるということを、子どものことばの発達について述べることで明らかにしようとします。『子どもは最初、一つ一つの単語を

言い、その後、フレーズを言い、それより遅れて、子どもは断片的な言葉や現象の仲間をあつめ、5歳児になると一文内において言葉を関連づけられるようになり、8歳児はもはや複雑な従属文を話すようになる。そこで、理論的な仮説が発生する。絵によるお話は子どもの思考の発達を描きだすことができるのであろうか。子どもは、かれが話すように、素朴な表現で考えていると理解することができるのであろうか？たぶん、発生的には事態は別であり、絵は子どもが断片的な単語から句を組み立て、その後、次第に文の範囲内で単語を結びつけ、最後に筋の通ったお話へ移行するという事実だけを確認するのではないか？たぶん、子どもは、世界をはじめには個別的事物でもってとらえ、その後の働きで、そして特徴や関係によって考えてはいないのではないか？』（同　p.300）

　このようなヴィゴツキーの問いは、つまり、絵を見てお話する実験の結果を子どものことばの発達という観点からみると、そういう結果が得られるということであって、そのことを思考の発達、子どもの世界の捉えかたの発達だということは、『心理学者がことばの発達と思考の発達とを区別することが出来なかったからである。』（同　p.304）とします。

②ことばの発達以前の思考

　そこで、ことばの発生以前の思考がどのようなもので、言葉を獲得することによって、子どもの思考はどのように変化するのかを、ヴィゴツキーは考察しています。

　『ツドル・ハルトとゲッツエルが観察した42人の10ヶ月の子どもは、次のように行動した。ひもを結びつけてあるガラガラが地面に落ちたとき、彼らはガラガラとひもの結びつきをとらえた。そして手でガラガラを手に入れようとする試みが無駄であると、ひもを引っぱり、このようにして遊具を手に入れようとした。

　それ以上に、この時期の子どもは、対象間の最も簡単な関係をとらえるだけでなく、また、簡単な仕方で一つの対象を道具として使用するこ

とができるだけでなく、他の対象を自分の方に近寄せるため、彼自身が、対象間の結合や複雑な関係を作り出す。子どもが、対象を獲得するため道具としてある対象を利用しようとすることは、客観的状況が可能にするよりもはるかに頻繁に試みられる』『ドイツ人はこれを、思考がもっとも簡単な道具の使用過程においてあらわれるという意味で「道具的思考」と呼んでいる。12ヶ月の子どもでは思考は、もはやより完全にあらわれ、ことばの形成に先行している。したがって、これは、本来の意味において子どもの知能の前言語的根源である。』（同　p.306）

　子どもの思考の発達については、生後10ヶ月から思考の萌芽がはっきりと現れていて、その時点での子どもは決して個々の対象を知覚するだけではないばかりか、二つの対象（ガラガラとひも）の結びつきも捉えています。ではこの知的な現象は何が作用しているのでしょうか？

　ヴィゴツキーは、直観像者 についての実験に注目しています。

　『直観像的表象は、記憶の発達のある段階であって、発生的関係では、知覚と本来の意味での表象との間の中間的位置を占めるような段階である。一方では、表象は人が対象を目の前にしないときにその形象を見るという意味で記憶であるがゆえに、私たちは、思考の素材としての表象を問題とする。他方で、人は画面に見える形象の位置を確かめるが、この形象は知覚の主要な法則に従うがゆえに、私たちは、この形象を知覚として実験することが可能となる。画像を近づけたり、遠ざけたり、別のやり方で照らしたり、さまざまな刺激を導入したりして、その際得られるものを観察するのである。』（同　p.307）

　　注　「直観像とは、絵や情景、事物などに対する過去の視覚的体験の印象が、細部にわたってかなりの明瞭さで眼前に再現される知覚類似の現象、または再現された像のこと」であると、教育心理学辞典（1986、教育出版）では説明されています。

　直観像、直観像的表象というのは耳慣れない言葉ですが、これが思考の素材としての表象ともなり、また知覚の実験ともなりうるということで、直観像者についての実験は、上記の二つの対象の結びつきを捉える

幼児がことばを獲得していないのに、どのように考えて、問題を解決するのか、その場合の知覚について、類推することが出来るのではないかというのがヴィゴツキーの考えだと言えます。興味深い研究だと思います。そこで、ヴィゴツキーはイェンシュの実験を検討しています。その結果得られたことは次の通りです。

『もし直観像的視覚場面において近くに対象がないならば、表象場面、刺激痕跡場面においてそのときに子どもが直面している状況や問題に対応する対象の特別の組み合わせが生じるのである。』（同　p.308）このことを示す実験の手順は次の通りです。

　各（直観像者）被験者に最初に実際の果実を示し、間隔をおいて鉤のついた棒を示した。これらの対象が取り除かれた後、被験者の視覚場面には対応する形象、果実、鉤、棒が見いだされた。その時、この果実はおいしく食べることが出来るかと尋ねると14人の内10人が出来ると答えた。この後すぐに、視覚場面では鉤と棒は接近し、棒によって果実が手に入るのに必要な状態へと接近するよう移動する。棒から注意をある程度そらすと、棒と鉤は切り離されたということです。

　また、イェンシュは、表象と同様に刺激の痕跡においても個々の直接的視覚的融合が大変容易に生じることも示しています。

　注　イェンシュ（1883-1940）ドイツの心理学者

　10ヶ月直後からの子どもが、二つの対象の結びつきを捉えるという**『このような思考の形式は自然的形式と呼ばれる。なぜなら、それは生得的であり、一次的であるからである。この思考は神経装置の一次的性質に基礎づけられている。思考の自然的形式は、第一に、子どもの前に存在するものの具体性によって、現存するものの多かれ少なかれ既存の状況への合流によって特徴づけられる。第二に、それは躍動性によって、すなわち直観像者は一定の形象や形式を置換させる組み合わせを生み出すことによって特徴づけられる。言いかえるなら、彼らは、運動場**

面で人が棒を手に取り、それを必要な方向へと動かすのと同じ変換を感覚的場面で行うのである。運動場面において実際に結びつけられる結合が、感覚場面においても結びつけられるのである。』（同　p.308）

　こうして、10ケ月直後からの子どもが、ガラガラを引き上げるために、それについている紐を引き上げてガラガラを手元に取ることが出来る、そういう思考は、生得的であり、第一次的な、自然的形式であることがわかりました。では、このような自然的思考形式はどのようにさらに発達するのでしょうか。

　子どもは、この生得的、第一次的な感覚器官の作用による思考形式をもった知的行動をとることを基礎として、それによって助けられて、次の思考形式へと移行すると言われます。それは第一次の延長線で同じように生理的感覚器官の作用なのではないということです。子どもの思考の変化はそれまでの感覚器官の働きに依存して、そこから変化をとげるとヴィゴツキーは言います。『子どもの目が二つの対象に向けられて、結合が生じ、ある対象と他の対象との結合が形成されるとき、子どもは、思考の自然的形式から、人類が社会的関係の過程で形成した文化的形式に移行する。これが生じるのは、子どもがことばによる思考へ移行するとき、子どもが話し始めるとき、子どもの思考が（刺激の脳への）痕跡から痕跡への興奮の運動だけであることをやめるとき、子どもが非常に細かく分化された要素のシステム、過去経験の結果の組み合わせのシステム以外の何ものでもない言語活動へ移行するときである。私たちは、どんな言語的発話も他者の発話を正確に繰り返すものではなく、常に発話の組み合わせであることを知っている。言葉は単なる特殊な反応ではなく、複雑なメカニズムの一部分、つまり他の要素との組み合わせのメカニズムの一部分である。』（p.308-309）

　上の引用で、ヴィゴツキーの主張として次のことがわかります。子どもの目が、つまり、知覚の感覚器官の機能で、二つの対象に向けられ、

それらが結合されるという思考の自然的形式の発達を基礎として、子どもが話し始めるとき、言葉による思考へと移行するということです。言葉による思考へと移行するということは、二つの対象が、同時に視覚場面に存在しないときであっても、過去の経験の記憶は過去の自分の受けとめ（表象）の想起として再生されます。その時の状況やさまざまな条件などが言葉によって再生されます。それと今目の前にある対象を反映し受けとめる表象は、二つの表象がそのまま並列的に結合するのではなく、二つを結合して新しい表象が創られる、つまり再編されるのだといえます。それを言葉によって、言語的思考によって、遂行するのだといえます。人類がそのような意味で、社会的関係の過程で形成した文化的形式に移行するということだといえます。話し始めた頃（２歳頃）には、表象を表現する言葉は極めて少ないし、言語的思考の発達にはかなり長期の時間がかかると言われています（自己中心的言語が消え内面化し、内言の形成の基礎となることを決定的な結節点として言語的思考は飛躍的に発達する）が、それはともかく、出発点を作り出したと言えます。

　わたしは、特に、『**言葉は単なる特殊な反応ではない**』ということが、ここでの展開で重要だと思います。とりわけ、言葉による思考が感覚器官による思考の自然的形式の直線的な延長線上にあるものではないということを明らかにするものだからです。

　言葉を持った人間が対象を反映するとき、その外形を正しく反映する（知覚する）ということではなく、その対象を外形をも含めてその場の条件等をもさらに含めて統合してその人なりの意味を持つものとして理解します。小１の『たぬきの糸車』の事例として触れていますが、おかみさんのこわごわという様子を対象としてそれを想像する子どもたちの発話では、キャーという声をおかみさんが聞いているという場の状況も含めて、その「こわごわ」の様子を想像しています。また、対象が二つある場合、しかも、二つとも言葉、つまり発話である場合、二つの発話がそのまま二つのものとして結合されるのではないということも言えま

す。子どもは二人の友だちの発した二つの発話「おかみさんは、たぬき
がわなにかかるとはおもわなかったので、びっくりしたとおもいます。」
と「たぬきはわなにかかったとき、びっくりしたとおもいます。」を、「ど
ちらももびっくり」というように核心をおさえて統合し他の言葉を省い
て短くまとめています。このように、意味あるものとして新しい言語的
表現をしています。この「意味」は言語の使用による、言語的思考の作
用によって、構成するものです。従って、感覚生理器官による反応が脳
に送られるというものと同様のある特別の生理的器官が言葉に直接反応
するというものではないということだと言えます。

3-4-4　概念的思考の発達について
　①概念形成の過程で、その発達を可能にするモメントは何か
　ヴィゴツキーは、3-4-2でみたサハロフによって始められた実験を引き
継ぎ完成させて、総計300人以上の児童・生徒・大人、知能・言語障碍
者について研究したということです。それを通して、概念研究の方法に
ついて考察したことが的確であったことを確認できたと言います。

　振り返って再度確認しますと、第一の方法は、概念が発生する基礎と
なる客観的現実（客観的材料、感性的材料、素材、資料などとも、随所
で言われています。それらをまとめてより抽象的には対象的現実とも言
われています）、それと切り離して（忘れて）、形成された概念的用語を
定義する（どういう意味かを定義する）方法でした。第二の方法は、そ
れとは逆に、感性的経験を与えて概念をどのように形成するのかを研究
するという方法でした。その場合、言葉は埒外に置かれています。第三
は、感性的材料および言葉は必要だが、それだけではない。概念が発生
するのは、心理的に緊張した状況、つまり、目的志向が必要だと言うも
のでした。アッハは、それを「決定傾向」と呼んでいます。第四の方法
として、ヴィゴツキーは、概念的用語の純粋に言葉での定義、感性的材

料、決定傾向、そのいずれもは外的必要条件ではあるが、それだけでは、新しい概念（思考形式）の発生を適切に説明することのできる決定的・本質的なモメントではないと主張したのでした。中心的なものを次の様に明らかにしました。

『……この過程において中心的なものとなるのは、少年が自分の行う心理的操作を自分自身の支配下においたり、自分自身の心理過程の流れを制御し、その活動を自分の前に立てられた問題の解決に方向づけたりするときの助けとなる手段として、記号あるいは言葉を機能的に使用することである。』（『思考と言語』　2001, p.163）と。

ここで言われている『少年が、自分で行う心理的操作を自分自身の支配下においたり』とは、「少年」というのは、高次の概念的思考が可能となるのは、12歳頃になってからということで、当時の小学校の児童とは区別して表現したものだと思います。その少年が、「心理的操作を自分自身の支配下におく」とは、自覚的にということだと言えます。

そして、「自分自身の心理的過程の流れを制御し」というのは、自覚的にどうするのかを表しています。それは、「流れ」に注目することが重要で、意識をどちらに向けて、どのように考えるのか、例えば、自分が意識した二つの事象に対する二つの表象を統合するときに、それを自分が考えようとすることを明らかにする方向へと考えを導かなければならないわけですが、そのようなことを自覚的に行うということなどが考えられます。その時、言葉なしではそのような複雑な流れをつくりだせないし、また、自分自身が自分のその意識の流れを自覚することも困難です。言葉をそのために使うことが出来るということが、高次の概念形成を可能にする中心的なモメントであるという主張だと言えます。『言葉を機能的に使う』を、ヴィゴツキーは、『言葉の新しい意味的使用、概念形成の手段としての言葉の使用』とも言っています。

②概念発達の三つの段階

　実験を終えて、ヴィゴツキーはそれを通じて見出したことを以下のように述べています。

　『ソンダイクは、知能の本性に関する自分の学説において、「知的操作の高次の形式は、純粋に連合的な活動あるいは結合の形式と同一のものであり、同じ種類の生理学的結合に依存していた。ただ、それはいちじるしく多量の結合を要求する。」と主張している。

　この観点に立てば、少年の知能と児童の知能との間の差異は、もっぱら結合の量に依存することになる。』が、しかし、『この仮説は、すでに述べたように、概念形成の過程の実験的分析によっても、それの発達の研究によっても、それの崩壊の状態によっても、確証を見ることはなかった。』（同　p.166）としています。そして、概念の個体発生の研究は、その低次から高次への発達は、結合の量的増大によってではなく、質的な新生を通して行なわれるものであることが確かめられたとして、次のように結論を提示します。『われわれの研究は、その発生論的結論を図式的に表現してみるなら、概念の発達をもたらす路線は基本的には三つの段階からなり、その各段階がいくつかの個々の水準あるいは相に分かれるということを示している。』（以上同　p.167）と。

　ここでは、基本的な三つの段階についてのみ検討します。

第一段階　「混同心性的思考」：

　これは幼児に最もしばしば現れるものとされています。それは「非組織的な未整理な集合の形成」「この発達段階における言葉の意味は、子どもの表象や知覚のなかで、一つの形象に互いになんとなく結びついた、まったく不明確な、いくつかの事物の非組織的・混同心性的連結である。」「この形象の形成において決定的役割をはたすものは、子どもの知覚あるいは操作の混同心性である。」（以上、同　p.167）と特徴づけられています。子どもは、自分の印象に基づいて、多様なものを同じもの

として未分化に結び付ける傾向があるとされていますが、クレパレードはそれを「子どもの知覚の混同心性」と呼び、ヴィゴツキーは**「客観的結合の不足を主観的結合の過剰でおぎない、印象や思想の結合を事物の結合ととる傾向」**（同　p.168）と、言います。

　この混同心性的思考は、自分の印象や思いにおいて同じようなものだとすることを事物そのものが同じようなものであると見てしまうと言ってもいいと思います。この傾向について、ヴィゴツキーは、その**「主観的結合の生産過剰」**は、子どものその後の発達の要因として大きな意義を持つとしています。それまでの発達を一つの要因として、次の飛躍が創造されるという、過去から現在への発達（飛躍）のつながりを見出そうとするところに、ヴィゴツキーの独自性はあります。発達の構造を弁証的に捉えようとしているところだと思います。ピアジェが、子どもの自己中心的思考は、大人の思考の獲得の度合いによって徐々に排除され消えていくというように、発達を考えるのとは対照的です。

　では、この主観的結合の過剰生産はどのように次の発達の要因となるのでしょうか。『**なぜなら、それは、適当な現実、実践によって確かめられる結合を選択するその後の過程の基礎となるからである。概念の発達のこの段階にある子どもの言葉の意味は、外面的には、大人の言葉の意味によく似ているかもしれない。**』『**そのたくさんな混同心性的結合、その言葉を借りて形成された未整理な混同心性的事物の群のなかには、それらが子どもの印象や知覚の結合と一致する限りは、客観的な結合もかなりの程度に反映されている。それゆえ、子どもの言葉の意味のある部分は多くの場合に、特に、それらが子どものまわりの現実の具体的事物に関係している時には、大人の言語において確立されているその言葉の意味に一致する。**』（同　p.168）

　2歳のかりんが「お花」と、庭に咲いている実物のコスモスを指して言った言葉は、8歳のすみれに通じたということ（『わたしはおねえさん』の一場面）を思い浮かべます。

第二段階「複合的思考」:

　この思考へ移った子どもはある程度、自己中心性を克服しているとされていますから、４〜５歳以降の学齢期前後の子どもです。いわゆる集団的独語を始める時期の子どもから、学齢期前頃の子どもです。大人にもこの思考は残っているともヴィゴツキーは言います。

　この思考方法による一般化の特徴は、<u>事物の外形的類似性をもって結合する（同じグループとする）傾向</u>だということです。これは、混同心性的思考法の子どもが、同じものを集めるときに自分の印象など<u>主観における結合</u>のみに基礎を置いていることと比べると、複合的思考法の子どもは、<u>事物の結合</u>の方に基礎を置くというものになっています。

　ヴィゴツキーは、次のように説明します。『**このタイプの思考に移った子どもはもはやある程度、自己中心性を克服している。かれは、自分自身の印象の結合を事物の結合と取り違えることをやめ、混同心性からの離脱と客観的思考の達成への決定的な前進を遂げる。**

　複合的思考は、すでに脈絡のある思考であり、同時に客観的な思考である。それは、前の段階の上にこの思考を引き上げる二つの新しい本質的な特徴である。』と（同　p.171）。

　自分と周りの事物とが混然一体としていて、事物を自分へと取り込んでしまう幼児期の思考との違いは、後者は事物を前にして、その個々の事物の間に類似を見つけて同じグループとするところにあるとヴィゴツキーが説明していることは、第一段階と第二段階の思考傾向の質的な違いを指摘していると思います。質的な違いは、この質的違いこそが、さらに次の段階へと自らを押し上げていく根拠となるものだと言うようにも語られています。この様な思考法は、思考を上に引き上げる、つまり、発達させる要因となる<u>新しい本質的な</u>特徴であると、前の段階の思考法との断絶と新しい段階への飛躍の内包を指摘しています。きわめて重要な、感銘させられる論の展開です。

　この二つの発達の要因とは、思考において脈絡があることと、客観的であることだと注意を向けさせています。脈絡のある思考とは、グループ分けに一定の理由があること。個々の対象の間に何らかの一定の特徴の同一性を自分なりに持っているということです。客観的な思考とは、自己と対象的現実の分離がそこにあるということです。

　脈絡についてみていきます。複合的思考による、事物の結合には、いろいろの種類が実験において見出されます。コレクション的複合、連鎖的複合、拡散的複合と名づけられたものがあります。これは、対象的事物の結合の仕方にそれぞれ一定の脈絡があることを示しています。コレクション的複合は、例えば、コップ、スプーン、お皿など、食事の時に使うものをひとまとめにするなど、日常生活で一緒に使うものを同じグループとする脈絡があります。連鎖的結合は、子どもは、見本として黄色の三角形見せられると、三角形を集めるけれども、そのなかに青色の三角形があると、次には青色のものを集めていくというように脈絡が連鎖的に変わっていく結合の仕方です。拡散的結合は、これは、さらに脈絡が無限定でぼんやりしています。例えば、三角形の見本を見せられたときその中に台形が混じっていたということです。その理由を尋ねると、台形の上の方は三角形があったのではないかと思ったということです。つまり、台形は頂上が切り取られた三角形を思い出させたということです。これは、『子どもの思考が実践的検証を受けることのない領域において作り出される一般化である』（同　p.179）と、ヴィゴツキーは説明します。台形を頂上が切り取られた三角形だと考えるのは、想定において言えるとしても、分類しなければならない図形の中にはないものです。とはいえ、これは、主観的結合を事物の結合とするものへの逆戻りではありません。台形は、その頂上の三角形を切り取ったものであるということ自体は台形の特徴として正しいわけです。しかし、そのような方向で考えていくと、図形の種類は、三角形を集めるものだとしても、どん

どん広がっていきます。大人を驚かすほどの脈絡だと思います。このようなかたちで、拡散的思考の脈絡は、事物の外形の不明確さと脈絡そのものの無限定性、時に応じて変化する特徴に基礎をおくと言えます。

　このように、複合的思考での子どもの思考は多様です。事物の外形をいろいろな観点から切り取って類似の形を見つけたり、生活上での用途でひとまとめにしたり、外形の一部分をつけ足したりして見ているということでもあります。それは、『**直観的―形象的、具体的事実的結合の範囲を出ることはない。**』（同　p.180）と、ヴィゴツキーは言います。

第二段階の最終の相「擬概念的複合」：就学前の子どもに唯一普及している形式

　擬概念的な複合は、複合的結合の中の最終的な相を成すものとして位置づけられて提出されています。実験では、既にみた様々なタイプの複合の形成の他に、子どもの一般化が外面的には大人の概念と同じようなものとして示されるけれども、内面的には、事物の形象による一般化であるという複合の仕方の相を見ることができたということです。

　具体的には、例えば子どもは黄色の三角形の見本に対して、実験材料の中の三角形をすべて取り出したという例です。この様な例は、抽象的思考に基づいての分類であるかもしれないが、しかし、実際には、外形上の類似から集められていることが確かめられています。外面的には概念であるが、内面的には複合であると言うものです。就学前の子どもの実際の生活での思考において、この様な擬概念がしばしばほとんど唯一の形式となっている事実をつかんでいるヴィゴツキーは、実験でも確かめられたこのタイプに注目してこの理由を考えています。

　生活における思考においては『**言葉の意味に相当する子どものこのような擬概念的複合は、自由に、自然発生的に、子ども自身のきめた線にそって発達するのではなく、この複合の発達のために、すでに大人のこ**

とばにおいては確立されている単語の意味によってあらかじめ定められた一定の方向に向って発達するという事情にある』（同　p.181）と。

　しかし、実験においては、表面的な観察では見えなかった、子どもの一般化の形成での子ども自身の積極的な複合の仕方を明らかにしています。コレクション的、連鎖的、拡散的な複合的思考、さらにその最も発達した形式の擬概念的思考で、子どもは一般化すると。そこで、ヴィゴツキーは、子どもは言葉の一定不変的な意味によって導かれるが、自分の思考活動は自分自身の形式を変えない。子どもの思考活動の形式は、子どもの実際の発達が進行する具体的条件に従って、独自な形式をとるのだというように擬概念の発生を捉え意味付けたと言えます。

　子どもは、単語の意味は周りの人とのコミュニケーションで与えられるけれども、大人の思考方法は一度に習得できない。子どもは大人に似た製品を作るのだけれども、異なった思考方法、知的操作でその製品を作る。これを擬概念と呼ぶと規定しています。

　そして、この第二段階全体としての子どもの思考法を、言葉の意味としては対象を考えるが、それを大人とは違った知的操作で考えるのだというようにまとめています。子どもの概念的思考の発達の過程を見事に明らかにしています。概念は感性的対象との関係において発生する。それをどう捉えるのかに関わる過程においては言葉が役割を果たす。これらのことを念頭に置いて実験を組織化し、その具体的結果を丁寧に分析したことによって、はじめて、きわめて複雑な現象を呈した子どもの概念の形成の仕方を緻密に一般化して解き明かしえたと言えます。

　しかし、かれの解明はまだ終わっていません。これまでの子どもの一般化の方式の描写の上に、次は、概念形成の他方において必要な対象の分析の仕方についての発達の過程を明らかにしています。

第三段階　分節化・分析・抽象の発達：（「対象の個々の要素の抽出・抽象・隔離、これらの抽出され、抽象された要素を、具体的事実的関連の外で吟味する能力の発達」）

　擬概念的思考については、コレクション的、連鎖的、拡散的に対象を結合していくのではなく、三角形という外形を持つものだけをすべて正確にグループとして結合したというように、一般化の仕方という面から説明されています。このような一般化の知的操作においてこの時同時に働いている個々の事物の分析・抽象の仕方はどのような特徴があるのかという面から、その発達を特徴づけようとするのが、この第三段階だと位置づけられます。現実的には、この第三段階として述べられることは、複合的結合の思考方法とは独立的に次の年齢で現れるというようなものではなく、分節化・分析・抽象の知的操作は、その初歩的なものは、複合的結合より以前にすでに始まっているとヴィゴツキーは述べています。しかし、それが発達するのは、やはり、擬概念的思考とともにであり、それ以上の発達の基礎となるものだという位置づけです。

　さらに言えば、複合的な一般化の思考の発達とともに、個々の事物の分節化・分析・抽象という思考作用によって抽象化された特徴が再び総合されるとき、それが真の概念の形成（第四段階）へと発達する道を開くという意味において、第三段階というように位置付けられています。

　擬概念的結合において、子どもが三角形として認めて一つのグループとしたとき、個々の対象を、それぞれどのような特徴があるのかと分析しているかと言えば、その分析はほとんど貧弱だと言えます。三角形の部分だけを取り出し、目に見える三角形という外形の特徴だけを抽出して同一としています。その他の特徴は切り捨てています。それぞれの事物の特徴を抽出し、それを抽象的に考えて同一性を見出す（具体的事実関係の外で吟味するということ）のではなく、その代わりに、他の部分（高低や大小、色）については切り捨てるという「分析」になっていま

す。つまり、<u>最大限の外形的類似を基礎として統合</u>するものです。分析が極めて貧弱です。これに近い傾向をヴィゴツキーは<u>第一水準</u>としています。ただし、複合的結合の場合、例えば連鎖的結合では、三角形を集めていたのが、その中に赤い三角形の色の方に注目して次には赤いものを集めていくというように、一般化の基準が途中で変わることが多いのですが、ここでは、擬概念の様に一般化の基準は保ち続けるが、その時個々の事物の特徴を抽出する能力についての傾向を論じています。

　少し、授業での例を挙げて、この第三の段階で取り上げられている第一水準の説明を試みることにします。
　わたしは、これは、『**たぬきの糸車**』や『**モチモチの木**』の読みで子どもから出てきた「恩返し」というたぬきや豆太の行為に対する特徴の付け方に似ていると思います。もっとも、読みにおける概念形成は文章を対象としています。客観的に存在するとしても文章は、事物とは異なります。文章で語られた行為の特徴を抽出するのですから、文章を受けとめた自分の表象の自分自身による一般化です。実際に目に見え触れる目の前の事物の一般化とはそのレベルも困難さも異なります。読みにおける一般化は、すべてが、ヴィゴツキー言うところの『**対象の個々の要素の抽出・抽象・隔離、これらの抽出され、抽象された要素を、具体的事実的関連の外で吟味する能力**』（同　p.206-207）によってなされている水準にあるものです。しかし、形式的には、その一般化と分節化における分析・抽象の能力とは、第一水準と類似しています。

　「恩返し」というのは、これはどういう話かという一般化です。分類するとすれば、「恩返し」という一般化の範疇に入るということになります。そこで、「恩返し」というように一般化するときには、登場人物のいくつかの行為を取り上げて分析・抽象し、それに支えられて総合して、「恩返し」という概念で話の意味を表現することになると言えます

が、それはどのように行われたのかを私たちは吟味しなければなりません。この「いくつかの行為」というのが、擬概念での一般化を抽出する過程での個々の事物の特徴（一般化が真の概念として形成される場合には、それが総合されて一般化は行われるわけですが）を抽出しなければならない、その擬概念での「個々の事物」に相当します。

　擬概念の場合、個々の事物の特徴は外形上の三角形をとりだしただけで、その他の特徴に関わるもの（構成、対象、色）は無視されています。切り捨てられました。「恩返し」の場合も、たぬきが糸を繰っておかみさんに残しておく、豆太の場合もじさまのために医者を呼びに行くという行為のみを外形的に捉えて、それだけをとりあげて、その他の行為などは切り捨てています。そういうことから、個々の行為にまつわることの特徴の分析・抽出が極めて貧弱であるという意味で、似ていると言ったわけです。実際の授業では、この「恩返し」説はどちらの授業でも極めて少数で、強く主張されたわけではありません。どちらかといえば、とっさに口に出るという形で語られています。

　ところで、個々の事物の特徴を最大限の外形の類似にとどめないで、一定の共通する特徴を抽象している（しかし、それは一般化や総合という過程で生じているものではない）傾向、また、抽象しているが充分にできないまま、一定の方向性が明らかでなくなり、一般化がはっきりしなくて、あいまいにもなりがちになる傾向等についてヴィゴツキーは考えようとしています。心理学上で「潜勢的（ポテンシャル）概念」と呼ばれた概念です。これを第二水準としています。それは可能性の中の概念で、可能性をまだ実現していないものであると規定されています。

　これは、非常に早い時期から子どもには現れています。子どもは、最初に「これは、お花よ。」という母親の言葉をおぼえると、あらゆる種類の花のそれぞれを「花」と呼ぶということ、逆に、最初に「バラ」という言葉で花を指示されると、あらゆる花を「バラ」と呼ぶという例な

どがあげられます。ヴィゴツキーは、これは、潜勢的概念に近いと言います。第一に、実際に一定の範囲の対象を指している。第二に、その範囲の基礎には、最初に教えられた事物に対する孤立的抽象の過程が横たわっているという意味においてであるということです。

　あるいはまた、子どもの概念の定義は、生活上の用途を基礎として作られる傾向があるということも挙げられています。コレクション的結合の場合がそれです。これは何に使えるのか、と機能的に対象を定義するという傾向です。また、すでに確立されている抽象的概念「理性」に対して「それは、わたしが暑い時に、水を飲まないことです。」（１年生）と答えるという事例が、メッサーという心理学者の研究に出ていることなども例として挙げられています。機能的に対象を、概念を、定義するということは、同じ機能をもつものという一定の範囲が可能となります。そして、個々の物について、一つ一つ同じ機能であることの確認、つまり孤立的抽象の過程が存在するということです。さらに、それだけではなく、個々の具体的な事物の特徴が「用途（機能）」という同一性を共有することによって、『**具体的状況をくずし、特徴の具体的結合を破壊し、そのことによって、これらの特徴を新しい基礎の上に新しく結合するのに必要な前提を作り出す**』（同　p.212）という役割を果たすと、ヴィゴツキーは、明らかにします。

　ヴィゴツキーの文章はこれにさらに続きがあります。『**複合的思考の発達とともに抽象化の過程の習得のみが、子どもを真の概念形成に導くことができる。この真の概念の形成は、子どもの思考の発達における第四の、最後の段階を構成する。**』と。

　そして、ヴィゴツキーは、概念的思考の考察において、三つの段階とそれぞれの段階にはその内にいくつかの相があると明らかにしたことをまとめてこのように述べています。『**概念は、一連の抽象された特徴がふ**

たたび総合されるとき、このようにして得られる**抽象的総合が思考の基本的形式となり、それによって子どもが周囲の現実を把握し、意味付けするときに発生する。**』（同　p.212）と。

　わたしは、上の引用の中での『その**具体的状況をくずし**』という箇所が特に強く目に留まりました。それは、子どもは事物などをグループに分けるとき、生活の中でよく知っている事物や、「理性」などの大人の間ではすでに確立されている概念の意味が教えられた概念等を考える場合には、その**定義を用途（機能）で理解する傾向**があるが、その時には、それぞれの事物の具体的な外形や事例の具体性が異なったとしても、その機能において同じ特徴であるとしたのだと言えます。すなわちそれは、具体物を離れて抽象することが出来ているとヴィゴツキ一が看破しているのだと思ったからです。

　例えば、コレクション的結合の場合、お皿やスプーンやカップをひとまとめにするのはうなづけます。それで終わるのではなく、そこでは、具体的事物のセットを念頭に思い浮かべているとはいえ、それらで紅茶を飲むという脈絡で、外形的にはまるで違う個々の事物をのその外形にはこだわらずに（「**具体的状況をくずして**」）一つのものとみることができている（事物の外形を特徴とすることではなく、用途という新しい脈絡を基礎として結合することができる）と捉えることができます。
　こうして、「なるほど」と驚きながらうなづくことで終わるのでなく、子どもの概念形成における個々の事物の特徴の分析・抽象の力の発達の初期の状態を押さえることが可能となります。

　このように考えると、前ページの三つ目の引用もまた、強く注目しなければならないと思います。子どもの概念の形成の、時間的ではなく論理的な過程、つまり構造を見事に表現していると受けとめられます。子どもが一般化した概念的な言葉を発話の中で使うとき、「概念崩し」とい

う意味で具体的に言い換えて説明しがちですが、具体的に言い換えるということは、すでに子どもなりの理由で、それを子どもは意識していないのですが、分析・抽象化しようとしている思考をむしろ見逃して後退の方向へ向けることになりかねません。むしろ、子どもが当該の文章群のそれぞれの特徴を文章を手掛かりにどのように抽出しているのかを知り判断し、それはどのように発達させられるのかと積極的に受けとめることを忘れてはならないでしょう。

　この「概念の発達」（『思考と言語』第5章）は、幼児期から学齢期前後（当時のソ連邦では小学校一年生は8歳から）までの子どもの概念的思考の発達の緻密な分析がされていて、私にとっては、大きな意義を持っていました。ヴィゴツキーは、第5章の「概念の発達」での人為的実験に基づくそれぞれの思考方法は、実際の生活の中での子どもの現われ様では、純粋にそれぞれの思考方法が単独で現われたり、年齢的にその通りに現われたたりするわけではないと言っています。しかし、同時に、この叙述は、概念の発達に関する一般論として意義を持つものであると位置づけています。この一般論があるからこそ、それによって、現実の子どもの思考作用の現われ様を充分に分析しうるのだと言えます。適用の仕方を誤らない限りにおいて。つまり、教育実践での理論的武器となるということです。

　『付記』　3-4-3項でことばの発達以前の思考について、回り道をして考察してきました。ことばの発達以前にも思考は自然的形式で働いていることを確認しました。そして、話し始めて以降の子どもの思考では、対象の受けとめ方とその内容が飛躍的に異なることを確認しました。概念はどうでしょうか。生得的、一次的な概念の形成はあるのでしょうか。
　ヴィゴツキーは自然的概念の形成はあるとして、その特徴をイェンシュの実験を基礎として次のように述べています。

『これらの実験（イェンシュの実験）が示したことは、第一に、概念は純粋に機械的な仕方では形成されないということ、私たちの脳は集合写真は作らないのであり、たとえば、犬の形象が他の犬の形象に建て増しされ、その結果「集合的犬」の形である総和が得られるというようなものではないこと、概念は子ども自身による形象の改造によって形成されるということである。

　このようにして、思考の自然的形式においてさえ、概念は最も頻繁に繰り返される個別的特徴の単純な混合から形成されるものではない。概念は、動く時の形象の転換、あるいは意味づけられた構成、つまり、いくつかの意味ある特徴の選択による形象の転換から生じるものの複雑な変形を介して形成されるのである。これらすべては、個別的形象の要素の単純な混合によって生じるものでない。』（『文化的—歴史的精神発達の理論』2005　学分社　p.318）

　以上のように、自然的前知能的概念の形成においても「私たちの脳は集合写真は作らない」。概念は、「いくつかの意味ある特徴の選択による形象の転換から生じるものの複雑な変形を介して形成されるのである。」ということです。

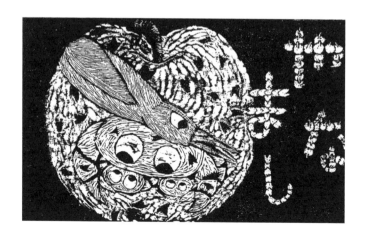

第4節　科学的概念的思考の発達

　前節「概念的思考の発達について」（3-4-4）で、幼児期から学齢期前後までの子どもの概念的思考には様々な思考方法の構造があることをみてきました。それは、概念的思考の第三段階までの分析であると同時に、どのように第四段階、つまり真の概念の形成（科学的概念的思考）へと発達するのかが示唆されたものでした。

　ヴィゴツキーは、そこで次のように、述べています。

　『概念は知的操作の過程で発生する。連合の遊戯が概念構成をもたらすのではない。概念の形式には、すべての要素的知的機能が独自な組み合わせにおいて参加する。そのさい、この操作全体の中心的モメントとなるのは、注意の随意的方向づけ、個々の特徴の抽象・抽出、それらの総合及び記号による象徴化の手段としての言葉の機能的使用である。』（『思考と言語』2001、P.221）と。真の概念の形成（科学的概念）への道は、上記引用で示唆されている「この<u>操作全体の中心的モメント</u>となる」ものの成長発達が鍵となるといえます。それらは教授＝学習の過程そのもので行われるということがヴィゴツキーの学説であり、主張なのです。

　すなわち、概念の発達は直線的に行われるものではない。なぜなら、複合的結合の概念構成が発達されねばならないとともに、抽象の過程が自然発生的な潜勢的概念的なものからさらに習得されなければならないからである。そうであるからこそ、ある年齢になれば、環境の変化（学校教育を受け始める）によって新しい思考形式が現われ、それまでに発達した思考形式を徐々に排除していく（ピアジェの説）というものではないことは明らかである。しかも、概念の構成過程における、分析・抽象・総合の手段としての言葉の機能的使用が発達しなければならない。なぜなら、子どもは言葉を複合的に<u>外形を表現</u>しているものとして受けとったり、あるいは機能的<u>用途を表す</u>ものとして理解しているからである。真の概念の形成

への発達は、学校において子どもが直接経験的に見えたり触ったりすることのできない真の概念の修得が、教育内容の習得にとって不可欠となるその場において行われなければならないという主張だと言えます。

　ヴィゴツキーは、教授＝学習の場、学校において、どのように科学的概念思考へと子どもの思考形式を発達させるのかという問題にとりくみます。それが『思考と言語』の第6章、「科学的概念の発達」で試みられています。生活的概念、すなわち、子どもが自然発生的に（自発的に）形成する概念と科学的概念、その中でも最も高次といわれる真の概念との関係を論じています。それを基礎として、子どもの今もっている思考の形式はいかに高次のそれへと発達するのかを展開しています。

4－1　学齢期における科学的概念の発達に関する研究の　　　現実的理論的意義

　第一に、現実的（実際的）的な意義は、学校教育では、科学的知識の体系を子どもに教授することが課題であるから、科学的概念形成への発達に関する問題は巨大であり最重要性を持つと、当然のことを真正面に掲げています。しかし、ヴィゴツキーの時代からおよそ100年後の今日においても、依然として真の概念を形成するための概念的思考の発達に関する問題意識は教育界においてすら忘れ去られているかのようです。いえ、むしろ、デジタル教材が子どもの習熟度を分析するとか、AI機器が個々の子どもの学習に役立つことが強調されるGIGAスクール構想が、文科省の基本的教育目標としてすら掲げられています。授業における教師に指導された子ども同士の話し合いよりも、子どもが一人でデジタル機器に向き合うことが子どもの独自性を大切にするものだということも主張されています。知識の習得の効率化を重要視する観点からのAI機器の導入・重視です。そうすることによって、子どもの思考がむしろ

人工知能（AI）的に歪めてしまう危機にあると言えます。情報の分別と収集、その量的拡大の効率化がそれにほかなりません。

　ここには、知識の習得・集積そのものが同時に思考作用の発達となるという考えがあるといえるでしょう。概念はその意味を教えそれを子どもは鏡のように反射して集積するかのように考えられていると言えます。

　第二に、理論的意義は、科学的概念、すなわち、真の概念形成の発達を研究することは、概念一般がどのように形成されるのかの本質的で基本的な法則性を明らかにするすることになると、この章（『思考と言語』第6章）の目的を明らかにしています。

4－2　学齢期前後の子どもの概念形成の傾向と生活的概念と定義されるもの

　ここで、まず初めに、これまで見てきた子どもの概念の傾向と、ヴィゴッキーの言う生活的概念とについて考えておきます。

　生活的概念は、子どもの自然発生的概念だと規定されています。自然発生的、すなわち、教えられたものではなく、といっても、日常生活で周りの大人から受け取ったものなどは入りますし、教師から過去において教えられたものを自分なりに受け取ったものも入るでしょう。それらを含むとしても、日常的生活的経験において自分なりに概念として形成しているものということが出来ます。

　子どもが、生活において経験的に概念を形成しているといえば、それは、概念の対象は、実際に見たり聞いたりして慣れているものとなります。その対象を概念化するときの思考方法は、学年によって程度は異なってきますが、入学してから、11〜12歳になるまでの間は、低学年の子どもの一部はまだ、混合心性的な幼児期の思考方法の残滓がある場合があります。しかし、主要には複合的一般化の思考であり、潜勢的概念か

ら少し発達している程度の分析・抽象の傾向にあります。そのような思考の方法によって、生活的に対象となるものを自分なりに概念化し、その言語的表現を授業での発話にはよく使っています。そこで、生活的概念の中には、複合的一般化や潜勢的分析・抽象による具体的なものの概念化が含まれると言えると思います。まさに、そのためにも、第3節で、概念的思考の発達について、子どもの発話とも関係させつつ、検討してきたわけです。生活的概念のその質、傾向がよくわかるからです。

4－3 科学的概念と生活的概念の発達の比較研究のための ヴィゴツキー――シフの実験

4-3-1 実験の概要

被験者（小学校2年生8～9歳と4年生11～12歳）に、構造的に同種の問題が出され、生活的並びに科学的材料に基づいてそれらの並行的学習が行われるという実験です。以下に具体的に例を示します。

①一連の絵に基づいて物語をする。一連の絵は事件の順序―初め、中、終わりーを反映するように並べられた。学校で社会科授業で行われたプログラム教材を反映する絵は、生活的絵画の系列と対比された。

②「……ので」、「……のに」という言葉で、中断している文を完成する方法。（これは、ロシア語では、「コーリャは映画館へ行った。なぜなら……。」「オーリャはまだ本をよく読めない。にもかかわらず……」というように、主文と副文の順序が逆になるということです。）これらのような生活的系列のタイプに従って、2年生、4年生のプログラム教材を反映した科学的テストの系列も構成された。

③臨床対話が、生活的および科学的材料に基づいて因果関係の自覚、順序の自覚の水準を明らかにすることを目的として行なわれた。

④また、補助的手段として、特別に組織された授業の観察や知識の評価なども行われた。（「特別に組織された授業」というのは、児童学に

基づいたプログラム教材での授業で、実験での問題と絡んだ課題を設定し、子どもの発話が多いように組織された授業だろうと推測します。当時のソ連、モスクワでも、児童学に基づいた教育方法は一様には学校で実施していなかったように見受けられます。)

4-3-2　実験の結果

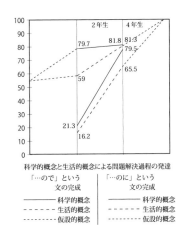

	2年生	4年生
「ので」という接続詞をもった文の完成		
科学的概念	79.7	81.8
生活的概念	59	81.3
「のに」という接続詞をもった文の完成		
科学的概念	21.3	79.5
生活的概念	16.2	65.5

生活的概念と科学的概念による問題解決の比較(数字は回答率)　(『思考と言語』p.227)

図表2 生活的概念と科学的概念の
　　　発達曲線　　　(『思考と言語』p.308)

　実験によって得られた結果とそこから分かることについてヴィゴツキーは克明に明らかにしています。それを次の項で検討します。

４－４　科学的概念の発達と生活的概念の発達の相互の関係 ——実験の結果の分析

　実験で明らかとなった事実とその説明は以下の通りです。
　第一の（検査結果の）事実の認定は『同一の問題の解答水準が、その問題が科学的概念の領域に入るや否やグラフの示すように上昇する』(同p.308）ことです。

それは、次のような解答率の傾向を指しています。２年生の「……の
で」の生活的概念の問題での回答率は 59 であるのに対して、科学的概念
の問題では 79.7 とその差は大きく上昇しています。（同様のことが、４
年生の「……のに」について言えます。）

　それは、生活的材料よりも科学的材料の方が知識の量が多いからだと
は、とうてい言えないとして、次のように説明されます。

　『この問題は、子どもが毎日何度も無意識に行っていることを自覚的に
随意的に行なうことを子どもに要求するために、子どもにはむずかしい
のである。

　一定の状況のもとでは、子どもは「ので」という言葉を正しく使用す
る。８〜９歳の子どもが、自転車に乗っていた人の落ちるのを見たら、
決して「かれは自転車から落ちて足を折った、かれを病院へ運んだので」
というようなことは言わないであろう。ところが、問題に解答するとき
には、子どもはこれによく似たようなことを言うのである。』（同　p.309）

　『（子どもは、「ので」の概念を）自覚する前から利用する。かれが適当
な状況のなかで習得したこの構造を随意に使用することが、かれにはま
だできないのである。』（同　p.309）

　この様な例は、研究での報告でよく紹介されています。中南米でのあ
る国で、小学生の子どもが街頭で果物を売る場合に、バナナ３房を売る
とき、あるいはバナナだけではなくオレンジやその他の果物も一緒に売
るとき、いずれの場合もお釣りも含めて正しく計算できているのに、学
校で足し算、引き算、掛け算をするときはまったくできないというよう
なことです。そこでこの研究者は、学校から街頭へ。いわゆる実物を伴っ
た学習へというようなことを主張しています。実物の方へと近づくのは
大切なことだと思いますが、問題は、そこからどのように実物がそこに
なくても、数字という抽象的なものを使えるようになるのか、それが概

念の発達に関わることだと言えます。

　その点に関して、ヴィゴツキーは、街頭での例でいえば、むしろ子ども は、足し算、引き算、掛け算を無意識のうちに使っている（非随意的 遂行）。使うことが出来ている。ただ、それらをどのようにやるのかを自 覚（随意的遂行）はしていないのだと心理学的に説明しています。

　これは、授業で、低学年の子どもでもびっくりするほど、登場人物に ついて妥当なことを言及します。しかし、かれらは自分が何を言ってい るのか、その意義は何かを自覚はしていないということと似ています。

　では、科学的材料の場合はどう説明しているのでしょうか。

　『このテストは子どもにどのような（思考の）操作を要求するだろう？ 子どもは、かれに提出された未完成の文句をつぎのように完成した。「ソ 連では計画経済が可能である。ソ連では私有財産がなく、すべての土地・ 工場・発電所が労働者と農民のものとなっているので。」子どもは、学校 でよく勉強し、この問題が教科課程で、あつかわれている限りは、この 原因を知っている。』（同　p.310）

　『では、この問題に答えるときにかれはどんなことをするのだろう？ この問題に答えるときに生徒が行う操作は、次のように説明することが できると思われる。この操作は自己の歴史を持つ。それは学習がなされ たときに形成された。実験は、いわばその最後の環なのである。この環 は、先行の環との関連においてのみ理解される。教師は、このテーマに ついて生徒と取り組みながら、説明したり、知識を伝えたり、質問した り、訂正したり、生徒自身に説明させてきたりした。概念に対するこれ ら作業のすべて、**概念形成の全過程は、大人との共同のもとで、教授＝ 学習の過程で子どもによりいとなまれた。**』（同　p.310）

　そして、解答するその瞬間には、この授業で自分がやってきたことの 実際の状況や大人との共同は存在していなくても、その過程を模倣する、 その過程を想起再生することができたということだとヴィゴツキーは言

います。科学的材料を扱う場合は、発達の最近接の領域が創造されていたということになります。

　すなわち、生活概念でのテストでは、子どもが容易に自然に行なっていることを同じような実際の状況がなくても、随意的に行うことを要求しているが、科学的概念のテストでは、子どもが自分自身ではしたことがないことを教師と共にしなければならない事を経験し、今度は、自分自身でやることを要求しているということになります。マークシートのテストではなく、文章を自分で完成させる形式なので、暗記ではなく想起再生しなければ解答できません。

　ここでの、生活的材料と科学的材料の子どもへの要求を比べると、両方とも、実際の状況は存在しません。しかし、生活的材料でのテストは随意的な概念の使用を求め、それに対して科学的材料でのテストは模倣、想起再生を求めています。子どもにとっては模倣、想起再生の方が容易であることは言うまでもないという説明になります。
　本著書の事例においても、このことは確認できます。１年生（６〜７歳）の終わり頃になると（『たぬきの糸車』の学習では）、同じ単元の範囲の以前の授業での自分の表象を単元の終末へと進む授業で必要に応じて程度は様々とはいえ想起再生しています。

　第二の実験結果での事実は「のに」という言葉を持った問題の解決では、同じ学年でも「ので」とは全く異なる状況を呈しています。２年生では、生活的概念と科学的概念のどちらのテストでも解答率は「ので」よりも大きく低い。また、科学的概念は生活的概念に対してそれほどの優位を見せていない。しかし、４年生では両者はほとんど同じです。
　一つには因果関係よりも、矛盾関係のカテゴリーは、子どもの自然発生的思考においても遅く現れるということを示しているということです。子どもは、まだ、自然発生的にも充分「のに」を使用できていない。そ

のことから考えると、この分野での自然発生的概念は科学的概念がその上に上ることができるほどまでには成熟していないと言えると、ヴィゴツキーは説明します。（同　p.311）

　　第三の実験結果での事実は『（二つの学年いずれにおいても）**生活的概念による問題の解決は急速な成長を示し、その問題の解答曲線は不断に上昇して、科学的概念による問題の解答曲線にしだいに接近し、ついにはそれと合流するようになるということである。**』（同　p.312）と認定されています。これは、つぎのように説明されています。

　科学的概念の分野におけるより高い水準の習得は、生活概念の水準をも向上させるということができるのではないか、このことは、生活概念は子どもが科学的概念を習得したという事実の影響のもとで作り変えられるのだともいえるのではないか。

　この説明の確証を、実験の結果における第四の事実の中にみることが出来るとヴィゴツキーは続けます。

　　第四の事実：４年生における矛盾関係のカテゴリーに属する「のに」の問題での、生活的概念（65.5），科学的概念（79.5）の関係は、２年生の因果関係のカテゴリーに属する「ので」のテストの解答率（生活的材料のテストで59，科学的材料のテストで79.7）での 関係に似ているということです。ここでは、２年生では比較的に生活的概念と科学的概念の解答率は近かった（生活的概念 16.2、科学的概念 21.3）のですが、解答曲線は鋭く分離して、４年生では科学的概念が生活的概念を大きく追い越しています。

　このことを、ヴィゴツキーは次のように説明していると言えます。

　４年生で「のに」を操作する生活概念と科学的概念の解答率が大きく離れているのは、２年生で「ので」を操作する生活的概念と科学的概念が大きく離れていることと似ている。つまり、生活的概念と科学的概念の

発達の相互関係が同様であることを示している。2年生での「ので」の操作では大きく離れていた両者が、4年生ではほぼ同一になり合流していることから考えると、4年生での「のに」の操作で大きく離れている生活的概念と科学的概念は、その後合流すると考えてよいのではないか。

『このようにして、「のに」を操作する生活的概念と科学的概念の曲線は、「ので」を操作する生活的概念と科学的概念の曲線とは同じ法則性、二つの曲線相互の関係と同じ力学をあらわすのだが、ただ2年だけおくれてそれをあらわすということが出来よう。』（同　p.312）とヴィゴツキーはまとめています。

『すでに上にあげた事実の分析が、科学的概念の発達は、その結節点では子どもの自然発生的概念が進む道とは対立的な道を進むと結論することを可能ならしめていると思われる』（同　p.313）と、ヴィゴツキーは実験の結果の分析をまとめています。ここで言われている「対立的な道を進む」というのは、次の様に説明できると思います。

「ので」、「のに」の場合の両方を含めて、それらを操作する生活的概念形成の発達は、学校へ入学する出発点においては子どもはその概念を自覚していないけれども使用している。その概念の対象の具体性に密着している。他方、科学的概念がそれを上回る形で発達する地点から急速に生活的概念も活発に活動し、科学的概念の操作の水準へと、抽象的概念的思考の方へ向かってそれと同一になる。

つまり、生活的概念は具体性から抽象へ（便宜的図式的に言えば下から上へ）と進む。逆に、科学的概念は出発点から、生活的概念とほぼ同じ低い解答率だけれども、概念の非自然発生的適用を前提とする。そして生活的概念の発達曲線が上昇し二つの曲線は合流して一つになる。つまり、科学的概念は抽象的疑念から具体性へ（上から下へ）と進むというように、対立的な道を進むと。

4－5　生活的概念の発達と科学的概念の発達の違いと相互関係

4-5-1　生活的概念と科学的概念との発達の時期のずれ

　第一の事実から生活的概念の発達と科学的概念の発達の違いを特徴づけると次のようなことが言えます。

　8～9歳の子どもにとっては生活的材料に対してはすでに知っていて、自分でも知っていると思い込んでいることだけれども、例えば「兄弟」とは何かという問いに答えなければならないとき、それを「お兄ちゃんのこと。」等、具体的な相手を指して答える子どもが多いわけです。子どもはだれが「兄」であるのかはよく知っていますし自分が弟であることは知っています。しかし、「兄弟の兄弟は誰か」というような抽象的は問いかけには、なかなか答えられない子どもが多いだろうことを示しています。その言葉が血族間での関係性を示す言葉（概念）であるというようにはなかなか考えることはできません。「兄弟」を概念的に考えることが可能になるのは比較的おそいことを、生活的概念の発達曲線では示しています。実験での生活的概念の解答率では、4年生（11～12歳）になってからようやく8割の子どもが答えられるだろうことを示唆しているからです。

　このようなことを、生活的概念の発達の特徴は何であるかというように一般化していうと、どのように言えるのか。次のようにヴィゴツキーは言います。

　『子どもは、すでにその物は知っている。彼は対象の概念は持っている（著者：例えば「兄弟」という言葉で、自分と兄を、誰かと誰かを、思い浮かべるというように）。だが、その概念そのものがどんなものかということは、子どもにはまだはっきりしない。子どもは、対象についての概念は持っており、その概念にあらわされる対象そのものは自覚している。だが、その概念そのもの、その対象を彼が頭に浮かべる場合の自分自身の思考活動は自覚しない（著者：例えば兄弟と兄弟ではない者とを

自分はどのように区別したのかを言うのは困難である）。』（同　p.313）
このような、子どもの意識において、概念とその対象との未分化な状態について、すなわち概念そのものの自覚がない水準はかなり長く続くことをヴィゴツキーは次の様にまとめます。

　『子どもは生活的概念（自然発生的概念）においては比較的おそく概念の自覚に、概念の言葉による定義に、その言語的公式を別の言葉で表現する可能性に、その概念の随意的使用に、概念相互の複雑な論理的関係の樹立に到達する。』（同　p.313）

　他方、科学的概念の発達については『自然発生的概念が小学校時代の全期間を通じても未発達に終わるところからまさに始まる。それは、ふつう概念それ自体に対する作業、概念の言葉による定義、概念の非自然発生的適用を前提とする操作から始まる。
　このようなわけで、われわれは、科学的概念は、子どもの自然発生的概念がその発達においてまだ到達していない水準から、生活を始めると結論することができる。』（同　p.313-314）
　つまり、上の引用から言えることは、生活的自然発生的概念と科学的非自然発生的概念とは、それらがよって立つ水準が異なるために、個々の子どもにとってはそれらの内面における発達の時期もかなりの度合いでずれるということになります。

　文学作品の「読み」の授業において、1年生の子どもでも生活の中で言われている「恩返し」という概念を読みに適用します（『たぬきの糸車』）。2年生では「我慢する」（『わたしはおねえさん』）、3年生では「勇気」「臆病」（『モチモチの木』）、4年生では「分かり合う」「つぐない」（『ごんぎつね』）、5年生では「英雄」「仲間を守る」（『大造じいさんとガン』）6年生では「安心」「幸せ」（『やまなし』）等々。
　生活的概念の多くは、周りの大人が子どもに対して道徳的な躾けや生

活上の価値観として使っていることが多いと言えます。文学作品はそれらに拘泥するものではなく、人間の真実に迫るものがあります。実際には、子どもが生活の中で知らず知らずに使い慣れた概念では、文章で表現されていることは説明できないという、ある意味で、好都合な試練に出会うことになると予測できますが、どのようだったでしょうか。

　授業では、むしろ、それらの生活的概念的な言葉が飛び交うというようには子どもたちはこだわらずに、それらの概念の対象、すなわち登場人物の行動と心情、関わりが場面ごとに変化する過程全体を、ていねいに読みそれらを分節に分けてそれぞれを意味づけていく方向で、子どもたちの話し合いは教師の指導に支えられて活発に進みました。文章をていねいに読み、話し合うことで、子ども自身がそれらの概念の使用が、その対象である全体としての文章／話の全体については適当ではないと退けたり、あるいは、あいまいであった概念を豊かに意味づけて新しい表現で言い換えたりしていきました。

　他方では、６年生では、教師により、「文章が書かれている視点」「読みの内容とそのための読み方と」という言葉が持ち込まれています。「内容」と「形式」という対の概念ですが、それほど高度ではないというか難易度の低い概念です。これを受けとめて、子どもたちは、自分の読みを意識的に追求しようとしていました。ある程度、随意的に思考を作用させる必要のある読みです。その結果、子どもの読みの内容は、飛躍的に文章に迫るものとなったという意義が認められます。とはいえ、子ども間ではその程度は、様々であることはいうまでもありません。

　このように、ヴィゴツキーによる生活的概念と科学的概念との発達にあるずれの指摘は、現実的に根拠のあることを示しています。
　１年生〜５年生にかけては、生活的概念そのものの発達に実りが多く、それが出来るようになることに支えられて、６年生になって、どのよう

に読むかを一応念頭において読みの内容を表象しようとする、つまり、文章を意識的、随意的に読み自分の表象を吟味しそれを概念的に言葉で表現する道を切り開きはじめたと言えます。

4-5-2　生活的概念と科学的概念のそれぞれの長所と短所（強さと弱さ）

　第二の事実は、生活的概念がある程度発達しなければ、子どもにとっては、科学的概念は受けとめ難いということを示しています。また、**第三の事実**は、科学的概念の発達曲線の上昇につれて、生活的概念の発達もまた上昇し、接近し合流するということを示しています。これらを合わせて考えると、第四の事実は、何らかの形で生活的概念の発達と科学的概念の発達は相互に決定的に影響し、補い合い支え合っていることを示しています。その内的関係に目を向けると、子どもにとって、生活的概念の使用における思考操作の強さは、具体的な対象に（文章も間接的に、話し言葉での語りとは違い、消えることなく実際に存在しています）相対して密着しているといいうこと、それによって対象を分析・抽象することを通して、その能力を高めていくことが可能であるということです。つまり、物から概念へと進むと言えます。この点について言えば、科学的概念は、物との直接の出会いからではなく、間接的です。物との関係は弱いと言えます。概念から出発します。

　子どもは、科学的概念は外から持ち込まれ、それについて教師とともに学習します。それは、子どもの生活的概念の発達に支えられて初めて自らの活動を開始します。概念から物へと進むということができます。そうして、この科学的概念の発達によって、子どもは自覚的随意的に思考活動を進めることで、生活的自然発生的概念的思考では弱かった物の分析・抽象の能力を伸ばしていけると言えます。

　これは同一の子どもがその内面で対立的な概念的思考をするわけですから、両者の概念は同じ水準内にあると言えます。しかし、それらの思

考方向は逆なのです。しかも、生活的概念は、その時すでに長い発達の経路を持って一定の水準に到達しているのですが、科学的概念を住まわせる歴史はまだ浅いのです。

　このように観てくると、個々の子どもの発話には、両者の複雑なそれぞれの有り様の結合があっての表現だと観ることが出来るでしょう。

　２年生の『**わたしはおねえさん**』での「おべんきょう」か「らくがきか」の論議の経過をどう見るかで、上の生活的概念と科学的概念の強さと弱さ、相互の支え合いの関係を確認してみます。（3-2-2 の項を参照）

　もっとも、小学校の２年生の学習ですから、典型的なパターンとして教師が外から子どもに科学的概念を与えたという設定ではありません。しかし、充分に私たちは、この子どもたちの論議の過程に、科学的概念と生活的概念の強さと弱さの事例を観ることが出来ると私は思います。

　２歳のかりん（妹）が鉛筆を手に持って、小学校２年生の姉すみれの学習用ノートに書いたものは何だろうという論議でした。この問題を提出したのは一人の子どものです。そこで、意見は大きく二つに分かれました。一方は「（かりんは）小さい子どもだから、鉛筆でかいたのはらくがきではないか。」というもので、他方は「（かりんは）『おべんきょう。』と書いてあるるから、おべんきょうだ。」と、『おべんきょ。』と教科書に書かれている箇所を指示しながらその正当性を訴えました。「らくがき」か「おべんきょう」か、どちらの意見も繰り返され、かなり長く続きました。「らくがき」と主張する方は、それを書いているのは、２歳の小さい子だから、と行為の主体の特徴をおさえて、「らくがき」との因果関係を主張しています。他方「おべんきょう」と主張する方は、「おべんきょう」という言葉によって正当性を主張するものです。一方はかりんという話の中の具体的人物の「分析」を根拠としています。他方は「おべんきょう」という概念から、その言葉にふさわしいものが書かれてい

ると想定しようとしています。

　そこで、教師が、いずれなのかはっきりさせようと課題を設定します。教室は「らくがき」だという主張が多勢を占めてきた雰囲気になります。その時、教師が「らくがき？」とやや否定的にであるかのように、また、やや確認であるかのように言います。それに答えたのは、「らくがき」の主張をした方の子どもでした。**「落書きのようなものだけれども、自分の中ではおべんきょう。」**と。

　この答には「おべんきょ。」という言葉、生活の中に有る事柄に対する概念（概念的言葉）をそれが発せられた具体的状況、とりわけ、誰が発したのかを念頭に置くことによって「おべんきょう」一般ではなく、「かりんにとっての」という限定がつく特殊的な「おべんきょう」であるとしています。やはり、具体的な材料を知っている、だれが「おべんきょ。」と言っているのかを知っていることによって、その概念の意味に気づいたのだと言えます。そうすることによって、「おべんきょう」は「かりんの中ではおべんきょうなのだ」と新しい考えに到達したのだと言えます。おそらく、この「自分の中では」という概念は、生活の中で、「自分の意図はそうだったのに結果は違っていた」というような経験を想起再生することによって言葉として表現できたのだと言えます。日常的経験に対する自分なりの表象を想起することがなければ、「自分の中では」という概念は出てこないと言えます。こうして、「らくがき」とは対立する「おべんきょう」という矛盾的な関係を「けれども」で結合することができたのだと言えます。

　他方、「おべんきょう」と主張した子どもたちは、「おべんきょう」という概念を「算数、国語」などとしてその具体性で頭の中では表象していると言えます。一般化の思考の操作が今なお極めて具象的です。擬概念的複合に近い概念の水準だといえるでしょう。おそらく、算数か国語

だと思いつつも、それはかりんはそう思っているだけなんだとわかっている子どももなかには何人かいるかもしれません。あるいは、算数か国語をかりんはどうするのだろうかと不思議に思っている子どももいるかもしれません。しかし、それ以上には想いを馳せることが出来なかったのだと言えます。かりんがそう思っているだけだとして、では、ノートには何が書かれているのかを想定することはしていません。算数や国語という具体性に執着して、話のなかでのノートの状態の事実、それを考えていないのだと言えます。「おべんきょう」という概念から出発すると、話の中の具体性からは離れていく、というようになっています。これは、非自然発生的的概念、科学的概念を教えられると、それを言葉の意味だけで受けとめる場合に陥りやすい危険性、弱さに相当するものとして捉えてもいいと私は思います。

　小学校２年生の子どもは、一方では、話の中の誰が、何をということを具体的に考えることから出発して、その具体性の間にある矛盾する関係だと分析する（分かる）。この時、それを日常的経験における自分の想いとも結合することを基礎として、それを総合することが出来たといえます。具体的なもの・ことから、経験をも持ち出して、分析・総合するという方向です。他方では、概念から出発し、それが指示する具体的なものを当てはめてみるという擬概念的思考にとどまるという方向。
　いずれも、自然発生的生活的概念の領域の思考に他ならないと言えますが、しかし、前者の、話の中の事実に執着する思考の作用は、その具体性のそれぞれの特徴を分析・抽出することについては、２年生にしてはきわめて高い水準を示しています。経験と結び付けることによって、総合する作用も一定程度身に着けていると言えます。このように、「読む」ことを先生や友だちとともに行なうことを通して、これはどういうことかという追及、緊張の中での追及によって、話の中の事実の分析・抽象、抽出の作用を踏み固め、積み重ねて、生活的自然発生的概念を高次

なものへと進めていると捉えられます。

　それによって、読みの学習という観点から言うと、話の中の物・事・人とそれらの複雑な諸関係を捉える読みを可能にしていくのです。そして、概念的思考の発達という観点から言うと、これが、小学校での５年生の終わりから６年生にかけて、さらに抽象性の高い科学的概念、非自然発生的概念を受けとめ得る土壌となっていくものだと言えます。

　他方、生活の中で覚えた概念を話の中の事実的なことに直接的に当てはめようとすると、それは、うまくはいきません。それは、概念を、具体的な物・事として理解しているから、それ以上に当該の話の中での具体的な物・事について考えられないからです。擬概念的複合を高次の概念へと成長させるためには、話の中の具体性はどうなっているのかに執着する方向へと前者の子どもとの論議などを通して、進むようになることが必要だと思います。実際、すでに第一章での授業の分析、また、第二章のとりわけ第３節の 3-2-2 の項で検討したように、話のある局面や場面でのもの、こと、ひと、及びそれぞれの諸関係の事実がどうであっただろうと迫っていくときに、子どもたちの抽象・抽出と総合の力は飛躍することは明らかだと思います。

　ヴィゴツキーは、生活的概念、自然発生的概念と科学的概念、非自然発生的とのそれぞれの長所と短所（強さと弱さ）について、次のようにまとめています。

　『下から上への自分の発達の長い歴史を歩んだ生活歴概念は、科学的概念の下への成長の道を踏みならす。なぜなら、それは概念の低次の要素的特性の発生に必要な構造を作り出しているからである。同じように、上から下への道程のある部分を歩んだ科学的概念は、そのことによって生活的概念の発達の道を踏みならし、概念の高次の特性の習得に必要な一連の構造を用意する。科学的概念は、生活的概念を通じて下へ成長する。生活的概念は、科学的概念を通じて上へ成長する。』（同　 p.317）

『科学的概念の長所は、概念の高次の特性——自覚性と随意性——によって完全に決定される領域にあらわれるということができよう。だが、まさにこの領域において、子どもの生活的概念の短所があらわれる。子どもの生活的概念の長所は、自然発生的、状況を理解した具体的適用の領域、経験の領域にあらわれる。科学的概念の発達は、自覚性と随意性の領域においてはじまり、その後個人的経験や具体性の領域へ、下へ向かって成長する。自然発生的概念の発達は、具体性と経験の領域においてはじまり、概念の高次の特性——自覚性と随意性——へ向かって運動する。これら二つの対立的路線の発達の間の関連こそ、疑いもなく、これらの発達の真の本姓をあらわす。』（同　p.318）

『この関連は発達の最近接領域と発達の現下の水準との関連でもある。』（同　p.318）

　もちろん、2年生の子どもは、上でみたような自分の意識の作用を自覚しているとは言えません。6年生の学習ノートにはそれが伺えるのですが。この自覚という、科学的概念その中のもっとも高い真の概念の形成にとって必要だとされる、自分の意識の流れの自覚については、第三章で論じたいと思います。

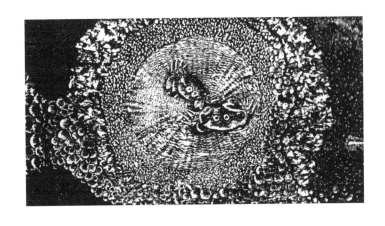

第三章
ヴィゴツキーの「概念的思考の発達」論と「発達の最近接領域」論について考えるために

第1節 記憶と再生について

　ヴィゴツキーは、『教育心理学講義』（1924-25/2005, 新読書社）第6章で記憶について述べています。

　『教育心理学講義』は、ヴィゴツキーが、ロシア革命後モスクワ大学に招聘された同じ年の1924年から25年にかけて表したものです。労働者階級が農民層を率いて実現した1917年の革命後のソビエト（フランス語のコンミューンの意）連邦における、学校や教師に対して『心理学の新しいデータと結びつけて教育過程の科学的理解の形成に寄与しようとするもの』であると『著者まえがき』で述べています。

　既成の心理学諸学説の深い内在的な批判的検討を通して、新しい心理学を打ち立てる出発点においては当然通らなければならない過程的なものとして、『この本は、科学が創造されるときの転換期と危機の明瞭な形跡を帯びています。』というように、ヴィゴツキーの追求は、古いものに対して何か出来上がった新しいものを対置して取り換えようとするものではありません。彼の追求と当時の社会的な局面が、古いものを解体止揚し、新しいものの創造の過程そのものにあることを自覚するように、当時の教師に対して求めていると言えます。

新しい心理学と条件反射学説との関係について

　その上で、ヴィゴツキーは、『**教育問題は、新しい心理学の中心に位置している**』（p.1 断わりなき場合はすべて、『教育心理学講義』2005 よりの引用）とし、新しい心理学を創造する上での土台としてパブロフの条件反射学説を位置づけています。しかし、同時に本書において既にこの時期に条件反射学説によって、心理学理論の全てを説明できるのではないことを明記しています。

　『**しかし、この（条件反射の）原理の中に新しい心理学の何か〈開け、ごま〉という呪文のように、すべてを説明し、すべてを救うような手段を見いだそうとするのは間違っています。教育心理学が課題とすべきことは実際に、個々の孤立した反応とか反射、あるいは人間の高次神経活動に関しておよそ今日の科学が到達しているそれらの研究より、はるかに複雑な性格とレベルの事実や心理学的カテゴリーを問題とすることです。**』（p.2）

　『**教師は、より総合的な形態の行動、体の統合的反応を問題とせねばなりません。それゆえ、条件反射学説は、当然、この学問の基礎・土台を構成するにすぎません。行動のより複雑な形態を記述し分析する際には、以前の心理学の科学的に信頼のおけるデータのすべてを、その古い概念を新しい言語に翻訳しながら十二分に活用しなければなりません。**』（p.2）と。そして、結論的には『**この（教育心理学の）教程の唯一の目的は、教育過程を行動の生物学的形態を社会的に再構築する過程としてとらえる基本的観点を厳密に首尾一貫して貫くことにあると著者は考えました。**』（p.3）と。

　ここでの『行動の生物学的形態を社会的に再構築する過程』については、その後、1930-31 年に草稿として執筆されていた『高次精神機能の発達』（1970, 明治図書）、この改訂翻訳版としての『文化的―歴史的　精神発達の理論』（2005, 学文社）で詳しく展開されています。

　しかし、精神発達の理論に関するヴィゴツキーの本の訳者である柴田

義松は、本書の訳者注解で、残念ながら、『パブロフの条件反射学説が、20世紀初頭の「心理学の危機」の時代に新しい教育心理学を建設する上での理論的土台、科学的・唯物論的基礎となるものであることが簡潔に述べられている』とだけ述べ、ヴィゴツキーが同時に「しかし、……」とそれが教育心理学の土台にすぎないと限定づけていること、さらに、積極的に、『教育過程を行動の生物学的形態を社会的に再構築する過程としてとらえる基本的観点を厳密に首尾一貫して貫く』と言明していることにふれていません。これには、注意を払っておく必要があります。

　そうでないと、次のような見解が生み出されます。『梅干しという文字をみると唾が出る』という反応は、『梅干し』という文字が第二信号系を刺激して、第一信号系が司る生理的反応と結合して唾がでるのだという神経系統の条件反射による反応として言語の使用を説明する見解です。この見解には、次のことが欠落していると言えます。「梅干し」という文字に刺激されて反応する場合には、第一に、「梅干し」という言葉の意味の認知によって、実物の梅干しが想起されること。それによって第二に、梅干し（実物）を食べたときの酸っぱさを味わった経験の記憶が再生されているからに他ならないこと（書きことばへの反応及び記憶の再生という人間特有の精神的作用）。また、第三に、その経験は日本的食生活の習慣において経験するものであること、したがって梅干しを常用しない社会では経験しないこと（文化的社会的な行動であること）の３点を考察することの欠落です。『行動の生物学的形態を社会的に再構築する過程としてとらえる基本的観点を厳密に首尾一貫して貫く』というヴィゴツキーの意気込みとその試みを捉えたいと思います。

新しい心理学の創造における用語の使い方について
──本書の読み方に関係すること

　ヴィゴツキーは、次のように、彼が使用する用語（概念的用語）の記述について注意を促しています。

『用語に関しては、著者は、どこでも古いものを使うことをおそれませんでした。……それらは、新しい科学的言語がつくられるまで、当分利用されなくてはならないでしょう。新しい言葉や名称をつくり出すことは、見せかけのもったいぶりを演じることになります。というのは、現象を記述する際にはいつでも古い名称だけでなく古いデータを持ち出しているのですから。それゆえ、古い用語にせよ、データそのものにせよ、その都度その真実の内容を解釈することの方がより当を得たことになるでしょう。それゆえ、この本は、科学が創造される時の転換期と危機の明瞭な形跡をおびています。』（p.2 ～ 3）

『その際、著者は、あらゆる体系的教科書がそうしているように、しばしば他人の見解を叙述し、他人の観念を自分の言語に翻訳することにならざるを得ませんでした。自分の考えは、ついでに述べたり、他人の考えと統合して述べざるを得ませんでした。』（p.3）

このような叙述であるために、ヴィゴツキーが既成の心理学的叙述をどのように彼自身の言葉で説明しているのか（他者の考えのヴィゴツキーによる再構成）、また文章のどの部分からヴィゴツキーの積極的な展開であるのかを明瞭に構造的に捉える必要があります。それによって、ヴィゴツキーがいかに既成の心理学を止揚しようとしているのかというその過渡的な独自性・特徴をつかみ取る必要があるということです。それが、この時期におけるヴィゴツキーの問題意識だと言えます。

1－1　記憶の物質的基礎である神経物質の可塑性

ヴィゴツキーは、「記憶」について論じる冒頭で物質の可塑性について次のように説明しています。

『可塑性はあらゆる物質の基本的で、一次的な性質の一つです。』（p.110）

『可塑性は、以下のような物質の三つの基本的性質を意味します。①粒

子の配置を変化させる力。②それらの変化の痕跡の保存。③変化の反復傾向。轍は、車輪に対して新たな通過を容易にし、ある位置で折られた一枚の紙は、ほんの少しさわっただけで、同じ位置で繰り返し折り目がつく傾向を持っています。』（p.110）

　そして、『私たちの神経物質は、自然界で知られているすべての物質の中で最も可塑的であることは、ほとんど確実です。』（p.110）と述べ、物質の可塑的力を神経物質が保持するがゆえに、人間の記憶の基礎をなす諸変化は痕跡として蓄積されるのであり、記憶するという能力を人間は発達させることができたと言います。ここで、ヴィゴツキーは人間が記憶することができる物質的根拠は、神経物質の可塑的性質にあるとし、この物質的根拠を基礎として、記憶の構造、すなわち、いかに記憶が諸変化を起し、記憶そのものが発達するのかを以下論じています。

１－２　記憶の心理学的本性

　この項では、ヴィゴツキーは記憶の過程に焦点を当てています。古い心理学においても、記憶は二通りの過程を持つとして、①機械的記憶と、②論理的または連合的記憶と呼ばれているものとを区別しています。

「機械的記憶」ついて

　機械的記憶をヴィゴツキーは、生体がたびたび繰り返される諸反応の痕跡を保持し、神経経路にそのたびにあるべき変化を引き起こす能力を意味するものだと説明しています。古い心理学者はこの過程を道路の轍にたとえて、これは個人的経験を蓄積する基礎としての道をつけるものだとしているが、それはまったく正しいたとえだと評価します。そして、教育で扱う個人の習熟、能力、運動、及び反応の総体は、このような道をつけた結果に他ならないと捉えます。そこで、洞察の視点を、神経系につける痕跡と新しい刺激に対する反応との関係に向けて、頻繁に

繰り返される運動は神経系に痕跡を残すかのようであり、新しい刺激に対して同じ経路の通過を容易にするのだというようにまとめています。

　つまり、古い心理学で機械的記憶と言われていることを、彼らがそれは道を着けるという機械的記憶の作用結果に注目していることに対して、ヴィゴツキーは、神経系での頻繁な経験の蓄積と新しい刺激への反応との関係を見ているのであり、そこに刺激とそれへの反応と反応の定着という一連の過程において「同じ経路の通過を容易にする」という関係を見いだしています。この観点で、連合的記憶についても、ヴィゴツキーは注目していると言えます。

「連合的記憶」ついて

　『多くの心理学者は、反応のあらゆる結合、組み合わせを連合と呼んできた。』（p.112）。その場合常に、『「類似」によるもの、「隣接」によるもの、「対立」によるものというように三種類の『連合』を識別している』、そしてそれを『表象の連合のみが考えられていた。』（p.112）と、ヴィゴツキーは、既成の心理学者による『連合』の説明の特徴をまとめます。『表象の連合』と言われていることは、反応の記憶に示された内容によって連合の種類を識別するということになります。そのように識別するのは、『それぞれの（連合の）過程の心理学的特性よりも、むしろ私たちの思考過程における論理的差異』（p.112）によって連合の仕方を捉えていると問題点を指摘しています。つまり、刺激に対して人間が何らかの反応をする場合の、ある反応と次の別の反応との二つの反応の結びつきかたについて洞察していないということです。むしろヴィゴツキーは、『連合』を『反応のあるものの出現が必ず他の反応の出現を伴うような反応間の結合』（p.112）であると理解しようと提言します。『連合』という古い心理学の用語を使いながら、その意味することは古い心理学が見落とし注目することが出来なかったこと、すなわち「刺激に対する人間の反応が複雑に発達するその構造」を、追求の対象として設定しなければならないと言っています。

このように『連合』を、機械的記憶と対比して、その心理過程の特性として、上のように、二つの反応の結合であるというように捉えたとき、条件反射での「結合」の特性を『ある反応の刺激と別の反応の応答部分との間で結ばれる』（つまり、繰り返した刺激と反応行為の痕跡の形成によって、最初の刺激と別の反応とが直結する。経路の通過を容易にする。あるいは、刺激に反応しそれを定着する経路を短縮するとも言えるのか）結合だとして、「連合」の変形、**『不完全な連合の例』**（p.112）として、ヴィゴツキーは捉えることが出来たと言えます。言い換えると、記憶の問題を条件反射による神経物質そのものの作用によるものだとしてしまわなかったということです。

　そうすることで、記憶するということには、二つの意味があるとこの項の結論をまとめます。**『すなわち、反応を頭に単純にたたきこむこと、道をつけることと、すでに以前に暗記したことと新たに暗記すべきこととの間に新しい結合を付けることの二つです。』**（p.113）と。**『教師には、まさにこの後者の場合がとくに重要です。教育学的結論は、それぞれの種類の記憶について、別々に導き出されなければなりません。』**（p.113）「読む」学習に即して言えば、漢字のドリルと、登場人物の諸行為や感性の変化についての自分の諸表象をどのようにつないでいくのかとは、記憶の構造が異なるということではないでしょうか。そして、私たち教師に特に後者の場合に注目し考えようと提起していると思います。

1－3　記憶の過程を構成するもの

　上記において、記憶が成立する過程を、『反応を頭に単純にたたきこむこと、道をつけることと、すでに以前に暗記したことと新たに暗記すべきこととの間に新しい結合を付けることの二つです。』と明らかにして、この過程を構成する要素を、ヴィゴツキーは、古い心理学では次の四つの要素をあげていると、その言葉を借りて述べています。

　第一の要素は、『反応の定着』。このことを、『当の刺激作用の神経的痕跡の存在』と自分の言葉で言い表して、これを『おそらく私たちの脳を通過するあらゆる刺激作用に固有のものです。』（p.114）と認めています。

　第二の要素は、『以前に覚え込んだ運動を行ったり、必要な単語を発音したりすること。』（p.114-5）だと述べています。これをヴィゴツキーは、反応を再生するモメントのことだと捉えます。そして、反応するためには、刺激の存在が必要ですが、再生的反応の場合、何が刺激となっているのかとさらに洞察を進めています。『反応の再生過程はその基本的な誘因として内的刺激に従うものです。また、再生される諸反応の全ての部分は、一つの反応に対する応答が次の反応への刺激となるように互いに結び付けられています。』（p.115）と。例として、詩のある行を忘れたとき、最初から詩を暗唱し始めると、先行する行自体が忘れていた行を呼び起こす場合を挙げています。

　このように、再生反応の構造を解き明かしながら、記憶過程を構成するする第二のモメントを次のようにまとめています。『一方では、内的刺激と諸反応の当該群との間に、他方では、諸反応群の個々の成分間に結合をつけることです。』（p.115）と。

　この第二の要素は、前項で述べられている『反応のあるものの出現が必ず他の反応の出現を伴うような反応間の結合』というようにヴィゴツキーが記憶の成立の構造に『反応間の結合』があると洞察したことをさらに深く考察しているものだと言えます。その『諸反応間の結合』において、『内的刺激と諸反応の当該群との間の結合』（反応と反応との結合）、及び『諸反応群の個々の成分間の結合』（一つの反応の内部の成分の他の反応の内部のそれとの間の結合）が存在するということを記憶過程の構成要素として位置づけていると言えます。

　第三の要素は、『いわゆる認知の要素です』（p.115）。これを、ヴィゴツキーは、『再生された反応がすでに過去のものとして私たちに認知されることです。』と説いています。『この場合、再生された反応を、以前に

起こった反応と同一視するかのように、再生された反応に新しい反応が合流するということが起こります。』と続けています。これは、再生反応 A_1 は過去の反応 A_0 を現在再生しているのですが、この A_0 と A_1 を同一視して両者を合体混成してしまうことが起きているのだと言っています。付け加えると、実際には、しばしば、A_0 と A_1 を同一視するばかりか、過去の反応を再生しているにもかかわらず、再生している今現在、過去の刺激そのものと向き合っているかのような錯覚も生み出されていることもあり、さらに、再生された反応に反映されている過去の刺激をあたかも実在しているかのように捉えることがあり、それによって、自分の再生反応そのものを、反応、つまり、回想であるのに、あたかも事実であるかのように錯覚するということもあります。そのような意味で、再生された反応を既に過去のものとして認知することが、記憶を構成するものとなると捉えることの重要性を述べていると言えます。

　第四の要素は、まったく新しい反応だと言われる『局部化の契機』です。ヴィゴツキーはそれを、『位置と時間を特定するモメント、及び、その反応が生起した諸状況の結合モメントです。』(p.115) と言っています。つまり、いつ、どこで何に反応したのかの諸反応を特定すること、及びどのような諸条件のもとでの刺激に対して反応したのかを特定できるように、諸状況への反応を結合すること、このような特定の刺激への諸反応とその結合が存在することを明らかにしています。時や場所、その他の諸条件を刺激とする反応とそれらの結合。それによって、ある刺激への反応は統合されるということだと言えます。重要な考察となります。

　上の四つの記憶過程に存在する要素をまとめてみます。反応が定着すること。それによって諸反応が再生可能となる。この時再生反応は内的刺激に従い、諸反応が連続的に行われ諸反応間の結合および、反応内の成分の結合が生起するということ。諸再生反応がすでに過去に起きたた反応として認知されること。さらに、反応が何時、どこで、どんな諸条

件によって生起したのかを統合的に結合することが出来ること。このように、諸反応は統合されうるのだということだと言えます。

1−4　記憶力は人為的に改善、形成され得る

　ヴィゴツキーは、次のように問題を設定しています。『**教育の影響によって人間の記憶の本性や能力を改善することが出来るでしょうか？**』（p.118）と。デューイと並んでアメリカ経験主義の祖ともいわれるジェームズは、記憶の生得的な資質はどのような訓練によっても改善されることはないと言っていることにヴィゴツキーは反論します。生得的な記憶力は、その物質的基礎となっている神経系の生理的・医学的な衰弱や回復を直接もたらすものによる以外には、増減することはありえないとしますが、しかし、『**記銘（記憶するという人為的な行為）は、訓練と教育によって、容易に改善されることができます。**』『**記銘することの特別な習熟と能力を形成することが出来るのです。**』（p.119）としています。ここで、ヴィゴツキーは、生理的な器官はそれ自身の損傷・回復に係ることで、他方生理的器官を物質的基礎とした記銘（記憶すること）は、刺激に対する人為的な活動であり、人間の活動は改善できるとはっきり言っています。このように言い得る根拠をヴィゴツキーは、『**記憶が心理学的には反応間に形成される結合を意味するということを忘れてはなりません。**』（p.119）と言って示しています。『**反応間に形成される結合**』は特殊な訓練によって『**第一に生活上最も重要な類の反応、第二にきわめて頻繁に訓練される類の反応を定着させ、再生する能力が形成されるのです。**』（例として司書、薬剤師、医者の記憶を上げています。）

　このような意味においては、思考法の形成においても、刺激の対象に対してその刺激をいかに認識するのか、いかにそれを実践に適用するのかに関わる諸反応は頻繁に訓練されるということであると言えるし、このことには、重い意味が示されていると言えます。今日の学校教育にお

ける日々繰り返される教材に対する一定の反応の仕方は、思考法として定着する危険があると言えるからです。

1−5 記銘と興味・情動との関係

興味と記銘の関係については、三つのことが述べられています。

第一に、『**興味を私たちは、対象の探求に全力を傾ける内発的な意欲と理解します。**』（p.120）と、まず、規定しています。

ヴィゴツキーは、これまでの心理学者たちが、記銘する場合の興味の役割と食べ物を摂取する場合の食欲とを正しく比較しているとしてそれを例にとって説明します。犬の実験では食べ物の摂取が旺盛な食欲を誘発するとともに、目と嗅覚の働きも活発にして、胃液の急速な分泌・消化・吸収が行われることがすでに証明されていますが、『**心理学者たちは、新しい反応を習得するときに、興味が私たちの生体にこの食欲と同様の予備的行為を引き起こすと語っている**』（p.120）ということです。世界の国の首都名は暗記できないのに、興味を呼び起こされると多数の地名、地質図を記銘するということなどを例に挙げています。このことから、何かを習得させるためには、『**常に興味を記銘するものと一致させるように指示する**』（p.120）ことだと導いています。

ここでの最初の引用と最後の引用は同じ意味内容をもっているわけですが、『対象の探求に全力を傾ける内発的な意欲』と『常に興味を記銘するものと一致させる』について考えます。

例えば興味を引くために、文章の中に登場するもの・ひとなどを視覚に訴えると効果があるとして実物や絵を提示することはよく見受けられます。子どもは、その実物や絵に注目します。おそらく、これはヴィゴツキーの言う『常に興味を記銘するものと一致させるように指示する』に合致しているかのように説明されるかもしれません。『興味を記銘するも

のと一致させる』ということは、記銘するものへ常に目を向けさせ、興味を持たせるということだと考えるかもしれません。しかし、記銘する対象は教材文そのもの、つまり、文章や、その中に登場するもの・ひととそのものなのでしょうか。それとも、文章や、その中に登場するもの・ひとに注目して、それに対する自分の反応なのでしょうか。そこを明らかにしておく必要があります。ヴィゴツキーは、『対象の探求』に傾ける『内発的な意欲』と言ってっています。これは、対象に対する子ども自身の感性的な受けとめや、想い・考え・わかること（反応）に対して、それをも刺激としてさらに反応しつつ、自分の想いが何であるのか（つまり、対象の探求）と、自分なりに追求したいことを増幅させていく（内発的な意欲）ということだと言えます。したがって、『興味を記銘するものと一致させる』ということは、子どもの注意を教材そのもの（刺激として子どもに対象的に置かれているもの）に向けさせるということだけに終わらせることではないと言えます。

　第二に、『興味は、記銘を蓄積する水路に恒常的な方向付けを与え、そして結局のところ、諸印象を選択し、それらを一つの全体に統合するという意味で、選択の器官なのです』（p.121）とその働きを説明します。興味は何をどのように記憶するのかを方向づけるという意味では、『きわめて、重要な役割を果たすのは、興味に基づく暗記の合目的的な構えです。』（p.121）と言います。

　ヴィゴツキーは、ここでは、興味は合目的的な構えを作る役割を果たしていると言うことによって、記憶（すること）を、ひとつの人間的な行為に他ならないと強調していると言えます。ヴィゴツキーが行為（行動）というとき、アメリカ行動主義においては刺激に対する直接的な反応、あるいは、反射学においては反射というように捉えられていますが、そうではなく、人間の行為（行動）は、合目的的な行為（行動）、つまり、目的意識的な精神的な活動に支えられた行為なのだという考えがあり

ます（『文化的―歴史的　精神発達の理論』（2005）p.114 - 115, 参照）。記憶は刺激への直反応や反射の蓄積をも含みながら、さらに、刺激に対する自分の諸反応、諸反応間の結合を合目的的に形成することによる蓄積なのだと言っていると言えます。

　目的意識的な追求ということは、第一の自分なりの追及目的を見いだすということ抜きにはあり得ないと言えます。教師が課題を与え答えを見つけるということでは、興味は答えが教師の期待することと一致すること、つまり正答を出すということに歪められます。

　第三に、アーリの実験で明らかにされた、記憶の継続時間と意図との関係です。アーリの実験とは、明日、暗記したことを尋ねると予告して暗記させた部分と、４週間後に尋ねると予告して暗記させた部分を、どちらも４週間後に尋ねると、４週間後に尋ねると予告して暗記させた部分の方がはるかによく記憶されていたという実験です。この実験が証明していることをヴィゴツキーは次のように説明します。『**記銘の目的が常に試験での教師への応答であったこと、すべての記銘がこのことにのみ合わせていて、その他の目的には役に立たないもの**』（p.122）となっているのだと。記憶を持続させるものは、記憶する意図にあるということは、何のために記憶するのか、ということですから、自分の目的意識を深めていくのだという自覚のことになります。そのように記憶されたものは長く保持されるということだと思います。

　ここで述べられている三つのことをまとめると、刺激（例えば、教材文）に対して、このことを分かろうとする興味（内的意欲）を内的に形成し（これは、自分の反応を再生したり、その反応を内的刺激として諸反応を起したりしていくことによって内的意欲は増幅され、刺激として向き合う教材文を自分なりに習得する過程となります）、自分自身の目的意識によって（与えられた課題に対して答えを見つけるのではなく）、初めの自分の反応を内的刺激としてそれに反応するというように連続した反応を起し、反応

間の結合を起していくということ、それを意図的・自覚的に追求するということによって、記憶し、それを保持するということになると言えます。

　１－２項で言われている『連合的記憶』、つまり『反応のあるものの出現が必ず他の反応の出現を伴うような反応間の結合』ということは、上記のような内的意欲である興味によって、目的意識的に方向付けられ、意図的に継続される結合によってつくられる記憶に他ならないということだと言えます。一言でいえば、記銘するということは、学習場面としては集団的に設定されますが、そこでの反応は一人一人の内面で形成されますから、それは主体的でなければならないということに他なりません。「反応」という言葉を過去の心理学との関係で使っていますが、学習場面でいえば、「受けとめ」、表象と同義語と考えていいかと思います。

　この項の最後に、『**記憶を支配する最後のものは、記銘されるものの情動的色彩**』（p.122）であることが述べられています。『**個人的な体験と結びついた言葉は、情動的に無関心なものよりもはるかに多く記銘され**』（p.122）ていることがそれまでの実験で証明されているということですが、これは確かなことだと思います。

　ヴィゴツキーは、教育的には、教材全体が情動的興奮を呼び起こしながら提示されなければならないと言います。そのために、教師は、知性だけでなく、感情についても力を養うように配慮しなければならない、感動を呼び起こさなければならないと述べます。

　このことは、通常、興味をもたせるために、絵や写真を見せるというように外部から印象付けるものを与えるというように考えられ実践していることが多いと言えますが、ヴィゴツキーは、『内発的意欲』の形成、『目的意識』をもち『意図的・自覚的に追求する』ことが、記憶を鮮明にすると、前半では言及しているので、外から与える教具的なもので情動の喚起することを済ますのではないことははっきりしています。

　内発的な意欲は感性的なものを伴うものだということは、子どもが休

み時間を返上して、今日の学習についてノートに書き留めている姿、友だちの発話に聞き入っている状態、自発的に関連することを調べてくること等にそれを見る事が出来ます。それを支えているのは、教材に対する、自分自身の追求したいこと、わかりたいこと、どうしても解けない疑問をはっきりさせたいこと、そういうものを持っているということではないでしょうか。そうして、それを友だちに伝えたいという気持ちが満たされる学習環境が必要でしょう。

　低学年では、答えたいということに突き動かされて、言いたいという、見た目は積極的なように見えても実は受け身的な気もち（動機、衝動）が勝っているので、それに踏まえていくということから始まるとしても、高学年へと近づくにつれ、内発的な意欲へと転換していくと言えるでしょう。それに授業の展開が応えるように教師の関わりが必要です。

1 - 6　記憶の心理学的機能

　人間が行動するときに記憶が果たす役割について『**私たちの心理の一般的経済においては、世界経済における資本に等しい役割を記憶が担っています。それは資本のように直接的な使用のために産出されたものではなく、その後の生産のために蓄積された一定量の富を意味します。言い換えれば、記憶は現下の行動に先行経験を使用し、参加させることを意味します。この観点から見ると、記憶は反応の定着にせよその再生にせよ、正確な意味で活動です。**』（p.125）という、記憶の資本とのアナロジーから、この項は始まります。

　ここで、ヴィゴツキーが提起していることは、二つあります。一つは、現下の生産活動を行うときにそのために蓄積された資本は生きて使われるのと同様に、記憶は現下の行動に先行的に蓄積された経験が使用され参加されるということを意味する。二つ目は、したがって、記憶とは刺激によって受けとめたことが、その時その時倉庫（神経系）の引き出し

にしまって置かれそして取り出されるという、リストのように断片的固定的なものではなく、新たな刺激に対して反応を実現するために定着された反応が再生されるという能動的な活動だと言えるという提起です。

　続いて、『**定着の際の活動は、あれこれの反応に関し、その定着を保証するような構えの条件の下で反応が実現することを可能にするための生体の人為的な方向づけに現れます。**』（同上）と論じています。これは、直接的には上記の二つ目の提起をさらに説明したものだと言えます。諸反応間の結合は（主体の諸能力に規定された範囲において）統合的であり、方向性を持ったものとして形成され定着するのですが、その統合的な方向づけにおいて記憶が機能するとはどういうことでしょうか。記憶は、何に注意するのかということによって作られる構えの条件の下で、行動主体である「わたし」の現実に対する興味・関心や情動に支えられて内発的な意欲を湧きおこし、統合的な選択を行う水路を与えられて、過去の反応の再生と結合していくとこれまでヴィゴツキーは展開してきたわけですが、その意味において、記憶は能動的な活動であると見なされると言っていると言えます。記憶を失ったならば、私たちの行動は断片的でバラバラな性格のものになる、反応のカオスだということは、全く納得することが出来ます。

　記憶とは能動的な活動であるという提起の説明を行ったうえで、上記の一つ目の提起を説明しています。『**しかし記憶の存在それ自体は、精神生活の富を生み出すわけではありません。知恵おくれの、あるいはまったく正常ではない子どもが、非凡な記憶を持っていることがよくありますが、その記憶は利用されず、未使用のままとなることがあります。このようなケースは、記憶だけをもつことがどんなにちっぽけなことかを証明するために、特別に設けられた自然的実験のようなものです。**』（p.125）『**記憶は、連合を通して私たちの行動のそのほかの側面と関連付けられねばならないのです。**』（p.126）と。

　『記憶の存在それ自体は精神生活の富を生み出すわけではない』と、記憶と資本の類似を述べたことにここでは戻って論を進めています。過去

の刺激に対する反応が定着されているとしても、それ自体が現下の精神的な営みの内容的な豊かさを直接創造するものではない。このことの確認が重要さを持つのは、現在的に〈わたし〉が現在の刺激に向き合って反応しようとするときに初めて、それを方向づけるときに定着された記憶の中から選択された記憶が再生され、現下の反応との結合を実現し、反応が創造的に加工されるのだと言えます。『記憶は、連合を通して私たちの行動のそのほかの側面と関連付けられねばならないのです。』そうでない限り、記憶は利用されず、未使用のままとなるというわけです。

　以上をまとめると、記憶の心理学的機能は二つの相互に関係する特徴を持つということ。すなわち、（１）〈わたし〉が記憶していることは、それ自身が精神生活、つまり、精神的活動の内容的な豊かさそのものを産み出すものではない。過去に記憶したことは、〈現在のわたし〉の行動（実践）において使用し参加させるものである。（２）〈現在のわたし〉が自分を含めた現実に対して向き合いそれを改善・発達させようとして行動しようとする。そのための対象への反応・表象を構成するためにそれを自分自身で方向づけることにおいて、過去の反応を再生させる活動も、現在の反応を定着させる活動も現れ、二つの表象が合成される。（２）によって、（１）の特徴が鮮明になると同時に、（１）を現在的により構造的に展開すると（２）のようになるという論理で展開されています。

1-7　再生の二つのタイプ

　まず、伝統的心理学による二種類の再生の識別について考察します。
　『一つは、再生的想像と呼ばれるもので、反応が生体に実際に生じるものを再生するすべての場合を含みます。』『（二つめ、）創造的、あるいは構成的想像と呼ばれるものは、現実には体験したことのない、ある種の経験形態を再生するものです。』（以上 p.127）と。

　『この場合、まさに現実性の基準が、記憶と空想、回想の反応と想像の反応とを区別することを可能にします。ところで、このような基準は、次のような判断によれば、まったく誤っていると認めねばなりません。——過去の経験の正確な再生など決して存在せず、完全に正確な回想も起こりえないのであって、再生は常に知覚したもののある種の改造を、したがって、現実のある種の歪曲を意味します。それとは逆に、空想のイメージはそれがどんなに複雑なものであろうと、常に現実から借用した諸要素とそれらの結合を含んでいます。まさにこのことから、空想と想起との間に原理的な差異はないことになります。』(p.127)

　『そのようなわけで、回想的反応と想像的反応との唯一の違いと見なされるのは、それらの現実性ではなく、もっぱら私たちの経験に対するそれらの関係です。あるものは私たちの経験の中で起きた領域のものであり、別のあるものは経験の中で起きなかった領域のものです。』(p.128)

　つまり、言い換えれば、二つの種類の再生の違いは、再生の現実性に本質的な違いがあるのではなく、再生する過去の反応が、経験の中で起きた領域のものなのか、経験の中で起きなかった領域のものなのかにあると言えます。再生するということは、過去の反応として定着したものを現在的に想起することですから、いずれの再生の場合（すなわち回想的反応と想像的反応）も、想像するという範疇に入ると言えます。

　そこで、現下の行動のために、先行経験を使用し参加させる記憶の機能を働かせるためには、必ず想像することが必要となります。そこで、想像することの現実性について、論じなければなりません。

1-8　空想の現実性

　通常、現実性のないものとして捉えられている空想ですが、それには二つの現実的根拠があるとヴィゴツキーは言います。この項は、最後にまとめられている文章の確認で充分だと思います。

『空想は二重に現実的です。すなわち一方では、それを構成している材料のうえで、他方では、それとむすびついた情動のうえで現実的なのです。』（p.129）空想の内容に表れている材料は、空想する本人の現実的経験に基礎をおいているし、また、空想する動機は、空想する本人の情動を根拠としている。本人に湧き起っている情動は現実に存在するものであり、現実的根拠となるということです。

　ところが、これら二つの現実性は、実際に目に見えるものが「現実」であるというように「現実」（という概念）を理解すると、『空想の現実性』を捉えることは出来ないのです。このことが実は『空想』（または「想像」、「想起」等）を捉えるときの大きな問題だと言えます。個々の人間が経験したことは実際に起きたことですが、その時を過ぎると記憶として人間主体に定着していることのみが残っているのであり、それは想起するという想像によらなければ知る由もありません。また、情動も「物」のように目に見えるものではありません。しかし、現実に生きている個々の人間が他者を含む環境との関係において感じることから湧き起こるものです。経験し、感じ、思惟し、社会的に活動（実践）している主体（人間的物質）を念頭に置く（措定する）ことなくしては、『空想の現実性』を捉えることは出来ないと言えます。そして、記憶は、この空想することを含む想像に支えられて、定着したり再生されたりするわけです。そこに、唯物弁証法を導きの意図として心理学を研究する者にとって、ヴィゴツキーの『空想の現実性』を論じる意義と意味があります。

1-9　想像の機能と記憶の機能

　この項では、想像の機能を記憶の機能との関係で論じています。
　『すでに述べたことから、記憶の機能が以前にあったことをほぼ繰り返すような形での経験の組織化にあるのに対して、想像の基本的機能は、人の経験の中でまだ一度も出会ったことがないような行動形態の組織化

にあるということは容易にわかるでしょう。』（p.129）という文章でこの項は始まります。この文章で述べられていることは、1－7項の『再生の二つのタイプ』に直接に符合しています。

　反応の再生における想起は回想とも言われ、過去の経験における自分の反応を想起するのですが、この回想も想像活動に支えられるものです。だから厳密に言えば、経験したことの組織化においても想像は機能しなければなりません。しかし、記憶の機能と対比して捉えるという限定においては、想像の際立った機能としては、一度も経験したことのないことでも、組織化するという機能を持つというように言えると思います。その意味で、『想像の基本的機能は』と、『基本的』という冠がついていると言えます。『**このことから、想像には新しい環境条件に適応する行動を見つけ出す基本的機能と密接に結び付いたいくつかの極めて異なる性質をもつ機能があります。**』（p.129-130）と、文章は続きます。そのような想像の機能について、三つ述べられています。第一は連続性の機能、第二は情動的機能、第三は教育的機能がそれです。そして、ヴィゴツキーは、この三つの想像の機能は、『**その心理学的特質と完全に一致します。それは、私たちの経験にはまだ存在しない形態に方向づけられた行動なのです。**』（p.132）と、想像の機能についてまとめています。

　第一の機能から順に学んでいきます。

第一、連続性の機能

　『連続性の機能』について、ヴィゴツキーは、『**わたしたちは、自分の経験にはないものから認識するすべてを想像によって認識します。具体的にいうならば、私たちは、地理、歴史、物理あるいは化学、天文学を、つまりどんな学問を学習するにしても、常に私たちの経験には直接には現われなかったけれども、人類の集団的・社会的経験のきわめて重要な獲得物である対象の認識をしているのです**』と述べています。この文章から言うと、連続性というのは、経験していないことについても想像に

よって人類の社会的経験の獲得物を時間的空間的に連続性をもって受けとめ受け継いでいくことができるということだと言えます。想像することが出来なければ、目の前にいる他者の経験を洞察することも出来ず、歴史的な出来事も理解することが出来ないということ、そして、来たるべき近・遠未来の可能性をも予測することはできないことだと思います。

　ヴィゴツキーは続けます。『そして、それらの対象の学習がそれらについて口頭による話に限られないで、記述の言語的外皮を通して、それらの本質そのものに迫ろうとするとき、その学習は想像の認識的機能と関わらねばならず、想像活動のあらゆる法則を利用しなければなりません。』(p.130)と。こうして、学習における想像的活動の重要性を強調しています。そこで、想像的活動の法則（『空想の現実性』）を次のように二つ述べています。
　第一に、想像は経験を基礎としている。したがって、新しい対象の表象を呼び起こすために必要な既成の経験を充分に呼び起こし、それを基礎として想像することに配慮する。第二に、精神構造と結びついた情動は常に現実的である。したがって、新しい知識を伝えるときには、材料だけではなく、それにふさわしい情動を呼び起こすことに配慮する。
　これら二つは、国語の授業では文学教材においても適用すべきことですが、説明文の学習において、とりわけ直接的に問題になることだと思います。(拙著『授業の構造とヴィゴツキー理論』の文学教材及び説明文教材の授業の箇所参照) ここでは、紙面の都合で省略します。

第二、情動的な機能

　想像の機能としての情動をどのようにヴィゴツキーは述べているのでしょうか。『どのような情動も例外なく、一定の外的な表現だけでなく内的表現も有しており、したがって、空想は私たちの情動活動を直接実現する機関であるということです。』(p.132)『共同利用の運動野確保の闘争の学説から私たちにわかっていることは、決して私たちの衝動や欲望の

すべてが実現に至るわけではないということです。**神経系にまぎれもなく現実に生じるけれども、その実現には至らないような神経興奮の運命はどのようなものかが問われます。**』（同上）と。実現に至らない神経の興奮は当然子どもの内部に葛藤を生じることは明らかです。その葛藤に出口がない場合は昇華できなくて、神経症や精神病などが発病する場合があるのですが、何らかの形でそれを解決するばかりか、新たな可能性へと導くもの、それが、想像することだとヴィゴツキーは説明します。

　『**まさに昇華の機能、すなわち、実現しなかった可能性を社会的に最高の形で実現する機能こそを、想像が担っているのです。子どもは、遊び、うそ、つくり話の中に、体験の無限の源泉を見いだします。こうして、空想は、私たちの欲求や願望を実行に移すための新たな扉を開くのです。**』（p.133）と。『**空想のこのような情動機能は、遊びの中で、気づかぬうちに新しい機能に移行します。すなわち、子どもがその天賦の才能を発達させ、鍛練することを可能にするような環境形態の組織化へと移行します。**』（同上）、『**遊びは行動における空想にほかならず、一方、空想はブレーキを掛けられ、抑えられ、顕在化しない遊びに他なりません。**』（同上）
　実現されない情動が葛藤となって出口を求める、それをまず仮に空想（想像）として実現する、想像のままである場合は、それを顕在化しない遊びと呼ぶことが出来るが、子どもの遊びは、空想（想像）を行動に表したものだとヴィゴツキーは言うわけです。情動に突き動かされて空想し、それを遊びという行動に現すことによって情動をひとまず実現する。それは新しい実現の可能性を組織化する道を開く。つまり、情動を直接実現する機関が空想（想像）だということを、『想像の情動的機能』と呼ぶと理解できます。

第三に、教育的機能

　空想（想像）は、『**子どもの日常的行動を将来のために訓練し、発達するような形態で組織化する**』という教育的機能を持つということです。

典型的な例として、子どもが大人のやっていることを真似してみたいということから、学校の先生ごっこや、お母さんごっこをやるとき、空想でのうえで、自分があるいは友だちが、先生やお母さんを模倣して行動する遊びがあります。子どもはその遊びの中では、日ごろ我慢できなくても、みんなが揃うまでお菓子はたべない、つまみ食いしてはだめなど、守ることができるとか、お母さんのおやつを作る苦労など想像して子どもの役の子どもに言い聞かせて、思わず「ありがとう。」と言わせることができるということなどが思い浮かびます。空想の遊びのなかでは、それに仮に「なりきる」ことによって、日常的には出来ない一つ上のレベルのことを行動できるという教育的な機能が働くという例です。

　想像の三つの機能のいずれにおいても共通することは、想像することによって、経験的にはまだ存在しないことへと方向づけられた形態の行動を可能にするということだと言えます。

1-10　想像活動の教育

　ヴィゴツキーは、『子どもの想像活動もまた、他のあらゆる活動と同時に、発達や教育を必要とします。』（p.134）ということで、子どもの想像活動をどのように発達させるために教育的な関わりが必要かをこの項では述べています。それは、子どもの想像力は大人よりも鮮明で豊かであると一般的には思われていて、そのためには想像することは子どもにまかせておけばよいとか、あるいは、あまり想像させていては現実的な認識や行動ができないと判断されているが、子どもの想像力は実は大人よりも弱く拙劣だから、それを発達させるような教育が必要だということです。なぜ、子どもの想像力は弱く、拙劣なのかというと、想像活動の源泉は実際の経験にあるから、子どもの経験は大人に比べて実に圧倒的に少ないからだと言います。その通りだと言えます。

　ヴィゴツキーは子どもの想像の特徴を二つ指摘しています。

　第一に、子どもにとって『**想像が記憶と同様の機能を引き受ける任務を持っている**』と、喝破します。記憶の機能は経験したことの組織化ですから、経験が少ないために記憶の質量も充分ではない。その分を空想で補うというようになります。つまり、記憶と空想が分化していない状態にあると言えます。新しい刺激を受けとめて反応する場合に、過去の経験を再生想起して結合し定着することが記憶ですが、その経験の想起は過去の反応を回想して再現することに支えられます。同時に空想も実は、経験を基礎としていますから、経験したことへの反応の再生において空想が生じます。いずれも、反応の再生において起きます。そうすると、記憶と空想が分化していないために、記憶するということにおいて、また、空想するということにおいて、この二つの契機において、空想と記憶とが合流することを引き出すのだとヴィゴツキーは喝破します。

　こうして、子どもは、実際に経験したことを事細かに正確に再現することはできないし、意図的ではなく、経験したことを歪曲してしまいます。このような嘘は大人の再生の場合にも常に存在するとヴィゴツキーは指摘します。例として、目撃証人として、子どもの証言はあやふやなものであり、大人の場合でも、複数の証言者の証言にずれがあることは証明されていることが挙げられています。これに対する『**教育者の課題となることは、空想と現実の境界を出来るだけ正確に設定することです。子どものうそとの闘いは、何よりもこのことに関わっており、そのうそを全体として、決して大人のうそのように、すなわち道徳的な罪のように考えるべきではありません。**』（p.135）と、ヴィゴツキーは述べます。

　また、子どもの空想の特徴の第二として、ヴィゴツキーは、『**子どものうそには、その源泉として受動的体験の内的真実がある**』ことを指摘します。子どもの年齢ではまだ行動を制御する自己抑制力が形成されてい

ないので、子どもの空想は、限度や自己制御を知らず、すべての情動的欲求を忠実に実現しようとして、衝動的になるということ。そのために、実際にあったことではなく、実際に経験したいと思ったことを語りがちになる。だから、そこには、子どもの願いが実は明らかにされていると言います。子どもは何の屈託もなく、自然に嘘をつくのですが、その嘘をきちんと解読して、その根拠を見つけ出す必要があるとします。そして、現実性の感覚の未熟さとの闘いが必要だと言います。

教育的課題1：
　以上のように子どもの創造の特徴の分析を基礎として、教育的課題を二つ提起しています。第一としては次のように設定します。
　『空想と現実の境界を出来るだけ正確に設定する』（p.134）、**『子どもには現実に対する最大の尊敬の念が養われなければなりません。』**（p.136）
　『空想と現実の境界を出来るだけ正確に分かるようにする』というとき、日常的経験の「報告」などで、実際何があったのか、その時どんなことを思ったのか、今どう思っているのかなどを対話しながら、当該の子どもと一緒に再現・確認していくことが多いと思います。ここでは、「読む」学習でのそれを少し考えてみます。

　現状の高学年の通常の授業では実際次のようにことが行われています。説明文教材などで、「事実と考えの区別が出来る」ことを課題として読ませるという単元があります。そこで、教師が「文章の中で、事実を述べているところに線を引きましょう。」と問い、子どもは教科書に線を引く。教師が『「線を引いたところを発表してください。」と促して、子どもが何人かで、一人一つずつ発表する。次に教師が「筆者が考えたことはどこですか。今度は赤線を引きましょう。」と問い、子どもは、また教科書に線を引く。教師が「赤線を引いたところを発表しましょう。」と促して、何人かの子どもが一つずつ発表するというようにして、事実

と考えとに文章の分類をさせるという指導です。発表した子どもに答えが誤っている者はほとんどいません。最後にワークシートの表に事実と考えを入れる欄を設けてそれぞれを記入できることが学習となっています。実際それで、一単位時間は終了します。

　この場合、子どもは答えることに注意を集中します。そうすると、文脈の意味の流れを読みとってどの文章が教師の答えに妥当かというように考える余裕をほとんどの子どもは持つことができません。どのような単語がそれに当たるのかと探します。「『これは、……です。』だから、事実だ。」「『……と考えます』となっているからこれだ。」と、ほとんど簡単にわかるようですが、複雑な記述の教材となると「『……ちがいありません』というのは、そうかなあ。」等というようなつぶやきが聞こえてきます。しかし、この授業においては、事実と想像の違いを見つけることが、説明されていることの内容的な理解にどのように重要であるのかは明らかにならないし、同時に内容的な理解がなされないで終わるのです。

　また、低中学年では「事実と考え」というような問題を取り上げる教材もないし、また教師もほとんどいません。しかし、そのことは作品の意味を感じたり捉えたりすることにとって重要なことだと言えます。

　文学教材『ちいちゃんのかげおくり』では、最初の家族全員でのかげおくりと終末での家族のかげおくりの場面の両方を実際に行ったこととして捉えてしまうことが起きては、作品の意味の捉え方が変わってしまいます。事実ほとんどの通常の授業では子どもは「ちいちゃんは最後に家族に会えてかげおくりが出来て幸せだった。」という感想を持ってしまっている状況です。しかし、一般的に教師はあまりそういうことには気にかけないということも事実です。また、『ごんぎつね』の学習でも、「兵十のおっかあはうなぎを食べたいと食べたいと言って死んでしまった。」と理解している子どももかなりいますが、それに対して、通常は、「ちがいない」というごんの使った言葉の意味を指導することに留まっていま

す。「言ったに『ちがいない』だから、ごんはそう思っているんですね。」というように。ごんが過去のいたずらで、自分がうなぎを持ち帰ってしまった事実を回想することを基礎として独白していることを、ごんの立場に立って想像するという精神的経験こそが、「（兵十のおっかあは、）ああ、うなぎが食べたい、うなぎが食べたいと言ったにちがいない」という独り言が、実に、ごんのいたたまれない後悔の気持ちを表していると理解できる糸口であると思うのですが。

　『空想と現実の境界を出来るだけ正確に分かるようにする』ということは、文章の分別や語句からの弁別を直接的に意味するのではなく、子ども自身の読みにおける想像活動において空想的付け加えを無自覚的に行っていないかどうかを子ども自身が自覚することに在ると言えます。言い換えると、子ども自身が、説明されている、あるいは描かれている対象を想像（空想）する場合や、また対象についての何らかの事実を想定して、それに対する筆者の考えに至る道筋をさらに想定し、妥当だと納得するとか疑問をもつとか、あるいは、登場人物の回想の内面を書かれて在る教材文の言葉から想像する場合に、間違った事実的事象の付け加えや、間違った筆者の考えや登場人物の回想の想定など、読み手である子どもの空想的付け加えはないのかということだと言えます。
　国語の学習では、経験的な事象も言葉（音声や文章表現）によって捉えることになるので、非常に複雑です。すべて音声や文章で表現されたものから想像しなければならないからです。典型的に想像と現実の境界のあいまいさが現れている例は、「子どもは書かれてある通りに読むのではなく、想った通りに書かれてあると思う」とロシアの文豪トルストイが古くから言っている真実の中にあります。

　ヴィゴツキーの論説に戻るならば、**『子どもには現実に対する最大の尊敬の念が養われなければなりません。』**ということは、上記のように国語

の学習について述べたことに、本質的には他ならないということが出来ます。ヴィゴツキーは次のように説明しています。『**豊かな現実に対する敬意の念は、個人的経験の狭い枠を超える出口がなければ決してありえず、その出口は創造活動の助けによって形成されます。**』（p.136）

『現実に対する敬意の念』というのは、今風に、つまり、文科省道徳で説かれる己を無くして「畏敬の念」で、自然や社会的現実にひれ伏すということではもちろんありません。ヴィゴツキーのこの著書が書かれた1920年代という生きた現実と彼の思想とを考えて彼の発する言葉の意味は受けとめられなければならないからです。それを詳しく論じることはここでの課題ではないので省略しますが、少なくとも、唯物弁証法を指針とする心理学の新たな構築を目指していたヴィゴツキーにおいて、『現実に対する敬意』とは、〈現実を自分の観念から天下って解釈するのではなく〉、〈現実を注意深く確かめる〉、逆に言えば〈どのような現実・事実について想像しているのか〉ということを常に明らかにできる、本質的に言えば、対象とそれに対する自分の表象との分離と相互関係が分かるようにするということだと思います。

その時、次のように人々の日常的な『現実』に対する傾向とその克服の必要性をヴィゴツキーは指摘しています。『**現実を、子どもを取り巻く小さな狭い世界の意味にとるべきではありません。私たちが小さい俗物や俗物根性を作り出すことを望まない以上、問題にすべきは、私たちを取り巻く大きな現実です。狭い領域での身近な興味に留まる閉鎖性が、子どもや大人に小規模の活動範囲、ちっぽけな人生観、狭い視野と自己満足を形成してしまうことを認めなければなりません。**』（p.136）と。

現実への注意深い注目を促すとしても、日常的に実際に経験する範囲での現実的事実を確認することでは、視野の狭い閉鎖的なものに留まってしまう。見る事の出来ない大きな現実に対する注意深い注目こそが必要であるということだと言えますが、『狭い領域での身近な興味に留まる

閉鎖性が、子どもや大人に小規模の活動範囲、ちっぽけな人生観、狭い視野と自己満足を形成してしまうことを認めなければなりません。』というところに、ヴィゴツキーの、世界史を画する新しい国家におけるソビエト（コンミューン）社会の第一歩において、革命の第二世代の担い手を創造せんとする意欲・気概を感じざるを得ません。とりわけ、現下の新指導要領の基本目標である資質・能力の形成の内容が、<u>すぐに社会の役に立つ能力の形成</u>であるということ、それに向けての教科学習であると学習が位置付けられていることを噛みしめると、まさに教育の貧困そのものの真っただ中にいると自覚せざるを得ません。

　「百聞は一見にしかず」とは言われますが、一人の人間が一生かけても直接大きな現実を経験するには物理的に制限があります。現実的には日常的な行動の範囲が実際に経験できることに留まります。ではどうやって、大きな現実を経験することが出来るのか。本・教材など目の前にあり現実に在るものだけれどもそこから直接的な経験が出来るものではないとはいえ、そういうものからも、現実、しかも大きな現実を知ることが出来るし、知らなければならないということだと言えます。
　そこで、『個人的経験の狭い枠を超える出口がなければ決してありえず、その出口は想像活動の助けによって形成されます。』と『想像活動』を位置づける意味がはっきりと分かります。大きな現実を知るためには、想像活動なくしては出来ないからです。そして本・教材等の学習における想像活動は、出口になり得るのです。

　したがって、『したがって、現実性のための闘いは空想の根絶ではなく』とヴィゴツキーが説くことは実に意義深いと言えます。
　『空想が現実の側に、現実の水路に引き入れられ、想像活動は厳密に切り離され、規定されることを求めるものでなければなりません。』
　『言い換えれば、空想が働くことは必要であるけれども、自分が空想し

ているに過ぎないことを忘れてはいけないのです。』

　『想像活動に伴う危険性は、要するにその活動が現実と夢想とのすべての葛藤を和解させてしまうことがあることです。』

　『想像は、ある心理学者の表現によれば、炎に似て、下僕としては役立つが、主人としては有害なのです。』（以上 p.136）

　国語の授業と結びつけると、次のようになります。説明文を読む学習について言えば、説明する対象及びその特徴の具体的叙述にいわゆるデータが付け加えられて部分、それらがいくら並べられても、具体的叙述及びデータから推論したり統合したりして説明する部分が無ければ、単なる事実の羅列ですが、推論や統合する部分によって対象の特徴や働きが鮮明になるわけです。読み手も、筆者にならって、事実の部分を手掛かりにして推論し統合してみることによって、想像の部分は、現実的な対象をより明らかにするためにあるのだという、その事実と想像の関係を捉えることが可能になります。

　文学作品『ごんぎつね』の中のごんの穴の中での独り言『（兵十のおっかあは、ああ、うなぎが食べたい、うなぎが食べたいと思いながら死んだんだろう』を、ごんの立場に立って、自身のいたずら（事実）の回想（想像）であると捉えることによって、ごんの後悔が彼の兵十のおっかあへの切実な痛みの情動に支えられていることがわかってきます。そのように読むとき、読み手としての自分にごんの痛みの情動があたかも乗り移るように（読み手である自分がそれを想像するという精神的活動をしているわけですから）おっかあに対する気持ちが湧いてくるということになります。それが『たぶんごんはいままで村の人たちのことを心配したことがないけれど、ごんは初めて兵十のおっかあのことを心配している。』『ごんはやっと、村人の気持ちが分かるようになった。』というごんを客観的に見つめることを可能にします。想像することが自分自身の情動をうみだし、そして、読み手としての登場人物のより厚みのある客

観的な深い見方をうみだしています。(『ごんぎつね』については、拙著『授業の構造とヴィゴツキー理論』子どもの未来社　p.170〜参照)

　『ちいちゃんのかげおくり』では、最後のかげおくりがちいちゃんの幻想であることがわかることによって、それまで気づかないか無視していた次に来る一行の『夏の初めのある朝、こうして、小さなの女の子の命が、空にきえました。』に気づくことが出来ます。そして、死へと近づきながら、なおも家族と一緒にかげおくりをする幻想をみたちいちゃんの死の悲惨さを感じとることが出来ます。想像によって、目の前に在る文章に気づき、幸せになって欲しいと願っていた読み手としての自分の中に、登場人物への悲しみの感情を湧きださせ、戦争に対する判断が何らかの形で成立するようになると言えます。

　どの教材の学習においても、書かれていることから想像することが、書かれていることの意味をより確かなものにしています。そして、自分が経験していないことを感性を伴って理解することができるようになります。これは、学校の外の世界での読書に適用できるようになり、想像する現実が少しずつ大きく広くなるのだと言えます。

想像の教育の課題２：『空想が担う積極的機能を発達させる』

　遊びは、空想が最も完全にその本性を発揮する領域であるのですが、**『遊びは、子どもを生活から遠ざけることなく、逆に生活に必要となるような能力を発達させ、訓練します。』**（p.136）と、空想が果たす積極的機能を発達させる例として遊びについて簡単にここでは述べています。学校教育というよりも、幼年教育にあると言えそうです。**『高価なおもちゃは、子どもに受動的関係を求め、空想の発達にとって好ましい材料となるような対象とはなりません。』**（p.137）は、全くその通りです。付け加えれば、国語でのワークシートも子どもを受動的にさせてしまいます。理科の教材用の諸材料の業者のパック商品、図工でのそれも同様です。

第2節　自覚について

　高度の概念的思考（非自然発生的概念）、その最も純粋で重要なタイプとみることの出来る科学的概念と、自然発生的概念すなわち生活の中での経験を基礎として作られる生活的概念とを区別する基準は、「自覚」にあると言われてきたと、ヴィゴツキーは述べています。ということは、自然発生的・生活的概念の形成は無自覚的になされるが、高度の概念の形成は、自覚的にでなければ形成されないということです。このことは、後で検討するとして、ここでは、自覚はいかに発達するのかということを考えます。

　クレパレード（スイス、20世紀初頭に花開いたアメリカ行動主義から分かれて出現した認知主義の流れをくむ）は、「自覚」は失敗や不成功に突き当たることによって発達するというように主張したことで有名です。困難にぶつかることで、改めて、どのようにやればよいのかを振り返るということです。成功していたら、どうやったかを振り返ることはあまりなく、同じように繰り返すというわけです。しかし、これは、経験をあとづけで振り返り捉えることで、どのようなことをやったのかを意識するのか、意識しないのかということです。意識化するということでは、子どもも、例えば、豆太のことを考えただけだったのを、豆太と関係する他方の人物について他の子どもが述べると、それにも注意をむけて、意識して「じさまはどうだ」というように考えることがあります。意識するのか、しないのかが基準にはならないようです。意識的に話の内容を考えることが「自覚」ならば、小学校の中学年くらいから、すでに、高度な概念的思考が出来ていることになります。

　ピアジェの思考の発達論は、簡潔に言えば、既にふれたように、子どもの特質は2歳中ごろから学齢期7歳前までとしています。その間ずっと自己中心的思考、直観的思考の時期だとしています。その後、7歳以

降、学校への入学によって、環境が変わることで、大人の思考が徐々に発達し、子ども独特の思考は消えていくというものでした（**『思考の心理学』** 1964, 1968, みすず書房）。社会的な思考は、議論をすることによって、つまりいかに自分の正当性を論じるかということを経て発達するというように描いています。このように、生活的な場面で、意識的に論じることが自覚の発達であるということになります。クレパレードと同様に、意識的であることが自覚であるとしています。

ヴィゴツキーは、次のように説明します。これも有名な「ネクタイの結び方」にまつわる説明です。

『*私が、ふろしき包を結ぶ。私は、それを意識的に行う。しかし、わたしがそれをどのようにしたのかを話すことは出来ない。私のこの意識的行動は、無自覚である。なぜなら、私の注意は結ぶという行為そのものには向けられているが、わたしがそれをどのようにするかには向けられていない。意識は常に現実のどこかの部分を表象する。結び目をむすぶということ、結び目およびそこに生じていることは、私の意識の対象である。だが、私が、結ぶ場合に行う動作、私がそれをどのように行うかということは、私の意識の対象ではない。しかし、それらはまさに意識の対象となることが出来る。――そのときには、それは自覚されるのである。自覚は意識の行為である。*』（『思考と言語』p.265, 下線は筆者）

ここでヴィゴツキーは、意識的に行った場合でも、それをどのようにやったのかを明らかにできないときには、自覚されているとは言えないと言っています。では、自覚するとはどういうことなのか。それは、どのようにしたのかを意識の対象とするとき、その行為は自覚されるのだと説いています。では、『モチモチの木』の授業での子どもに立ち戻って、彼らの自覚について考えてみます。もう一度、子どもたちが行なった意識的な学習活動をまとめたものをここで振り返って見ます。

「読みの学習は、このように、①文章を、第2節で考察したように、

様々な意識の動かし方（作用）によって、自分なりに想像して自分の意味において（自分の言葉で）受けとめること、②また、これも第2節で考察したように、様々な意識の動かし方（作用）によって、文章から、しかし文章には直接書かれていない人物の心理や人物の諸関係を想定すること、そして、③自分の内面で構成したお話の内容の具体性の諸関係を（内言的思考によって）抽象化してその意味を考えるという、いわば、抽象的概念的思考を働かせる練習場（育てる場）でもあると言えます。しかし、自分ではその意義も自分がどのように思考しているのかも、いまだ解ってはいないのですが。」

　この最後にわたしが付記したことは、子どもたちは、自分では①から③の意識的な活動を行っているけれども、その意義やどのように思考したのかは解っていないと言うことです。つまり、子どもは意識的に話の内容を考えて話すことが出来ている。しかし、それは自覚ではないと言っています。自覚は、自分がどのように意識を動かしたのかを対象として考えるときに形成されるということを言おうとしているわけです。
　しかし、重要なことは、自覚ではないということを確認することではありません。そもそも、自覚するためには、①から③の意識的な活動を行わなければ、それをどのように行なうのかについて明らかにするための対象となる意識そのものの動きが存在しないのですから、それを意識することは出来ないということが、重要なことです。いわゆる科学的概念的思考へと発達するためには、教材の話はどういう話かということでいろいろと考え、文章に迫り且つそれについて自分なりの意味や判断を持つという学習活動が、その土台として必要なのです。その学習活動の背後においてそれを支える意識的な活動を高めていくことによって、意識を対象とすることが出来るようになるからです。しかし、それは直線的にではなく、教師による関わりを媒介として可能となると言えます。これについては、第二章で論じました。

ヴィゴツキーは次のように言います。『注意は知覚されるもの、記憶により表象されるものを構造化する機能であるということを考慮するならば、子どもはすでに学齢期の入り口においてかなり成熟した注意並びに記憶を所有しているということは容易に理解できよう。子どもはしたがって、彼が自覚すべきもの、彼が支配すべきものをすでに持っている。この時代になぜ自覚的・随意的な記憶及び注意の機能が中心に現れ出るのかは、こうして理解されよう。』（同　p.263））

　『モチモチの木』の授業の子どもたちの発話において、文章やある登場人物に注目して考えていること、また、たえず、以前に思ったことを想起＝再生してそれと結合させて、今注目している文章で何が表現されているのかを考えていることに、上のヴィゴツキーの子どもの知的発達の状態の描写の妥当性が分かります。この状態は、概念の発達ということとの関係では、どこに位置しているのでしょうか。ヴィゴツキーは続けています。

　『こうしてまた、なぜ生徒の概念がなお非自覚的・非随意的であるのかがわかってこよう。何かを自覚し、制御するためには、その前にそれを所有していることが必要であると上で述べた。ところが概念——より正確に言うなら、前概念（われわれはこの非自覚的な、その発達において最高の段階にまで到達していない生徒の概念をこのようにより正確に呼ぶ方を取りたい）——は、学齢期において初めて発生し、その期間中に成熟していくのである。それまでは子どもは一般的表象、あるいは他の場所でわれわれがこの就学前期に支配的な一般化の比較的初期の構造を指して呼んだ複合のなかで思考する。もし前概念が学齢期に初めて発生するものとしたら、それを自覚し、制御することが出来るというのはおかしい。』（同　p.263）

　特に小学校の期間は、前概念の成熟の期間であると言っています。就学前期においては、子どもは外形や結果にのみ注目する傾向（複合的思

考）にあるのです。それを小学校に入って、非自覚的な前概念発生から
その成熟へと向けて「発達の最近接領域」を念頭においた教師の意識的
な関わりで彼らの思考活動を高めていくというのが、私たちの仕事なの
だと言えるでしょう。

　『モチモチの木』の授業の子どもたちは、複合的な思考をもちつつも
（「恩返し」というようにこの話を捉える傾向）、それにとどまらず自分の
内部に構想した豆太について考え（内言によって構想されたものを対象
として考えて、それを「自分でも信じられないような力をだした」とい
うように言語化する）、それを意味づけようとする（勇気という概念だけ
では説明しえないことを自分の言葉で説明しようとする）前概念的な思
考をも発達させつつある読みへと向かっていると言えます。この成熟を
基礎としてはじめて、彼らは自分の意識の活動を対象とすることが出来
るのであり、自覚を突破口として、概念的思考の発達へと向かうのだと
言えます。

　ひとり読み・書き込み・書き出しを基礎とした子どもたちの教材文
についての発話が多様であることは、対話に連続性と不連続性を創りだ
し、読みを深めます。

　そこには、読みの内容を支える子どもたちの思考の作用が彼らの内面
で活発に働いています。それは発話の内容に反映されています。

　ヴィゴツキーの「発達の最近接領域」論は、実践的には、教師がこの
対話を組織する場で、子どもたちの発話を楽しく深く受けとめながら、
子どもの最近接の思考の発達の可能性を創造するための理論です。

　理論的には、対象（教材文）の分析・抽出・抽象と総合における子ど
もの自然発生的概念的思考（作用）と非自然発生的概念的思考の発達の
相互関係を明らかに照らし出す、比類なき教師の支えとなる理論です。

おわりに

　第一章で授業の記録を分析することに重要な意味をもたせたのは、実際の授業のなかでの子どもの発話にこそ、文章に対する子どもの生きた表象をくみ取ることができ、それが形成される場そのものでの子ども同士及び教師との関わり合いでの意識の流れが推定できるからです。同時に、授業では作品の内容について論議されるので、読みの内容的深まりと、子どもの思考の作用との関係がかなりはっきりと分かるからです。これを基礎とすることが、教育心理学を研究する絶対的条件だと思います。

　第二章で、ヴィゴツキーの就学期以前までの概念の発達、科学的概念と生活的概念、発達の最近接領域に関する理論的解明を検討しつつ、実際の授業での子どもの発話を背後から支え形成していると想定できる思考の諸作用と照らし合わせて、ヴィゴツキーの理論の再把握に励みました。

　第三章では、対象に対する表象を構成することにとって重要な記憶と自覚に関するヴィゴツキーの独自性をつかむことは、第二章で取り扱った理論の真意を理解することにとって不可欠なことという理由で設定しました。記憶と自覚に関する理論ばかりではなく、当初は、いわゆる旧ソビエト時代の「第二信号系」論の批判的検討及び、ヴィゴツキーの「発達の最近接領域」論についての佐藤学、佐伯胖の解釈の批判的検討も掲載する予定でしたが、紙面の都合で割愛しました。次の機会が出来ることを期待しているところです。

　本書は、現職の先生方はもとより、児童言語研究会の中の基礎理論研究会での論議に支えられています。加えて、発行と編集にご尽力いただいた一光社の田村一芳氏、子どもの未来社の奥川隆氏とスタッフの方々に感謝を述べさせていただきます。

参考文献

Daniels, H et.al Ed.（2007）"The Cambridge Companion to VYGOTSKY"、Cambridge University Press

大場博章（2012）『話し合いで創る文学の授業の可能性』一光社

関　可明（2021）『文学の授業の創造　ヴィゴツキーの発達論から授業を見直す』子どもの未来社

土井捷三、神谷栄司編・訳（2003）『ヴィゴツキー「発達の最近接領域」の理論』三学出版

中央教育審議会（2016）「審議のまとめ案」インターネット資料

中村和夫（2004）『ヴィゴーツキー心理学完全読本─「最近接発達の領域」と「内言」の概念を読み解く』新読書社

松尾知明（2015）『21世紀型スキルとは何か　コンピテンシーに基づく教育改革の国際比較』明石書店

文部科学省（2017）『小学校新学習指導要領　国語編』

ピアジェ（1968）『思考の心理学』みすず書房

ピアジェ（1972）『発生的認識論』評論社

Rieber, R.W 編集.（1997）"The Collected Work of L.S.VYGOTSKY" Volume 4　The History of the Development of Higher Mental Functions　Plenum Press, New York

Tudge, J. and Rogoff, B.（1989）'Peer influences on cognitive development : Piagetian and Vygotskian perspectives'. In B. M. B. J. (ed.), Interaction in Human development : Erlbaum.

ヴィゴツキー（1962）『思考と言語』明治図書.

ヴィゴツキー（1970）『高次精神発達の理論』明治図書.

ヴィゴツキー（1975）『児童心理学講義』明治図書

ヴィゴツキー（1975）『子どもの知的発達と教授』明治図書

Vygotsky, L. S.（1978）Mind in Society：the development of higher psychological process.（コール等の編集監訳）Cambridge: Harvard University Press.

ヴィゴツキー（1987b）『心理学の危機』明治図書

ヴィゴツキー（2001）『思考と言語』新読書社

ヴィゴツキー（2005）『教育心理学講義』新読書社

ヴィゴツキー（2005）『文化的―歴史的 精神発達の理論』学文社

ヴィゴツキー（2008）『ヴィゴツキー心理学論集』学文社

Wertsch, J. V.（1991）Voices of the Mind. London: Harvester Wheatsheaf.

山川貫司（1984）「主題に迫る」『小学校国語科学習指導の研究15』所収　東洋館出版

山川貫司（1990a）「自らの筋道をつくりだす学習」石田佐久馬・編「小学校国語科学習指導の研究31」　東洋館出版

山川貫司（1990b）「ひとり学習の成立と発展をめざして―子どもとの対話を通して」『実践国語研究　2-3 1990』明治図書

山川貫司（1992a）「学び合って自らの筋道で読むことを目指す指導」石田佐久馬・編『新文種別国語授業の展開技術　Vol. 2.　4，5，6年』東洋館出版

山川貫司（1992b）「展開を画する一文を押さえて」『教育科学　国語教育　7.1992』明治図書

山川貫司（1994）「子どもの想いを引き出す授業」『教育科学　国語教育　10. 1994』明治図書

山住勝広（1998）『教科学習の社会文化的構成』勁草書房

山住勝広（2004）『活動理論と教育実践の創造』関西大学出版部

麻実ゆう子（あさみ・ゆうこ）

奈良女子大学文学部卒業。
小学校教師を経て、ロンドン大学（Institute of Education）にて
PhD（博士号）取得。
現在は、現職の先生方と研究会で研究、及び執筆活動。

教育実践とヴィゴツキー理論　Ⅳ
ヴィゴツキーの「発達の最近接領域」論と対話のある授業

2021 年 6 月 10 日　第 1 刷印刷
2021 年 6 月 10 日　第 1 刷発行

著　　者　麻実ゆう子
発行者　奥川 隆
発行所　**子どもの未来社**
　　　　〒 101-0052 東京都千代田区神田小川町 3-28-7-602
　　　　TEL 03-3830-0027　FAX 03-3830-0028
　　　　E-mail：co-mirai@f8.dion.ne.jp
　　　　http://comirai.shop12.makeshop.jp/
振　　替　00150-1-553485
印刷・製本　モリモト印刷株式会社